汉日对比语言学研究（协作）会 编

汉日语言对比研究论丛

第13辑

浙江工商大学 出版社
ZHEJIANG GONGSHANG UNIVERSITY PRESS

·杭州·

图书在版编目(CIP)数据

汉日语言对比研究论丛. 第13辑 / 汉日对比语言学研究(协作)会编. —杭州:浙江工商大学出版社, 2023.12

ISBN 978-7-5178-5803-4

Ⅰ. ①汉… Ⅱ. ①汉… Ⅲ. ①汉语—对比研究—日语—文集 Ⅳ. ①H1-53②H36-53

中国国家版本馆 CIP 数据核字(2023)第221959号

汉日语言对比研究论丛(第13辑)
HAN-RI YUYAN DUIBI YANJIU LUNCONG (DI-SHISAN JI)
汉日对比语言学研究(协作)会 编

责任编辑	鲁燕青
责任校对	董文娟　韩新严
封面设计	蔡思婕
责任印制	包建辉
出版发行	浙江工商大学出版社
	(杭州市教工路198号　邮政编码310012)
	(E-mail:zjgsupress@163.com)
	(网址:http://www.zjgsupress.com)
	电话:0571-88904980,88831806(传真)
排　版	杭州朝曦图文设计有限公司
印　刷	广东虎彩云印刷有限公司绍兴分公司
开　本	787mm×1092mm　1/16
印　张	16.75
字　数	307千
版 印 次	2023年12月第1版　2023年12月第1次印刷
书　号	ISBN 978-7-5178-5803-4
定　价	68.00元

汉日语言对比研究论丛

2023·第13辑

主　　编：潘　钧

本辑执行主编：聂中华

副 主 编：苏　鹰　徐　莲

本辑审稿专家：

许宗华	张建华	彭广陆	杨凯荣	王　星
熊　莺	张　兴	陈力卫	陈访泽	王亚新
黄成湘	林　璋	朱京伟	张麟声	彭玉全
曹大峰	潘　钧	马小兵	王　忻	谢　冬

目 录

CONTENTS

特约论文

语言研究

特约论文

中日両言語における対表現

Respectively Expression in Chinese and Japanese

高橋弥守彦

要　旨：中日両言語にはいずれも「対」の表現と概念とがある。言語表現上の対は、意味を分かりやすくしリズミカルにするので歓迎されている。中国語の対には「意味的な対」と「構造的な対」とがある。意味的な対には単語から文まで多々あり、よく知られている。日本語も意味的な対であれば、中国語ほど多くはないが、それなりにある。ところが、構造的な対になると、中国語のほうがはるかに多い。日本語はむしろ構造的な対を避ける傾向にある。本稿では、構造的な対のうち、中日両言語の違いが顕著に現れる連用連語を用いる文と分文とを取り上げ、その理由を明らかにする。

キーワード：対表現；意味的；構造的

摘　要：汉语和日语均有对称的概念和对称表达。语言上的对称表达通俗易懂,节奏明快,深受欢迎。尤其是汉语,汉语的对称表达有"意义上的对称"和"结构上的对称"。有意义上的对称表达有很多,从单词到句子均可,且广为使用。日语也有意义上的对称表达,但没有汉语那么多。关于结构上的对称表达,汉语比日语多得多,此外日语会给人一种回避使用的感觉。本文就结构上的对称表达,以汉日语言中具有显著差异的连动短语句为出发点,进一步探究其奥妙所在。

关键词：对称表达；意义上的；结构上的

1 はじめに

中国には「対の文化」があり、日本には「非対の文化」①がる。この文化概念に支えられて、中日両国の伝統的な絵画や映画に現れる月は、どちらも縁起物であり、一般に一方は満月、一方は三日月である。前者は円満を表し、後者はこれから発展することを表す。中日両国の相反するこの思想は言語にも反映される。それが中日両言語の精華②といわれる中国の四句からなる五言絶句や七言絶句であり、八句からなる五言律詩や七言律詩である。日本では、五七五の俳句や五七五七七の短歌である。こういう句数と字数は、中日両言語の中で、それぞれの言語の意味ばかりでなくリズムもよくしている。

一般の文章にも、この現象が現れる。その最も顕著なものは、「対」で作る言語表現である。「対」といっても、中国語には「意味的な対」と「構造的な対」とがある。

中国語の意味的な対には、単語"天地、左右"[天地、左右]ばかりでなく、連語"左顾右盼、横平竖直"[右顧左眄、縦横まっすぐ]や分文"相爱时他曾写诗说：如果<u>你是牵牛花，我就是一棵树</u>"(『人民』③96-11-85)[過ぎし日、彼が「もし<u>きみが朝顔ならば、ぼくは大きな木になろう</u>」という詩を書いてくれたことがあったのだ](同上)、それに文"<u>阿浓怀念没有拖鞋的日子。阿浓也很欣赏有了拖鞋后的家</u>"(『人民』94-1-93)[<u>阿濃は、スリッパがなかった日々をなつかしく思う。そして、スリッパを置くようになってからの家はすばらしい、とも思う</u>](同上)などがある。

中国語の構造的な対には虚詞で作る"不再……不再……"[……することもないし……することもない]、"无论……无论……"[……であれ……であれ]、および連語で作る連動文④"妈<u>抱他上床</u>，他<u>还下来</u>"(『人民』89-7-98)[<u>母が抱き上げて寝かせても、ま</u>

---

① 高橋(2017:40-41,45-47)では、偶数を好む中国人の思想と奇数を好む日本人の思想が詳述されている。

② 高橋(2017:38-54)では，中日両国の特徴あるリズムを用いる言語表現として、中国の絶句と日本の俳句とが典型的な例であると指摘し、実例を挙げ、「リズム論」と呼んでいる。

③ 言語資料：『人民中国』(ショートショート、人民中国雑誌社、1988〜1997);『人民中国』(楽らく対訳、人民中国雑誌社、2014〜2017);『人民中国』(ショートショート、人民中国雑誌社、2018〜現在)。

④ 徐昌火(2005:214)は"连动句,指的是一句话里有两个或两个以上动词短语作谓语的情况,基本格式是'主语＋动词短语1＋动词短语2',这时候两个动词短语的动作者都是前面的主语"と定義し、陆庆和(2006:414)は、連動文を"谓语由两个或两个以上的动词或动词短语构成,共用一个主语的句子叫连动句"と定義している。

た起きてくる］（『人民』89-7-99）や兼語文“今天晩上，我请你们吃饭”（作例）［今晩、おごるよ］（筆者訳）などがある。しかし、構造的な対になると、日本語はむしろ避ける傾向にある。

　本稿では、中国語の構造的な対表現がなぜ発達し、日本語ではなぜ発達しなかったのかを両者の違いが顕著な連動連語を用いる文と分文とにより検討する。

2　連動連語から連用連語へ

　一般に言う連動連語①を用いる連動文はSPO文型の文からみると、かなり特殊な構造であるが、中国語ではよく連動連語を用いて文を作る。連動連語は、以下のような文と分文とに用いられている。

（1）他用多咸味的血汗养育他的心肝。（『人民』93-4-111）

　　潮の香りのしみた血と汗で育て上げ、自分の命のようにかわいがっている娘だ。（『人民』93-4-110）

（2）“下批你再要不到，我就上医院做手术，这辈子不生了！”（『人民』89-1-102）

　　「この次もらえなかったら、すぐ病院へ行って手術しますからね。一生、子供は生みません！」（同上）

（3）他打定主意，索性蹲在地上，打开书包，用蜡笔在纸上画孙悟空。（『人民』90-4-98）

　　そうきめると、しゃがみこんでカバンを開け、クレヨンをとりだし、孫悟空の絵をかき始めた。（同上）

（4）结果，小乐子只拘留了十天就回家了，他则被判了三年大刑。（『人民』89-10-101）

　　それで、楽ちゃんは拘留十日で家に帰ったが、得ちゃんのほうは判決三年を頂戴した。（『人民』89-10-102）

　例（1）の連語“用多咸味的血汗养育他的心肝”の構造は、「動詞＋名詞連語＋動詞＋名詞連語」である。例（2）の連語“就上医院做手术”は、前の選択連語の前に副詞“就”のある拡大動詞連語である。例（3）の連語“用蜡笔在纸上画孙悟空”は、後の選択連語の前に空間を表す語句“在纸上”のある拡大動詞連語である。例（4）の連語“只拘留了十天就回家了”は、前の選択連語の前に副詞“只”、後の選択連語の前後に“就……了”のある拡大選

---

① 徐昌火（2005：214-216）では、連動連語は主語・客語・限定語・補語になれるとし、4用法を挙げ、陆庆和（2006：414）では、6用法を挙げている。

択連語である。

　上掲の4例は、主語が1つで動詞または動詞連語が2つ以上ある文を連動文という徐昌火（2005：214）と陆庆和（2006：414）の定義に従えば、典型的な連動連語を用いている連動文と言える。それでは、徐昌火（2005）と陆庆和（2006）の定義と異なる以下の文中における動詞連語①は、連動連語と言え連動文と言えるであろうか。

　（5）一个小男孩<u>走过来</u>，发现了它，咿咿呀呀惊叹：好大一只鳖！（『人民』94-11-101）

　　　男の子が<u>やってきて</u>それを見つけ、大きいな！とびっくりした。（『人民』94-11-100）

　（6）你<u>大了不再崇拜父亲</u>。（『人民』88-8-99）

　　　<u>大きくなったら、父親を尊敬することもなくなった</u>。（『人民』88-8-100）

　（7）她<u>低着头偷偷地看了常平一眼</u>，便只自己坐那儿吃了。（『人民』89-6-98）

　　　鞠さんは<u>うつむいてちらと常平をみたきり</u>、自分の席で食べはじめた。（『人民』89-6-99）

　（8）<u>未隔几天鞠芳又带饭盒了</u>。（『人民』89-6-99）

　　　<u>幾日もしないうちに、鞠さんがまた弁当を持ってくるようになった</u>。（同上）

　例（5）の動詞連語"走过来"は動詞が3つ使ってあるものの、3つの動詞はいずれも移動を表しているので、意味項目としても、全体で「移動」しか表していない。意味項目が移動1つなので、動詞連語とは言えるが、2項目以上の意味を表す連動連語とは言えない。例（6）の"大了不再崇拜父亲"［大きくなったら、父親を尊敬することもなくなった］も2項目"大了＋不再崇拜父亲"あるので、連動連語と言える。ただし、"大"は単語レベルで見れば、動詞ではなく形容詞②なので、連動連語とは言いにくい。例（7）の"低着头偷偷地看了常平一眼"［うつむいてちらと常平をみたきり］も2項目だが、単語レベルで見れば、前者の核は形容詞"低"、後者の核は動詞"看"なので、やはり連動連語とは言いにくい。例（8）の"未隔几天鞠芳又带饭盒了"［幾日もしないうちに、鞠さんがまた弁当を持ってくるようになった］は、主語"鞠芳"が1つで、2つの意味項目"未隔几天"

―――――――――――――

① "走过来"を「動詞"走"＋補語"过来"」と分析し、動補連語や述補連語などと言う研究者もいる。しかし、"走过来"が「移動」を表す場合は、3つの動詞はいずれも移動を表す動詞としての意味があり、述補連語"亮起来"のように"起来"が意味変化しているわけではないので、動詞連語と言う方が言語事実に適っている。

② 中国語の形容詞は性質と状態だけではなく、次の例文に見られるように運動も表せる。例："她脸<u>红了</u>"［彼女は顔が赤くなった］、"天气一到了7月，就<u>热起来了</u>"［7月に入ると暑くなってきた］。ただし、これらの形容詞を動詞という研究者もいる。

"又带饭盒了"があり、"鞠芳未隔几天又带饭盒了"とも言えるので、語順は一般的な連動文とは異なるが連動連語で作る連動文の1つと言える。

　上掲の連語のなかには、核となる品詞が動詞だけでなく、形容詞［例（6）と例（7）］もあるので、連動連語や連動文とは言い難いので、連動連語を連用連語と名付け、連動文は連述文と名付ける。この名称の方が言語事実に適う。

3　連用連語を用いる連述文の用法と日本語訳

　既述のように、連用連語を用いる連述文の用法は、徐昌火（2005：214）は4類に、陆庆和（2006：414-415）は6類に分けている。以下のとおりである。

　　i　前後二つの動作の連続性（継起性）を表す。（徐1、陆3）

　　　他吃过饭散步去了。（徐昌火，2005：214）

　　ii　後の動作や状態が前の動作の生んだ結果を表す。（徐2、陆4）

　　　我收到你的礼物高兴极了。（徐昌火，2005：214）

　　iii　後ろの動作が前の動作の目的を表す。（徐3、陆2）

　　　下午我们去商店买东西。（徐昌火，2005：214）

　　iv　前の動作が後ろの動作の方式を表す。（徐4、陆1）

　　　我明天坐船去日本。（徐昌火，2005：214）

　　v　前の動詞が"有""没有"。（陆5）

　　　我有话跟你说。（陆庆和，2006：415）

　　vi　前後2つの動詞や動詞連語が相互補充、相互説明の関係を表す。（陆6）

　　　他老是躺在床上不起来。（陆庆和，2006：415）

　上掲の分類を参考にして、連述文・連述分文の用法と日本語訳を先行研究と実例とにより再分類する。なお、上記6例の文中（ii）にも核となる単語に形容詞"高兴"が含まれている。また、vは"有"字文、viは意味項目が1つなので連述文とは言えない。

3.1　前項が空間移動を表す場合

　連用連語で作る連述文と連述分文とは、一般には前項と後項の2項目からなり、前項が空間での移動を表す場合、後項は主に目的・行為・移動を表す。

3.1.1　前項が空間移動を表し、後項が目的を表す場合

　連述文は一般には前項と後項の2項目から成り立っている。その一つに後項の出来事が前項の目的を表す用法がある。

　（9）下午我们<u>去商店买东西</u>。（徐昌火，2005：214）

　　　わたしたちは午後<u>お店へ買物に行きます</u>。（筆者訳）

　（10）她<u>来这儿考试</u>。（陆庆和，2006：414）

　　　彼女は<u>この会場へ受験に来ます</u>。（筆者訳）

　（11）<u>又去钓鱼了</u>。（『人民』88-5-92）

　　　また<u>釣りに出かけた</u>。（同上）

　例（9）の"去商店买东西"［お店へ買物に行く］は、［お店に物を買いに行く］［お店へ行って買い物をする］とも訳せる。日本語は何のために行くのかを表す3単語で表現する［お店へ＋買物に＋行く］のほうが4単語で表現する［お店に＋物を＋買いに＋行く］［お店へ＋行って＋買い物を＋する］よりリズミカルである。これは「非対」の文化に支えられた表現である。また、日本語は助詞「に」であっても重複するとリズムが悪くなるので、［お店へ買物に行く］と表現し、助詞の重複［お店に買物に行く］も避ける。例（10）の"来这儿考试"［この会場へ受験に来ます］は、動詞"考试"の後に名詞がない場合だが、中国語は"来这儿参加考试"と表現するほうが中国の対の文化に支えられるので、中国人にとってはリズミカルであろう。日本語は［この会場へ＋試験を＋受けに＋来ます］［この会場へ＋来て＋試験を＋受けます］とも訳せるが、一般には非対の文化に支えられる訳文［この会場へ＋受験に＋来ます］のように訳す。例（11）の"又去钓鱼了"は、前項の動詞"去"の後に空間詞がない場合である。これも意味項目の異なる動詞が2つ"去、钓"あるので、連用連語で作る連述文と言える。

　中国語の"去、来"と日本語の［行く、来る］は、単語レベルでは基本的に同じ意味を表すが、連語以上のレベルになると、一致しない場合もある。たとえば、"我去中国旅游十天"［中国へ十日間旅行に行ってきます］は、中国語では主体が中国へ行き、10日間旅行をする意味だが、日本語は主体が自宅を離れた時から、中国への旅行である[①]。

3.1.2　前項が空間での行為を表し、後項も行為を表す場合

　中国語は出来事の行われる順序で表現されるので、前項が空間での行為を表し、後

[①]　電話で相手から"你马上过来！"［すぐ来て！］と言われると、中国語では人間関係によって、二通りの答え方"我马上过来！""我马上过去！"［すぐ行くよ！］が可能である。筆者は前者を身内型表現、後者を他人型表現と名付けている。

項も行為を表していれば、日本語も前項と後項との行われる順序通りに訳す。

（12）他十八岁的时候，妈忽然回来一次，<u>站在院里喊了声</u>："安安——"便泪流满面了。

　　（『人民』89-7-98）

　　十八のとき、突然母が帰ってきて、<u>庭に入ると</u>涙ながらに「安安─」と<u>叫んだ</u>。

　　（『人民』89-7-99）

　連用連語で作る連述文には、いろいろな構造があるが、一般には2項目からなる連用連語が多い。しかし、上掲の連語のように2項目のうち、1項目が形容詞で作る場合（ⅱ）もあり、上掲に示す基本構造と異なる連述文や連述分文も多々ある。以下では、それを見ていこう。

3.1.3　前項が空間での行為を表し、後項が移動を表す場合

　連述文や連述分文を作る連用連語の中には、前項で空間での行為を表し、後項で移動を表す場合もある。例文を検討してみよう。

（13）他却<u>把自己的两盆悄悄地送到朋友的花房里去了</u>。（『人民』89-3-102）

　　そこで彼は、<u>二つの鉢を友人の花園にこっそり運んだ</u>。（同上）

　例（13）の拡大連用連語"却把自己的两盆悄悄地送到朋友的花房里去了"［二つの鉢を友人の花園にこっそり運んだ］の構造は、"却把自己的两盆＋悄悄地送到朋友的花房里＋去了"［二つの鉢を＋友人の花園に＋こっそり運んだ］である。

　上掲の文は、後項の移動を表す"去了"が有様により移動を表す日本語の語句［運んだ］の中に反映されているので、減訳されている。

3.2　連用連語の後項が空間の場合

　連用連語で作る連述文や連述分文は、一般には前項と後項の2項目からなり、後項が行く先の空間を表す場合、前項は方式を表す。

3.2.1　前項が方式を表し、後項が空間を表す場合

　連用連語で作る連述文や連述分文は、一般には前項と後項の2項目から成り立っている。その一つに前項の出来事が後項の出来事の方式を表す用法がある。

（14）我明天<u>坐船去日本</u>。（徐昌火，2005：216）

　　明日<u>船で日本へ行く</u>。（筆者訳）

　例（14）の"坐船去日本"［船で日本へ行く］は、［船に乗って日本へ行く］とも訳せる。日本語は乗り物による方式を表す場合、3単語で表現する［船で＋日本へ＋行く］のほうが4単語で表現する［船に＋乗って＋日本へ＋行く］よりリズミカルである。これも

非対の文化に支えられた表現である。

3.2.2　前項が行為を表し、後項が場所と関係する結果を表す場合

連述文や連述分文の中には、前項で行為を表し、後項で場所と関係する結果を表す場合がある。

(15)妈再抱他,他再下来,<u>搬个小凳坐在门口</u>。(『人民』89-7-98)

　　　また寝かせると、また起きて、<u>戸口に腰掛けを運んでそこに座った</u>。(『人民』89-7-99)

例(15)の"搬个小凳坐在门口"[戸口に腰掛けを運んでそこに座った]は、中国語の構造は"搬个小凳＋坐在门口"で、日本語の構造は[戸口に腰掛けを運んで＋そこに座った]である。日本語は名詞の格が発達しているので、語順を入れ換え[腰掛けを戸口に運んで＋(そこに)座った]とも訳せる。この訳文は[腰掛を]が強調される構造となる。

3.3　連用連語の前項が時間の場合

連述文や連述分文は一般には2項目から成り立っているが、どちらか一方が時間を表す場合は極めて少ない。前項で時間を表し、後項で行為を表す例が1例しかなかった。

(16)她和他是青梅竹马。<u>到了该恋爱的年龄就相爱了</u>。(『人民』96-11-85)

　　　ふたりは幼なじみだった。<u>そして年頃になると自然に愛し合うようになった</u>。(『人民』96-11-84)

例(16)の"到了该恋爱的年龄就相爱了"[そして年頃になると自然に愛し合うようになった]の構造は、"到了该恋爱的年龄＋就相爱了"[そして年頃になると＋自然に愛し合うようになった]の2項目から作られ、前項が時間"到了该恋爱的年龄"を表し、後項が行為"就相爱了"を表している。連用連語の前項に時間を表す実例は少なく、今回の調査では後項で時間を表す場合は1例もなかった。

3.4　継起的な移動・動作・行為・状態などを表す場合

連用連語は一般には2項目だが、数が少ないとは言え、まれに3項目以上の場合もある。連用連語2項目の中には、上掲の場所と時間以外、移動・動作・行為・状態なども表す。

3.4.1　継起的な移動を表す場合

連述文や連述分文の連用連語で作る2項目がともに移動を表し、それらが以下の文中にあるように、継起的な移動を表す場合がある。

（17）"嗨，小公主，洪水又要泛滥了，好，<u>去拿只空盆来</u>。"（『人民』89-3-100）

　　「あれあれ、お姫さま、洪水でまたはんらんですかな。わかった、<u>からの鉢を持ってきなさい</u>。」（『人民』89-3-101）

例（17）の"去拿只空盆来"［からの鉢を持ってきなさい］の構造は、中国語は3項目"去＋拿只空盆＋来"「移動"去"＋行為"拿只空盆"＋移動"来"」で作られているが、日本語は元の場所に帰って来るのが大事なので、2項目［からの鉢を持って＋きなさい］で訳し、からの鉢をとりに行く移動"去"は減訳されている。

3.4.2　継起的な動作を表す場合

2項目の連用連語で作る連述文や連述分文がともに動作を表し、それらが以下の文中にあるように、継起的な動作を表す場合がある。

（18）"小毛要是<u>哭着喊爹叫爹</u>我就救，干么非喊妈不成……"（『人民』89-7-99）

　　「シャオマオが<u>お父さんといって泣いていたら</u>助けたさ。なんでお母さんといわなくちゃならないんだ……」（同上）

例（18）の"哭着喊爹叫爹"［お父さんといって泣いていたら］の構造は、"哭着＋喊爹叫爹"［お父さんといって＋泣いていたら］の2項目から作られ、どちらも動作を表している。

3.4.3　継起的な行為を表す場合

2項目の連用連語で作る連述文や連述分文がともに行為を表し、それらが以下の文中にあるように、継起的な行為を表す場合がある。

（19）鸽子<u>用身子护住阿根</u>："一起喂！"（『人民』93-4-111）

　　鴿子は<u>身体で阿根をかばった</u>。「いっしょに行くわ！」（『人民』93-4-110）

例（19）の"用身子护住阿根"［身体で阿根をかばった］の構造も、"用身子＋护住阿根"［身体で＋阿根をかばった］の2項目から作られ、どちらも行為を表している。ただし、日本語訳は、前項の［身体で］を後項の［阿根をかばった］のデ格の道具名詞として訳されている。

3.4.4　継起的な状態を表す場合

連述文や連述分文の連用連語で作る2項目がともに状態を表し、それらが以下の文中にあるように、継起的な状態を表す場合がある。

（20）"爸爸,你那两盆早就出芽了,我的怎么就没有呢?"沁沁的眼睛<u>闪过希望又闪过失望</u>。

　　　（『人民』89-3-101）

　　　「パパ、パパの二つの植木鉢、とっくに芽が出てるのに、わたしには、どうして

　　　ないの?」<u>期待に輝く眼</u>、<u>失望にくれる眼</u>。(同上)

　例（20）の"闪过希望＋又闪过失望"[期待に輝く眼＋失望にくれる眼]は2項目から作ら

れ、どちらも状態を表している。以下では2項目が異なる内容を表す実例を見てみよう。

3.4.5　動作・行為・移動・状態などの項目が継起的にあらわれる場合

　連述文や連述分文を作る連用連語2項目は、同一内容の項目よりも異なる内容の項

目を表す場合のほうが多い。主な項目はヒトの意思を表す「動作・行為・移動」とヒ

トの意思から解放されている「状態」を表す。一般には、目的と方式を表す日本語訳

は、日本語の文構造が固定化されているので、その語順に沿って訳す。

　ⅰ　動作・行為

　連述文や連述分文を作る連用連語に用いている2項目のうち、人の動作や行為はど

ちらも人の意思を表す。

（21）又是一年除夕,一家人又像往年一样<u>围坐一块儿包饺子</u>。(『人民』97-5-87)

　　　何年か過ぎたある大みそか、何時ものようにみんな<u>集まってギョウザを作って</u>

　　　<u>いた</u>。(同上)

　例（21）の"围坐一块儿包饺子"[集まってギョウザを作っていた]の構造も、"围坐一

块儿＋包饺子"[集まって＋ギョウザを作っていた]の2項目から作られ、前項は動作、

後項は行為を表している。

　ⅱ　移動・行為

（22）晚上,安安<u>回来开门</u>,见门鼻上挂着两双黑灯芯绒布鞋,底子纳得很厚,针脚走得

　　　很密。(『人民』89-7-98)

　　　夕方、安安が<u>戻って戸を開けようとすると</u>、錠前の金具に黒いコール天の布靴

　　　が二足掛けてあった。(『人民』89-7-99)

　例（22）の"回来开门"[戻って戸を開けようとすると]の構造は、"回来＋开门"[戻っ

て＋戸を開けようとすると]で、前項は移動、後項は行為を表している。

　ⅲ　行為・状態

（23）安安家在村上是孤户,连个亲戚都没有。爹死后,妈<u>抱着他常流泪</u>,不知该怎么生

　　　活下去。(『人民』89-7-98)

　　　安安の家は村の中にも外にも親戚がなかったので、父の死後、母は<u>安安を抱い</u>

て、どうやって暮らしたものやらと、いつも涙を流した。(同上)

例(23)の"抱着他常流泪"[安安を抱いて……いつも涙を流した]の構造は、"抱着他＋常流泪"[安安を抱いて＋……いつも涙を流した]であり、日本語訳は状態[いつも涙を流した]の前に、その理由[どうやって暮らしたものやらと]が入るが、中国語は一般に「行為"抱着他"＋状態"常流泪"」の語順なので、理由は後付け"不知該怎么生活下去"となる。

4　おわりに

以下のような文は、これまで連動連語で作る連動文と言われているが、先行研究と言語事実に照らすと、連用連語で作る連述文という方が適当である。

(24)妈妈去商店买东西。(陆庆和,2006:213)

　　母はお店へ買い物に行きます。(筆者訳)

(25)他坐火车来北京。(梁鸿雁,2004:414)

　　彼は列車で北京に来ます。(筆者訳)

(26)十一点我们上床睡觉。(徐昌火,2005:215)

　　十一時に私たちは寝ます。(筆者訳)

連述文や連述分文を作る連用連語について、先行研究と言語事実とにより、筆者は文中や分文中に2項目以上の意味内容が認められる場合と定義する。連述文とは主語が1つで、述語は2つあるいは2つ以上の意味項目のある用言または用言連語からなる文をいう、と定義するのが妥当であろう。

この連述文SPOPO文型は中国語の代表的なSPO文型からみると、かなり特殊な文構造である。筆者はこの構造の文が中国で発達するのは、対の文化が中国人の根底にあり、対の文化に支えられているからだ、と分析している。

連述文を日本語訳する場合、一般には中国語の語順通りに訳さず、日本の非対の文化に従って訳される。特に連用連語が場所を含む目的"买东西"[例(24)]と方式"坐火车"[例(25)]とを表す場合である。例(24)と例(25)の連用連語の構造と訳は"去商店＋买东西"[店へ＋買い物に＋行きます]、"坐火车＋来北京"[列車で＋北京に＋来ます]であり、例(26)などのそのほかの連用連語"上床＋睡觉"[寝ます]で作る連述文もなるべく短く訳すような工夫がなされている。これも中国語が表意文字で、日本語が表音文字である違いからきている。

参考文献

丁崇明,2009. 现代汉语语法教程[M]. 北京:北京大学出版社.

高桥弥守彦,2020. 中日翻译学的基础与构思:从共生到共创[M]. 北京:外语教学与研究出版社.

耿二岭,2010. 图示汉语语法[M]. 北京:北京语言大学出版社.

梁鸿雁,2004. HSK应试语法[M]. 北京:北京大学出版社.

卢福波,2011. 对外汉语教学实用语法[M]. 北京:北京语言大学出版社.

陆庆和,2006. 实用对外汉语教学语法[M]. 北京:北京大学出版社.

单宝顺,2011. 现代汉语处所宾语研究[M]. 北京:中国社会科学出版社.

徐昌火,2005. 征服HSK汉语语法[M]. 北京:北京大学出版社.

杨德峰,2004. 汉语的结构和句子研究[M]. 北京:教育科学出版社.

朱德熙,1995. 文法講義:朱德熙教授の中国語文法要説[M]. 杉村博文,木村英樹,訳. 東京:白帝社.

鈴木康之,2000. 日本語学の常識:すべての日本語学習者のための[M]. 東京:海山文化研究所.

鈴木康之,2011. 現代日本語の連語論[M]. 東京:日本語文法研究会.

高橋弥守彦,2006. 実用詳解中国語文法[M]. 東京:郁文堂.

高橋弥守彦,2017. 中日対照言語学概論:その発想と表現[M]. 東京:日本僑報社.

松村達夫,1978. 翻訳の論理:英語から日本語へ[M]. 町田:玉川大学出版部.

李臨定,1993. 中国語文法概論[M]. 宮田一郎,訳. 東京:光生館.

作者简介

氏名:高橋弥守彦

性別:男

所属:大東文化大学

学歴:博士課程中退

職務:名誉教授

専門分野:現代中国語文法学、中日対照言語学、翻訳学(中文日訳)

住所:日本国東京都板橋区西台4-4-3-315

郵便番号:175-0045

メールアドレス:3441748402@jcom.home.ne.jp

コーパスによる日本語研究の動向
Trends in Japanese Linguistics Based on Corpora

田中牧郎

要　旨：日本語コーパスの開発と公開の現状を確認し、現代語研究、日本語史研究、日本語教育研究の3つの分野に分け、コーパスを活用した論文を具体的に見ていくことで、コーパスがどのように使われており、コーパスを使うことで研究がどのように発展しているかを考察した。総じて、コーパスは日本語研究に精緻化と高水準化をもたらし、広範囲を見通すことができる新しい研究領域を開拓しつつあると見ることができる。

キーワード：日本語コーパス；現代語研究；日本語史研究；日本語教育研究

摘　要：本文回顾了日语语料库的开发与公开情况,概述了现代语言研究、日语史研究和日语教育研究3个领域中利用语料库的论文,并讨论了语料库的使用方式以及使用语料库来推进研究的具体途径。总体而言,语料库使日语研究更加精准化和高水平化,并且使语料库的研究领域不断更新,可以涵盖更广泛的领域。

关键词：日语语料库；现代语言研究；日语历史研究；日语教育研究

1　はじめに

日本語研究におけるコーパスは、20世紀になってからの20年余りで大きく発展し、話し言葉、書き言葉、Web上の言葉、古典語、方言、学習者言語など、コーパスによって研究できる言語領域は目を見張るほど拡大してきた。こうしたコーパスの拡充と普及によって、日本語研究におけるコーパス利用は、新奇な方法から当たり前の方法に位置づけを変え、そのことが日本語研究のありようを変えてきてもいる。本稿では、

現代日本語、日本語史、日本語教育の3つの領域を取り上げ、コーパスによる日本語研究の動向を記したい。

2 日本語コーパス構築までの流れ

　日本語コーパスの開発は国立国語研究所が中心になって進められてきたが、国立国語研究所のコーパス開発の源流には、山崎（2013）が説くように、1950年代から重ねられてきた多様な媒体の語彙の実態調査があり、その語彙調査の基盤には、計量国語学会（1956年設立）の活動に象徴される、計量言語学の発展があった。1990年代には、工学分野では自然言語処理の隆盛に伴って新聞記事を電子テキストデータとして使う流れが生じ、人文科学分野では古典籍や古記録・古文書類の電子化事業や青空文庫の整備など電子図書館の構築の流れが生じた。日本語研究においても、会話データを電子化したり、学習者が産出した誤用を含む日本語を記録したりといったプロジェクトが進められ、本格的なコーパス構築の機運が醸成されていったのである。

　はじめての本格的な日本語コーパスである『日本語話し言葉コーパス』（Corpus of Spontaneous Japanese、CSJ、2005年公開）は、国立国語研究所・情報通信研究機構・東京工業大学の共同開発によるもので、独話［学会講演と模擬講演（スピーチ）］が中心の660時間、750万語からなり、自然言語処理技術の開発に貢献するとともに、日本語の音声研究を進展させた。語彙調査の蓄積を生かした汎用性ある単位認定基準に基づく形態論情報を始めとした、精細なアノテーションが付されたことで、その後の日本語コーパスに付与される基本情報が定まった。

　国立国語研究所では、CSJ構築によって得られた様々な知見や技術を結集し、2006年から『現代日本語書き言葉均衡コーパス』（Balanced Corpus of Contemporary Written Japanese、BCCWJ、2011年公開）構築のプロジェクトが始まった。これは、現代日本語の書き言葉の全体像を把握するために構築されたコーパスで、書籍全般、雑誌全般、新聞、白書、ブログ、ネット掲示板、教科書、法律などのジャンルにまたがって1億430万語のデータを収録している。各ジャンルについて無作為にサンプルが抽出され、精細な形態論情報のほか、文書構造情報や書誌情報も提供されている。現代日本語の書き言葉を代表する均衡コーパスという高い価値にふさわしく、非常によく利用され、日本語研究の水準を大幅に高めたコーパスと言ってよい。第4節では、このコーパスを用いた研究例を扱っていく。

　日本語史研究の分野では、CSJの構築と同時期に国立国語研究所で近代の総合雑誌『太陽』を対象とした『太陽コーパス』(2005年公開、現在は『日本語歴史コーパス』に統合)が作られたが、形態論情報などのアノテーションは十分に付与されていなかった。BCCWJ公開後に本格的な開発が始まった、豊富なアノテーションを備えた『日本語歴史コーパス』(Corpus of Historical Japanese、CHJ、2012年公開)は、2022年3月で、奈良時代から明治・大正時代までの、多様な日本語史資料、約2000万語からなっている。各時代の話し言葉に近い文体(口語体)の資料を中心にコーパス化されており、口語史をたどることができるが、鎌倉時代や明治時代など口語体資料の少ない時代は、文語体資料も多く収められ、位相差を捉えることもできるようになっている。資料の原本画像や、注釈付きの底本へのリンクが付されており、文献研究の利便性が確保されている。このコーパスによって日本語史の全体像が把握できるようになった意義は大きく、日本語史研究の革新が始まりつつある。第5節では、このコーパスを用いた研究例を見ていく。

　『多言語母語の日本語学習者横断コーパス』(International Corpus of Japanese as A Second Language、I-JAS、2016年公開)は、日本語学習者1000名と日本語母語話者50名の発話と作文、約800万語からなり、12種の母語話者間の比較や、日本語母語話者との比較が行える。海外学習者、国内教室環境学習者、国内自然環境学習者の学習環境の比較が行える。ストーリーテリング、対話、ロールプレイ、絵描写、ストーリーライティングの5種の言語活動が分析できる設計にもなっている。第6節では、このコーパスを用いた研究例など、日本語教育研究におけるコーパス利用を取り上げる。

　以上の国立国語研究所で開発されたコーパスは現在、すべて検索アプリケーション『中納言』によってWeb上で利用することができる。上に記した4つのコーパスのほかにも、国立国語研究所が開発したものに、多様な場面・話者による約200時間の日常会話を約240万語集めた『日本語日常会話コーパス』(Corpus of Everyday Japanese Conversation、CEJC、2022年公開)、1950年代から1970年代にかけて国立国語研究所で録音された独話・会話、44時間分、53万語からなる『昭和話し言葉コーパス』(Showa Speech Corpus、SSC、2021年公開)がある。国立国語研究所以外が開発したものには、例えば、2名による雑談を120会話100時間分収録した『名大会話コーパス』(Nagoya University Conversation Corpus、NUCC、2003年ごろまでに名古屋大学で開発)、男女40名に協力を依頼して職場における自然会話(会議・打合せや休憩時間の会話)を収録した『現日研・職場談話コーパス』(Gen-Nichi-Ken Corpus of Workplace Conversation、

CWPC、2000年ごろまでに現代日本語研究会が開発)があるが、現在はいずれも、『中納言』によって利用できるようになっている。

3　学術誌『日本語の研究』掲載論文はコーパスをどう使っているか

　近年の日本語研究でコーパスがどのように使われているかを把握するために、日本語研究を代表する学術誌である、日本語学会編『日本語の研究』(https://www.jstage.jst.go.jp/browse/nihongonokenkyu/-char/ja)に掲載された論文を見てみよう。表1は、2012年から2021年までの10年間の同誌(2018年までは年4回刊行、2019年からは年3回刊行)について、論文が掲載されていない3冊を除いた34冊に掲載された115本の論文(研究ノート・短信・資料を含む)を調査した結果である。掲載された論文を、現代語、日本語史、方言、日本語学史の4分野に分け、コーパスを使っているかどうかを、「全体で使っている」(○)、「一部で使っている」(△)、「使っていない」(×)に分類し、年次別に本数を集計すると、表1のようになる。なお、第2節に述べた学習者コーパスを用いることがある日本語教育研究は、『日本語の研究』には掲載されない分野であり、表1には含まれていない。

表1　学術誌『日本語の研究』掲載論文のコーパス利用

単位:本

年次/年	現代語研究				日本語史研究				方言研究				日本語学史研究			
	○	△	×	計	○	△	×	計	○	△	×	計	○	△	×	計
2012	0	0	0	0	0	2	4	6	0	0	4	4	0	0	0	0
2013	0	0	0	0	2	1	4	7	0	0	2	2	0	0	2	2
2014	1	0	0	1	1	3	7	11	0	0	0	0	0	0	1	1
2015	1	1	1	3	5	0	7	12	0	0	1	1	0	0	1	1
2016	0	1	1	2	4	3	4	11	0	1	3	4	0	0	1	1
2017	2	1	1	4	3	0	0	3	0	0	4	4	0	0	1	1
2018	0	1	1	2	1	1	4	6	0	0	3	3	0	0	0	0
2019	1	2	0	3	1	0	3	4	0	0	4	4	0	0	0	0
2020	2	0	0	2	2	0	1	3	0	0	1	1	0	0	0	0

続　表

年次/ 年	現代語研究				日本語史研究				方言研究				日本語学史研究			
	○	△	×	計	○	△	×	計	○	△	×	計	○	△	×	計
2021	0	0	0	0	2	0	1	3	1	0	1	2	0	0	1	1
計	7	6	4	17	21	10	35	66	1	1	23	25	0	0	7	7

　表1によれば、日本語学史研究ではコーパス利用が皆無であるが、この分野はコーパスを使った研究がなじみにくいところがあるであろう。方言研究でもあまりコーパスが利用されていないが、この分野はコーパス構築が始まったばかりであり、今後増えていく可能性がある。これらに対し、現代語研究と日本語史研究には、コーパスを使った研究が多く見られることが分かる。特に現代語研究は17本中13本（76%）がコーパスを利用しており、高い比率を占めている。最も多くの論文が掲載されている日本語史研究では、コーパスを利用する論文は66本中31本（47%）であるが、当初は「一部で使っている」（△）が多かったが、次第に「全体で使っている」（○）が多くを占めるように変わってきており、2019年から2021年ではすべての論文が「全体で使っている」（○）になっている。第4節と第5節では、その現代語研究と日本語史研究について、コーパスの使い方がどのように変わってきたかを具体的に見ていくことにしよう。

4　コーパスによる現代語の研究

　第3節で見たように、現代語研究の多くがコーパスを利用していることは、調査対象とした期間で変わらない傾向だが、利用するコーパスを見ると、変化が認められる。2014年と2015年では、新聞記事テキストや青空文庫を使うのが一般的で、BCCWJを使う場合も、用例採集対象としての利用に止まっていたのが、2019～2021年では、BCCWJのみを使ってデータを整えて論文を構成するものが一般的になっているのである。

　具体的な論文を取り上げて見てみよう。コーパスを「全体で使っている」（○）に分類される呉揚（2015）「空間的配置動詞のアスペクト・テンス形式とテクスト:『そびえる』の場合」（『日本語の研究』11巻1号）は、動詞「そびえる」のアスペクト・テンスにかかわる諸形式が、恒常性・臨場性・知覚体験性などの、どの意味を表すかが、テキストジャンルによって異なることを明らかにしているが、新聞記事テキストや青空文庫とともにBCCWJを用い、各形式の用例を採集して意味分析を行っている。

　　2015年ごろまでの現代語研究の論文でのコーパス利用は、こうした用例採集対象資料としての利用であることが多かった。ところが、近年の論文では、ある言語現象の全体的傾向を把握する手段としてコーパスが利用されるように変わってきている。例えば、「全体で使っている」(〇)に分類される井上(2020)「『彼は笑ってみせた。』は何を見せたか:書き言葉の『てみせた。』の意味機能に着目して」(『日本語の研究』16巻1号)は、動詞に後接する「てみせた」の多様な用法の展開には、何を見せたかの観点から、対象→動作→意向→意図性→能力という過程が考えられることを明らかにしているが、BCCWJの「てみせた」の全例を検索したデータをもとに、前接する全動詞を見わたして分類を施している。

　　また、先に見た呉揚(2015)でも、新聞や青空文庫と比較し、BCCWJから得た用例の特徴を観察しているという点で、テキストジャンル間の比較が行われていたが、こうしたジャンル間の比較をBCCWJに含まれる14のレジスターを生かして総合的に分析するような研究も生まれている。例えば、他の学術誌に掲載された論文であるが、中俣(2020)「主成分分析を用いた副詞の文体分析」(『計量国語学』32巻7号)は、基本的な副詞49語とその類義語164語について、14のレジスターごとの主成分分析を行い、双方向的か一方向的かの対立軸と、自己表現的か公共的かという対立軸を見出し、この2つの軸を組み合わせ、副詞を4つのグループに分類して見せている。

　　井上(2020)、中俣(2020)以外にも、BCCWJの特性を生かした優れた記述研究が数多く発表されるようになってきているが、それらの論文に見出される特質としては、(1)精細な記述、(2)全体を見通した記述、(3)共起情報や統語情報を観察した多様な文脈を整理した記述、(4)テキストジャンルやレジスターの違いを踏まえた記述、の4点が注目される。これらの特質はいずれも、従来のコーパスを部分的にしか使わない研究には備わりにくかったものであり、コーパスを主たるデータに用いるようになってきたことによって、日本語研究の質が向上してきたことを示していよう。

5　コーパスによる日本語史研究

　　第3節で見たように、日本語史研究の分野では、2012年においても、コーパスを「一部で使っている」(△)論文は見られたが、電子図書館のテキストなどと合わせて『太陽コーパス』から用例を検索して利用するもので、同様の利用方法の論文は2018年ごろまで見られる。一方、2013年からは、コーパスを「全体で利用する」(〇)論文が見られ

るようになり、当初は、論文著者が自らの研究目的のために作成したコーパス類(対訳辞書電子テキスト、説話パラレルコーパス、古典用解析辞書など)を用いるものであったが、2015年からは、CHJや、その前身である『太陽コーパス』などの近代雑誌コーパスを用いるものが目立つようになる。そして、2018年以降はCHJのみを用いる論文が中心を占めるようになる。

　日本語史研究は、内省によって研究を進めることができないことから、元来、用例の分析・分類を通して帰納的に論を導き出す方法がとられていたが、それはコーパスを使うか使わないかにかかわらない基本的な方法である。例えば、コーパスを「使っていない」(×)に分類される富岡(2014)「中古和文における体言下接の終助詞カナ・ヤ」(『日本語の研究』10巻4号)は、中古和文において、体言に詠嘆の終助詞「かな」と「や」が下接する形式を比較し、「論理的評価の表明」か「直感的評価の表明」かという相違があることを解明しているが、調査対象にした中古和文9作品は、古典の校訂本文や古典全集を用いている。ところが、同じく中古和文を対象にした呉寧真(2018)「中古和文複合動詞の主体敬語の形」(『日本語の研究』14巻3号)は、コーパスを「全体で利用する」(○)論文であるが、複合動詞が主体敬語になる場合に、敬語独立動詞に変える形を取るか、「たまふ」を付ける形を取るかに、一定の傾向性があることを明らかにしている。用いているデータは、CHJの『源氏物語』のみであるが、『中納言』によってCHJの形態論情報を効果的に検索することによって得られるデータを分類に生かすことで、『源氏物語』の例だけから明確な傾向性を見出すことに成功しているのである。

　中世・近世を対象にするものでも、2010年代前半の論文と2020年前後の論文との間には、コーパス利用において同様の大きな進歩が認められる。「一部で使っている」(△)に分類される市村(2014)「副詞『ほんに』をめぐって：「ほん」とその周辺」(『日本語の研究』10巻2号)は、副詞「ほんに」が、中世から近世初頭において、述語動詞に前接する連用修飾を表していたところから、談話標識のような機能を持ち、広く用いられるように変わったが、やがて抽象化・固定化が進み、近代初期に衰退傾向に転じることを明らかにしているが、そのデータには、多くの中世近世資料の校訂本文から得られた用例が中心で、一部にCHJ狂言や『太陽コーパス』を利用しているのにとどまっている。ところが、「全体で使っている」(○)に分類される北﨑(2021)「中世・近世における従属節末の意志形式の生起」(『日本語の研究』17巻2号)は、中世後期に生起した従属節末で(意思・推量を含む)不確定的な非現実事態を表す「う」が近世に衰退し始めることと、近代には意志の「う」は従属節末での生起が許容されなくなり、主節末専用

の形式になることを明らかにしているが、実証のために用いているデータは、すべて
CHJの室町編・江戸編・明治大正編から取得したものである。北﨑（2021）は、従属節
末に「う」が生起する例が意志を意味する環境を確認したのち、同じ環境に出現する基
本形と比較するなど、形式を定めて網羅的に検索した例を徹底して分析するという、
コーパスの特質を十分に生かした分析方法をとっている。コーパスを使う範囲が拡
大するとともに、その使い方が練られてきているのである。

　北﨑（2021）以外にも、CHJの特性を生かした日本語史研究が数多く発表されるよう
になってきているが、それらの論文が従来の論文に比べて優れているところとして、
（1）細部に焦点を当てた記述から体系的で見通しのよい記述へ、（2）時代を限定した記
述から多くの時代にまたがる通時性の高い記述へ、といった点を指摘することがで
きる。

　なお、CHJは、2022年3月のバージョンから、時代別・作品別・文体別などに、見出し
語・品詞・語種などの集計ができる、「統合語彙表」が公開されるようになった。これ
をExcelに読み込み、様々な角度からクロス集計を行ってみることで、日本語の語彙の
変遷を視覚的に捉えることができるようになった。例えば、時代別の語種の構成比率
を延べ語数（付属語、固有名詞、記号類を除く）で集計すると、図1のような結果が得ら
れる。漢語の比率が鎌倉時代まで増加していく流れがあり、鎌倉時代から江戸時代に
かけては大きな変化がなく、明治時代に急増し、大正時代以降は漢語が減少に転じる
流れがあることが見てとれるが、このような事実は、従来の日本語史研究では解明さ
れていなかったものである。今後は、「統合語彙表」を活用した日本語史の大きな流れ

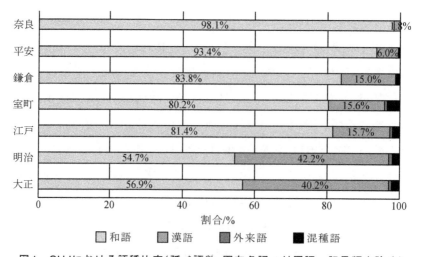

図1　CHJにおける語種比率（延べ語数、固有名詞・付属語・記号類を除く）

の把握を踏まえ、CHJ本体を対象とした個別の現象の検索・分析を行い、日本語史の巨細を捉えていくような革新的な研究が進むことが期待される。また、昭和・平成時代を対象としたコーパスの公開も2023年3月に予定されており、文字通りの通時コーパスになることで、日本語史研究はさらに進展していくことが見込まれる。

6　コーパスによる日本語教育研究

『日本語の研究』には、日本語教育分野の論文は掲載されない。そこで、計量国語学会編の『計量国語学』32巻7号に掲載された論文、李在鎬（2020）に掲載される表2を導きに、日本語教育研究におけるコーパス利用について見ていこう。

表2　李在鎬（2020）が示す「日本語教育学におけるコーパス研究」

番号	コーパスの種類	データサイズ	日本語教育学における利用目的	教育的示唆
1	母語話者コーパス	大規模	日本語の使用実態の正確な把握	学習項目の選定、学習項目の提示順の決定
2	学習者コーパス	中規模・小規模	学習者の言語使用の理解	学習者の理解状況を踏まえた授業デザイン
3	自作コーパス	小規模	特定の目的の解決	タスクベースの学習、社会につながる教育の実現

表2の「母語話者コーパス」の代表は第2節・第4節で見たBCCWJであるが、このコーパスを利用した研究の例として、松下（2016）「コーパス出現頻度から見た語彙シラバス」（森篤嗣編『ニーズを踏まえた語彙シラバス』くろしお出版）を取り上げよう。この論文は、BCCWJにおける書籍とYahoo！知恵袋の2つのサブコーパスのサンプルを、人文系、社会系、理工系、生物系の4領域に分け、さらに、それぞれを一般テキストと専門テキストに分け、対数尤度比によって語彙頻度を比較することで、様々な特徴語を抽出し、日本語教育に役立つ語彙リストの提示を行っている。例えば、旧日本語能力試験級外の語彙でありながら、多くの領域で特徴語となる語彙を特定し、それらを、初級が終わった大学留学生にまず習得を求めるべき語彙とするなどしている。このような科学的根拠に基づく大がかりな語彙リスト作成は、従来は行われていなかったもので、コーパスの利点が生かされた新しい研究実践例と言えよう。

次に、「学習者コーパス」を利用した研究の例として、迫田他（2020）「学習者コーパス

を活用したモダリティ研究：日本語学習者の『かなと思う』の発達」（田窪行則・野田尚史編『データに基づく日本語のモダリティ研究』くろしお出版）を見てみよう。この論文は、I-JASのロールプレイのコーパスにおける、「と思う」「かな」「かなと思う」の3つの形式の母語別使用状況を調査し、「かなと思う」が、韓国語母語話者の使用者比率や使用数が特に多いことを見出し、その理由を対応する表現が韓国語にあるからだと説明している。母語の異なる学習者を比較できるように設計したコーパスの特性を生かした研究になっている。

　最後に、「自作コーパス」を利用した研究の例として、三枝他（2020）「医学用語の収集と分類」（『日本語教育』176号）を紹介しよう。この論文は、医学の参考書を対象にコーパスを自作し、医学参考書における語彙頻度とBCCWJにおける語彙頻度を比較することで、医学の特徴語を抽出しており、日本で医師国家試験を受験する外国人学習者支援に役立てる研究を実践している。この研究のように、教育上必要なジャンルの資料のコーパスを自ら作成し、BCCWJのような汎用コーパスと比較することは、社会的要請に応えた日本語教育の可能性を広げていくであろう。

　以上見てきた、コーパスを活用した近年の日本語教育研究の特色としては、（1）BCCWJの特性を生かした日本語教育に役立つ諸資料が整備されていること、（2）学習者コーパスの充実により学習者の属性に応じた日本語能力の実態が把握されていること、（3）特定の目的に応じた自作コーパスが作成されBCCWJと組み合わせることで社会的要請に応える研究が行われていること、といったことが指摘できよう。

7　おわりに

　以上、本稿では日本語コーパスの開発と公開の現状を確認し、現代語研究、日本語史研究、日本語教育研究に分け、コーパスを活用して書かれた論文を具体的に見ていくことで、コーパスがどのように使われており、コーパスを使うことで研究をどのように発展しているのかを述べてきた。総じて、コーパスは日本語研究に精緻化と高水準化をもたらし、言語現象の広い範囲を見通すことのできる研究を実現していると言うことができるであろう。国立国語研究所による汎用的なコーパスの開発と公開によって、研究者がデータを共有しながら議論や検証を行えるようになってきた意義は大きいし、研究者自身が自らの目的に応じてコーパスを自作し、それを汎用コーパスと比較することで、多様な研究を広げていく可能性にも期待できよう。

参考文献

市村太郎,2014. 副詞「ほんに」をめぐって:「ほん」とその周辺[J]. 日本語の研究,10
　（2）:1–16.

井上直美,2020.「彼は笑ってみせた。」は何を見せたか:書き言葉の「てみせた。」の意味
　機能に着目して[J]. 日本語の研究,16（1）:68–84.

北﨑勇帆,2021. 中世・近世における従属節末の意志形式の生起[J]. 日本語の研究,
　17（2）:19–36.

小磯花絵,2015. 話し言葉コーパス:設計と構築[M]. 東京:朝倉書店.

呉寧真,2018. 中古和文複合動詞の主体敬語の形[J]. 日本語の研究,14（3）:109–125.

呉揚,2015. 空間的配置動詞のアスペクト・テンス形式とテクスト:「そびえる」の場合
　[J]. 日本語の研究,11（1）:1–17.

三枝令子,丸山岳彦,松下達彦,他,2020. 医学用語の収集と分類[J]. 日本語教育
　（176）:33–47.

迫田久美子,石川慎一郎,李在鎬,2020. 日本語学習者コーパスI–JAS入門:研究・教育
　にどう使うか[M]. 東京:くろしお出版.

迫田久美子,佐々木藍子,細井陽子,他,2020. 学習者コーパスを活用したモダリティ研
　究:日本語学習者の「かなと思う」の発達[M]//田窪行則,野田尚史. データに基づく
　日本語のモダリティ研究. 東京:くろしお出版:83–101.

田中牧郎,2020. 日本語の歴史[M]. 東京:朝倉書店.

富岡宏太,2014. 中古和文における体言下接の終助詞カナ・ヤ[J]. 日本語の研究,10
　（4）:1–15.

中俣尚己,2020. 主成分分析を用いた副詞の文体分析[J]. 計量国語学,32（7）:419–435.

中俣尚己,2021.「中納言」を活用したコーパス日本語研究入門[M]. 東京:ひつじ書房.

松下達彦,2016. コーパス出現頻度から見た語彙シラバス[M]//森篤嗣. ニーズを踏ま
　えた語彙シラバス. 東京:くろしお出版:53–77.

山崎誠,2013. 語彙調査の系譜とコーパス[M]//前川喜久雄. コーパス入門. 東京:朝
　倉書店:134–158.

山崎誠,2014. 書き言葉コーパス:設計と構築[M]. 東京:朝倉書店.

李在鎬,2020. 日本語教育学の課題に対して計量分析は何ができるか[J]. 計量国語学
　（7）:372–386.

作者简介

氏名：田中牧郎

性別：男

所属：明治大学国際日本学部

学歴：博士

職務：教授

専門分野：日本語史、日本語語彙論

住所：日本東京都中野区中野4-21-1

郵便番号：164-8525

メールアドレス：makiro@meiji.ac.jp

中日双方向学習者作文データによる存在文と所有文の対照研究

Contrastive Study of Existential Sentences and Possessive Sentences Using Chinese-Japanese Interactive Learners' Composition Data

福田翔

要　旨：本研究は、中国語を母語とする日本語学習者の日本語作文データと、日本語を母語とする中国語学習者の中国語作文データを収集して分析することで、中国語と日本語の「存在・所有」表現のプロトタイプ的意味が両言語の習得にどのような影響を及ぼすかを分析した。具体的には、中国語の"有"及び日本語の「あるⅼいる」を取り上げ考察した結果、第二言語習得において、母語のプロトタイプ的意味の概念が学習される目標言語の産出に影響を及ぼすことが明らかとなった。

キーワード：存在文；所有文；プロトタイプ；学習者作文データ

摘　要：本研究通过收集、分析以汉语为母语的日语学习者的日语作文语料和以日语为母语的汉语学习者的汉语作文语料，探究了汉语和日语"存在・所有"表现形式中的语义原型对2种语言的习得产生的影响。具体而言，本研究以明晰母语中表示"存在・所有"语义的动词（"有"和「あるⅼいる」）的语义原型对所学语言（分别为汉语和日语）的表达具有何种影响为目的。研究结果表明，在第二语言习得中，母语的语义原型概念对所学目标语言的产出会产生影响。

关键词：存在句；所有句；原型；学习者作文语料

1　はじめに

　　本研究は、中国語と日本語の存在・所有を表す表現形式における意味的なプロトタイプ（典型）が両言語の習得にどのように影響しているのかということについて、中国語母語（L1）日本語学習者の日本語及び日本語母語（L1）中国語学習者の中国語の産出データを収集して分析するとともに、両言語を対照するという方法論を用い、明らかにする。即ち、対照研究①と習得研究の両者を軸として、実施するものである。

　　そこで、第一に、収集した言語データについて、第2節で説明する。本研究では、特に学習者の実際の言語使用を収集するということにこだわり、学習者の視点に立って言語学的な分析を実施することを目指した（迫田他，2020：8）。

　　第二に、中国語と日本語の学習者データを用い、存在・所有を表す中国語の"有"と日本語の「ある（いる）」について、プロトタイプと言語習得の関係について明らかにする。具体的には、母語における存在・所有を表す動詞（"有"と「ある（いる）」）のプロトタイプ的意味が学習言語（中国語・日本語）の産出に、それぞれどのように影響を与えるのか、ということを考察する。その結果、初級段階において、学習者は母語のプロトタイプの意味素性に着目し、学習言語にも母語のプロトタイプ的意味を適用するのではないかという仮説のもと、第2節で説明する中国語・日本語「母語・学習者」作文データを用いて検証する。

2　中日双方向学習者作文データ

　　本研究で収集したデータは、中国語を母語とする日本語学習者と日本語を母語とする中国語学習者の作文である。作文データの全体像を図示すると、図1のようになる②。

---

① 言語の対照研究は、「言語研究の一分野ではなく、言語を研究する際のスタイル・立ち位置程度に考えるのがよい」（井上，2015：1）という指摘がある。即ち、対照研究とは、言語を分析する際の方法の一つであるという考え方である。

② これまで、日本語及び中国語の学習者コーパスがいくつか公開されている。例えば、日本語学習者のコーパスとして、日本語の作文や対話データを収めた『多言語母語の日本語学習者横断コーパス』（I-JAS）、また、中国でも『湖南大学学習者中間言語コーパス』や『台湾東呉大学 LARP at SCU』（Language Acquisition Research Project at Soochow University）という日本語学習者の日本語の使用を記録したコーパスも存在する。また、大規模な中国語学習者のコーパスについては、管見の限り、『中国語学習者中国語作文誤用コーパス』（https://corpus.icjs.jp/corpus_ch/index.php）もある。しかし、中国語と日本語をパラレルにして構築された学習者コーパスは見られない。

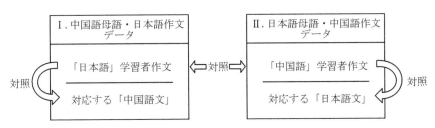

図1　中国語・日本語双方向学習者作文データの全体像

　作文データは、中国語を母語とする日本語学習者の日本語作文とその内容を中国語で記したもの、及び日本語を母語とする中国語学習者の中国語作文とその内容を日本語で記したものになる。その結果、学習言語の作文と同じ内容を母語で書いた作文の対照、並びに学習者作文同士の対照の両方が可能となる（図2と図3）。

テーマ:自己紹介
　　我姓(姓氏),叫(姓名)。我今年(数字)岁,大学(数字)年级。我想在大学学习日本的历史。我现在在餐厅打工。我每天很忙。我喜欢吃点心。我的爱好是看书和唱歌。我家有三口人,妈妈,姐姐和我。还有八只猫。她们性格活泼。……

　　私の名前は(姓名)と言います。今年で(数字)歳になる大学(数字)年生です。私は大学で日本の歴史について学びたいです。私は今レストランでアルバイトをしています。毎日忙しいです。私はお菓子が好きです。趣味は読書と歌を歌うことです。三人家族で、母と姉、8匹の猫がいます。みんな元気です。……

図2　日本語母語話者の中国語作文

テーマ:自己紹介
　　先生と学生の皆さんこんにちは！私は(姓名)と申します。(組織名)学院日本語科の(数字)年生です。私は情熱的な学生だと思っていますが、内向的なところがありますので、もっと明るくなりたいと思います。同時に私もとても働物が好きで、私の家にかわいい犬がいます。別れる時とても悲しかったで、しかし私はそれも私を思うと信じている！……

　　老师同学们大家好！我叫(姓名),是(组织名)学院日语系(数字)年级学生。我认为自己是一个热情大方的学生,但有些内向,所以我希望自己能更加开朗。同时我也很喜欢小动物,我家里有一只可爱的小狗,在分别的时候我非常不舍,但我相信它也会想我。……

図3　中国語母語話者の日本語作文

次に、現在収集が完了しているデータの学習者情報を表1のように提示する。

表1　学習者情報

情報	日本語L1中国語作文	中国語L1日本語作文
レベル	初級	初級
学習期間/ヵ月	10—12	10—12
留学経験（中国/日本）	なし	なし

　両言語において、学習期間は10〜12ヵ月の範囲として、いずれも留学経験のない学習者とした。また、作文データの概要は表2の通りである。

表2　作文データの概要

概要	日本語L1中国語作文	中国語L1日本語作文
作文数/本	103	59
執筆者数/人	103	59
作文・文字数（中国語・日本語）/字	15302（中）	21773（日）
対応文・文字数/字	11627（日）	15667（中）

　このように中国語と日本語の学習者データをパラレルに収集することで、学習者の産出の傾向を知ることができる。また、母語話者による添削を行うと、文法項目ごとの誤用や正用を抽出し、中国語・日本語を母語とする学習者にとって、間違いやすい文法項目を提示できる。さらに、「中国語母語話者の作文」と「日本語母語話者の作文」（左右方向）を対照することで、両言語に特徴的な類似と相違が分かるし、同一の学習者の「学習言語の作文」と「対応する母語の文章」（上下方向）を対照することで、学習言語で書いた時と母語で書いたときの相違、つまり、母語と学習言語の同一事態における日本語と中国語での言語化の相違が分かる。学習者の産出傾向や母語話者から見た誤りなどを考察対照とすることで、母語の影響といった点をも明らかにすることができる。

3　存在と所有：日本語と中国語の対照

3.1　研究の背景

中国語と日本語において、存在文と所有文の両方で用いることができる動詞がある（Langacker, 2009）[1]。中国語では"有"、日本語では「ある（いる）」である。

(1)a. 机の上に本が1冊あります。　　　あそこに猫がいます。

　　b. 桌子上有一本书。　　　　　　　那里有一只猫。

(2)a. 私にはお金があります。　　　　私には妻がいます。

　　b. 我有很多钱。　　　　　　　　　我有妻子。

(1)は存在文、(2)は所有文である。"有"と「ある（いる）」が表す存在と所有は、状態動詞（［-dynamic］［-telic］［-punctual］）（Andersen, 1991）に分類される。中国語の"有"は、上古前期の漢語では所有専用であり、時空間における存在の用法は上古後期以降に意味拡張により使用されるようになったという（大西, 2011）。また、中国語における"有"で表現される（時空間）存在文は、「時空間に広義に〈所有〉される―言い換えれば支配される―非主体的な対象として概念化されている」という捉え方がなされている。つまり、"有"構文は、所有を意味的なプロトタイプとすると考えることができる。一方で、日本語において「ある（いる）」はもともと存在動詞であり、その中に所有の用法があるという捉えられ方がされることが多い[2]。また、子供の言語習得においても、存在文が先に習得され、その後に所有文が習得されるという指摘もある（松藤, 2015）。つまり、これらの言語事実を考慮すると、日本語の動詞「ある（いる）」は存在をプロトタイプとすると考えることができる。このように、共通点の多い"有"と「ある（いる）」であるが、"有"は所有をプロトタイプとし、「ある（いる）」は存在をプロトタイプとするということで、両者は異なる。

また、中国語と日本語の相違として、日本語では「持つ、ある（いる）、Vしている」な

---

[1] Langacker（2009）では、所有と存在の隣接性について、共通する参照点関係の観点からも分析している（西村・浅岡・石塚, 2017も参照）。

[2] 日本語の所有文「A（に）はBがある」には、2つの立場があるとされている（西山, 2021）。それは、(i)所有動詞「ある」を存在動詞とは別に認め、所有文を他動詞文と見なす立場と、(ii)所有動詞を認めず、所有文を存在動詞内蔵型の二重主語文と見なす立場である。西山（2021）では、基本的に(ii)のアプローチに則り、その優位性を検証している。

ど、所有文で用いられる述語が豊富であると言える。例えば、「彼は車を<u>持っています</u>/彼には車が<u>あります</u>」「彼には才能が<u>あります</u>/彼は才能を<u>持っています</u>」「彼には妻が<u>います</u>/彼には妻が<u>あります</u>」「彼は青い目を<u>しています</u>」という文が対応する（庵他，2000：36などを参照）。それに対し、中国語ではすべて基本的に動詞"有"を用いて表すことができ、"他<u>有</u>一辆汽车""他<u>有</u>才华""他<u>有</u>妻子""他<u>有</u>一双漂亮的眼睛"となる。このように、所有における語彙の複雑性が日本語と中国語で異なっている。所有文は、意味的な観点から、「所有関係」「親族関係」「全体部分関係」を中核的意味として分類されることがある。

（3）a. 私には車がある。　　　　　b. 我有汽车。　　　　　［所有関係］

　　b. 私には兄がいる。　　　　　b. 我有哥哥。　　　　　［親族関係］

　　c. 私の顔にはほくろがある。　b. 我的脸上有一个黑痣。［全体部分関係］

　さらに、この所有の関係について、分離可能所有（alienable possession）と分離不可能所有（inalienable possession）と分類されることが多い[1]（Nichols，1988；角田，2009などを参照）。つまり、所有関係である「私」と「車」、並びに親族関係である「私」と「兄」の間には、目に見えない所有や親族という関係性があるだけで、両者は分離可能であると言える。それに対し、全体部分関係である「私の顔」と「ほくろ」は、分離不可能であるとなる[2]。

　　ここまで、主に先行研究を参考に、所有に関する意味分類について観察してきた。この所有という意味概念に対する存在との関連性について、本研究では、連続体として捉えられる分離可能性に加え、「恒常的・一時的」という概念を導入して説明を加える（長屋，2018を参照）。長屋（2018：240）では、所有は「分離不可能・恒常的」であり、存在は「分離可能・一時的」であり、両者は両極に位置し、連続体をなしていると分析されている。そこで、存在と所有の両方の意味を表す"有"と「ある（いる）」において、中国語の"有"では所有をプロトタイプとなるのに対し、日本語の「ある（いる）」では存在がプロトタイプとなるというように、プロトタイプという点では、両者は両極にある

---

[1]　「分離不可能所有物は生まれながらにして持っているものであり、一方、分離不可能所有物は後に獲得したものである。……一般に、分離不可能所有物の代表的なものとされるものは身体部分である。逆に、道具などは分離可能所有物である。」（Nichols，1988：568；Haiman，1985：130；角田，2009：127）

[2]　この2つの所有関係ははっきりと峻別し得るとされてきたことに対し、角田（2009：125-176）では、連続体をなすとし、「所有傾斜」を提案した。所有傾斜については、本研究と直接関係しないため、詳細についてはこれ以上触れない。

と規定することもできそうである。

　本研究では、このようなプロトタイプが、第二言語の習得において、どのような影響を与えるのかということを明らかにする。具体的には、母語における「存在・所有」を表す動詞[“有”と「ある（いる）」]のプロトタイプ①的意味が学習言語（中国語・日本語）の産出に、それぞれどのように影響を与えるのか、ということを明らかにすることを目指し、その結果として、主に、母語の言語学的プロトタイプが言語習得の際に学習言語の産出傾向にも影響を与えているということが分かる。

3.2　データと方法

　本研究では、第2節で紹介した中国語・日本語「母語・学習者」作文データを用いる。観点として、日本語母語中国語学習者及び中国語母語日本語学習者の学習言語の作文から、“有”及び対訳「ある（いる）」、「ある（いる）」及び対訳“有”を取り出し、学習者の産出の傾向から探る。さらに、同内容の母語での記述箇所と対照することで、現実世界の状況の把握という点で、学習言語での存在・所有の使用傾向を明らかにし、問題提起にあげた母語におけるプロトタイプ的意味と習得の関係性を明らかにする。

3.3　結果・考察

　日本語母語話者の中国語作文に見られる“有”構文と中国語母語話者の日本語作文に見られる「ある（いる）」構文が場所を有する存在文であるのかという点から観察すると、表3のようになる。

表3　“有”と「ある（いる）」の存在文と所有文

所有文と存在文	日本語L1・“有”		中国語L1・「ある（いる）」	
	文数/例	割合/%	文数/例	割合/%
所有文（ひと・もの）	15	28.3	41	58.6
存在文（場所）	38	71.7	29	41.4
合計	53	100	70	100

---

① ここでのプロトタイプとは、習得順序や反応時間による「心理学的プロトタイプ」ではなく、形式や意味的特徴、及び歴史的変化などによる「言語学的プロトタイプ」を指すこととする（菅谷,2004を参照）。

　　"有"構文の言語学的なプロトタイプは所有であり、「ある(いる)」構文のプロトタイプは存在である。しかし、日本語L1の中国語学習者は"有"構文の産出において存在文のほうが多く、中国語L1の日本語学習者は「ある(いる)」構文の産出において所有文のほうが若干ではある。即ち、両者の学習言語での産出は、言語学的なプロトタイプとは逆の現象となり、母語である言語形式のプロトタイプに順ずる形で産出量が現れている。

　　まず、日本語L1の中国語学習者の作文について提示する①。以下は所有を表す"有"構文である。

　　(4)a. <u>我有</u>课的日子八点左右从家出来，去大学。(JP_6_学習言語)

　　　　b. 私は授業がある日は八時頃に家を出て、大学へ向かいます。(JP_6_母語)

　　(5)a. <u>我没有</u>女朋友。我很伤心。(JP_9_学習言語)

　　　　b. 私には彼女がいません。私は悲しいです。(JP_9_母語)

　　産出量は存在文に比べて少ないが、"我""他""我们""大学生"などを主語とした所有文が産出されている。次に提示するのは、所有を表す"有"構文である。

　　(6)a. <u>我家有</u>五口人，爸爸、妈妈、妹妹、弟弟。还<u>有</u>一只小狗。(JP_3_学習言語)

　　　　b. 私の家族は5人で、父、母、妹、弟、私です。(JP_3_母語)

　　(7)a. <u>这些道菜里面有</u>很多野菜，对身体非常好。(JP_4_学習言語)

　　　　b. これらには野菜がたくさん入っており、健康的です。(JP_4_母語)

　　存在文は、所有文に比べ、産出量が多い。その中でも、"我家有五口人"というタイプの文の産出が多いのは事実である。これは、初級のはじめの段階で導入されるため、その印象が強く残っているという可能性がある。また、テーマ(自己紹介が多い)の偏りにより、家族紹介の産出が多くなると言えるかもしれない。しかし、"里边""上边"や国、都市などの地名が主語位置に来る例も産出されている。つまり、初級段階において、日本語L1は"有"構文の存在及び所有の両者とも産出が見られるが、存在文の産出が特に多いと言える。

　　次に、中国語L1の日本語学習者の作文について提示する。以下は所有を表す「ある(いる)」構文である。

　　(8)a. <u>私には</u>同じ年の姉と6歳の弟が<u>います</u>。(CN_146_学習言語)

---

① 例文の表示として、「学習言語」は学習言語で書いた作文、「母語」は学習言語で書いた作文に対して同じ内容を母語で書いた文章のことを指す。

b. 我有一个相同年龄的姐姐和一个6岁的弟弟。(CN_146_母語)

(9)a. <u>私は</u>いろいろな趣味が<u>あります</u>。その中で、大好きなのは旅行です。(CN_22_学習言語)

b. 我有各种各样的爱好。其中,我最喜欢的是旅行。(CN_22_母語)

次に、存在を表す「ある(いる)」構文を提示する。

(10)a. <u>わたしの家は広東にあります</u>。(CN_154_学習言語)

b. 我的家在广东。(CN_154_母語)

(11)a. <u>私の家に黒い犬がいます</u>。不愉快な時は犬とおしゃべりするのが好きです。(CN_138_学習言語)

b. 我最喜欢的动物是狗,家里有一只黑色的狗。(CN_154_母語)

中国語L1の「ある(いる)」構文の産出において、若干所有文の産出が多い。しかし、さらに母語である中国語の"有"に対応する日本語の産出という観点から見ると、次のことが指摘されている。

中国語母語話者の日本語では、所有を表す際に、中国語の所有を表す"有"と「持っている」を関連付けている可能性があり、「持っている」の過剰使用が観察される(福田,2023)。

このように、日本語母語話者は、所有を典型とする"有"構文では、存在文を多用し、逆に中国語母語者は、存在を典型とする「ある(いる)」構文では、所有文としての使用が多いという結果から、母語におけるプロトタイプが学習言語での産出に影響を与えているということが考えられる。

さらに、その内実を観察すると、中国語母語話者の日本語では、所有を表す際に、中国語の所有を表す"有"と「持っている」を関連付けている可能性があり、「持っている」の過剰使用が観察されるとの指摘がある(福田,2023)。

(12)a. 旅行中に美しい景色を見ることができます。そして、<u>楽しい体験や気持ち持っています</u>(→楽しい体験をしたり、楽しい気持ちになったりします)。(82_jp)

b. 在旅行中可以看到很多美丽的景色,而且<u>会有开心的体验和心情</u>。(82_cn)

(福田,2023)

(13)a. たまに午後ジョギングをします。<u>学校で自転車を持っています</u>(→学校に自

転車があります)。時々自転車に乗ります。(154_jp)

　　　b. 偶尔会在下午跑跑步。在学校我有一辆自行车,有时我会骑自行车。(154_cn)

(福田,2023)

　　つまり、"有"及び「ある(いる)」という存在・所有を表す文において、中国語L1は所有プロトタイプとし、日本語L1は存在をプロトタイプとするという言語学的プロトタイプが、学習言語の産出における心理的プロトタイプにも影響を与えていることを観察した。

4　おわりに

　　本稿では、中国語と日本語の対照研究及び第二言語習得研究に利用するために収集している、中国語・日本語「母語・学習者」作文データについて紹介し、その上で、中国語・日本語の母語における存在・所有を表す動詞("有"と「ある(いる)」)のプロトタイプ的意味が学習言語(中国語・日本語)の産出に対し、主に、母語の言語学的プロトタイプが言語習得の際に学習言語の産出傾向にも影響を与えているということを、作文データを用いて明らかにした。

参考文献

庵功雄,高梨信乃,中西久美子,他,2000. 初級を教える人のための日本語文法ハンドブック[M].東京:スリーエー・ネットワーク.

井上優,2015. 対照研究について考えておくべきこと[J].一橋日本語教育研究(3):1-12.

大西克也,2011. 所有から存在へ:上古中国語における「有」の拡張[J].漢語与漢語教学研究(2):16-31.

角田太作,2009. 世界の言語と日本語:言語類型論から見た日本語[M].改訂版.東京:くろしお出版.

菅谷奈津恵,2004. プロトタイプ理論と第二言語としての日本語の習得研究[J].第二言語としての日本語の習得研究(7):121-140.

迫田久美子,石川慎一郎,李在鎬,2020. 日本語学習者コーパスI-JAS入門:研究・教育にどう使うか[M].東京:くろしお出版.

長屋尚典,2018. タガログ語の所有と存在のあいだ[J].東京大学言語学論集(39):

223-242.

西村義樹,浅岡健志朗,石塚政行,2017. 所有の言語学:To Have, or Not To Have[J].
154回大会予稿集:342-343.

西山佑司,2021. 日本語の所有文に対する二つのアプローチ[J]. 日本語文法(2):
869-102.

福田翔,2023. 中国語を母語とする日本語学習者の存在文と所有文の習得研究[J]. 東
アジア国際言語研究(4):132-142.

松藤薫子,2015. 日本語の叙述的所有表現の獲得に関する予備的考察[J]. 日獣生大研
報(64):34-43.

ANDERSEN R W, 1991. Developmental sequences: the emergence of aspect marking
in second language acquisition[M]//HUEBNER T, FERGUSON C A. Crosscurrents
in second language acquisition and linguistic theories. Amsterdam: John Benjamins:
305-324.

HAIMAN J, 1985. Natural syntax[M]. Cambridge: Cambridge University Press.

LANGACKER R W, 2009. Investigations in cognitive grammar[M]. Berlin: Mouton de
Gruyter.

NICHOLS J, 1988. On alienable and inalienable possession[M]//SHIPLEY W. In honor
of Mary Haas. Berlin: Mouton de Gruyter:557-609.

作者简介

氏名:福田翔

性別:男

所属:富山大学学術研究部教養教育学系

学歴:博士

職務:准教授

専門分野:中国語学、中日対照言語学、第二言語習得、中国語教育

住所:日本富山県富山市五福3190

郵便番号:930-8555

メールアドレス:fukudasho@las.u-toyama.ac.jp

基于事件结构的汉日复合动词构词对比分析*

Comparative Analysis of Chinese and Japanese Compound Verbs Based on Event Structure

史　曼

摘　要：汉语和日语中都存在丰富的复合动词，且各类复合动词的能产性存在差异。本文发现：从语义关系来看，汉日语的复合动词皆有因果、方式、并列关系；从能产性来看，汉语复合动词能产性由高到低依次为并列、方式、因果，而日语是因果—方式—并列。本文基于事件结构理论探析上述现象的语义因素，分析表明汉日语复合动词语义分类的一致性及各类复合动词能产性的差异源于单一动词事件结构的限制。

关键词：复合动词；能产性；语义关系；事件结构

Abstract: Chinese and Japanese languages both have rich compound verbs, and there are differences in the productiveness of compound verbs. This article finds that from the perspective of semantic relationships, the compound verbs in Chinese and Japanese have causality, manner, and coordination relationships, but in terms of potential productivity, the order of Chinese compound verbs from high to low is coordination-manner-causality, while in Japanese it is causality-manner-coordination. This article explores the semantic mechanism of the above phenomenon based on the event structure theory. The analysis shows that the consistency of semantic classification of compound verbs in Chinese and Japanese and the differences in productiveness of various compound verbs are caused by the limitations of the event structure of a single verb.

Keywords: compound verbs; productivity; semantic relationships; event structure

---

* 本文为2018年度国家社科基金青年项目"致使交替现象的汉日对比研究"（批准号：18CYY056）的阶段性研究成果。

1 引言

复合是把 2 个或 2 个以上的词根成分组成合成词的构词方式,用复合方式构成的合成词叫复合词(朱德熙,1982:32),而由 2 个动词通过复合方式构成的复合词是复合动词①。Masica(1976)、影山(2013)指出复合动词具有语言类型学特征,集中出现在亚洲(特别是东亚至南亚)诸语言中。苑春法、黄昌宁(1998)等统计了汉语复合动词,有 15000 个之多,其中"动+动"型复合动词有 7000 个左右。日语也存在数量丰富的复合动词,《复合动词资料集》(1987)收录了 7000 多个复合动词。

关于汉语、日语复合动词的研究不胜枚举,而对 2 种语言复合动词的对比研究尚未引起足够重视。张淑敏、汤廷池(2009)对汉日英复合名词、复合动词、复合形容词进行了综合统括研究,粗略介绍了汉、日、英 3 种语言的复合词,并未对汉日复合动词进行深入分析。望月(1991)探析了日、中、英 3 种语言的复合词,指出日语和汉语中复合动词系统发达,重点分析了汉语"喝醉""听懂"等动补结构复合词。望月、申亚敏(2011)提出日语能产性最高的复合动词是补语关系复合动词,如「食べ終わる」「走り終わる」「食べ始める」等。而汉语能产性最高的是动补结构复合词,如"打死""走累"等,这种不同源于汉日语句法特征的不同。以上研究讨论的是句法层面的复合词,句法性复合动词语义关系透明,基本不受构词限制,能产性极高。本文仅讨论有构词限制的词汇性复合动词。

关于汉语,众多学者认为复合动词来自短语的衍生(董秀芳,2002),基于句法关系分为 5 类,即偏正、并列、动宾、动补和主谓。其中,偏正式数量最多,然后依次是并列式、动宾式、动补式、主谓式(张登岐,1997)。与汉语不同,日语复合动词由 2 个单纯动词词汇化而来,按照语义关系分为并列、手段、方式、原因、补语关系复合动词(影山,1993,1999)。其中,补语关系复合动词最多,然后依次是手段、原因、方式、并列(陳劼懌,2013)。

如果汉语复合动词完全等同于短语结构,那么复合动词应该是无限能产的,但成词的复合动词是有限的。另外,各类复合动词的数量分布也不同。以上这些问题似乎并未得到充分关注,顾介鑫、杨亦鸣(2010)就曾指出构词法领域内关于能产性的研究主要限于屈折构词、派生构词,而复合构词极少被关注。另外,日语依据语义关系划分的几类复合动词能产性也不同,其背后机制是什么?虽然影山(1993)等人提出了复合动词的构词

---

① 汉语中多称为"动词性复合词",一般分为并列、偏正、并列、动宾、动补和主谓,其中动宾、主谓为动语素和名语素的复合。为了与日语讨论的一致性,本文仅探讨由 2 个动词组合而成的复合动词。

限制,然而极少有人关注能产性差异。

董秀芳(2002)认为,汉语的复合动词分为词库词和词法词,由短语词汇化而来。影山(1993,2013)、由本(2015)等认为,日语的复合动词分为词汇性复合动词和语法性复合动词,由2个动词词汇化而来。虽然来源不同,但汉日复合动词的共同点是它们都是词汇化而成的单个动词。因此,本文将基于词汇化理论,利用事件结构分析汉日复合动词的能产性。

2　基于语义关系的汉日复合动词分类

表层的句法结构由深层语义决定,我们要探究复合动词构词的深层语义限制,所以本节将参考日语基于语义关系的复合动词分类,考察汉语的复合动词。影山(1993,1999)、由本(2005)等基于前项动词(以下简称"V1")与后项动词(以下简称"V2")的语义关系,将日语的词汇性复合动词分为(1)中的手段关系、方式关系、原因关系、并列关系、补语关系5个小类。

(1)a. 手段:V1することによって、V2

　　　切り倒す、踏み潰す、押し開ける、折り曲げる、切り分ける、むしり取る

　b. 様態:V1しながらV2

　　　尋ね歩く、遊び暮らす、忍び寄る、舞い上がる、持ち去る、探し回る

　c. 原因:V1の結果、V2

　　　歩き疲れる、抜け落ちる、溺れ死ぬ

　d. 並列:V1かつV2

　　　泣き喚く、忌み嫌う、恋い慕う、慣れ親しむ

　e. 補文:V1という行為/出来事を(が)V2

　　　見逃す、死に急ぐ、聞き漏らす、晴れ渡る、使い果たす、呼び交わす

(影山,1999:195)

其中,(1)e补语关系复合动词实际上属于句法关系,且V2语义虚化,因此本文不予讨论。本文仅探讨V1与V2具有实际动词语义的复合动词,即手段、方式、原因、并列关系复合动词。手段关系复合动词表示通过V1实现V2,如「木を切り倒す」表示通过"砍"这一手段使树"倒",即"砍倒树"。方式关系复合动词中V1表示V2动作的方式或伴随状态,如「遊び暮らす」表示「遊んで暮らす」「遊ぶ状態で暮らす」。原因关系复合动词中V1是V2的原因,如「歩き疲れる」意为"走累"。并列关系复合动词中V1与V2语义相近,如

「泣き喚く」意为"哭喊"。

接下来看汉语复合动词。张登岐(1997)从《实用汉语用法词典》中统计出复合动词共2598个,其中并列占比53.0%,偏正占比27.8%,动宾占比10.0%,动补占比7.5%,主谓占比1.0%。在此考察动+动语素类型的并列、偏正、动补式复合动词。并列式复合动词如"保卫""驳斥",这些复合动词在句法关系上是并列关系,同时语义上相近。因此,汉语并列关系复合动词在语义关系上划分依然是并列关系复合动词。偏正关系复合动词如"倒卖""翻阅",从语义关系来看,V1表示V2的方式、状态或过程(史维国、王婷婷,2018),大体相当于方式关系复合动词。

从语义上来看,动补关系复合动词(如"推倒""打破")中的V1表示手段或原因,V2表示结果①。V2"倒""破"等在上古汉语为表示结果的及物动词,现代汉语已经演化为不及物动词或者形容词,或者是兼有及物和不及物用法(宋亚云,2014)。如"推倒"意为"通过推使之倒",或者"推的结果,倒了",大致相当于"手段关系复合动词"或"原因关系复合动词"。

综上,从语义关系上来看,汉语的"动+动"型复合动词分为并列、方式、手段、原因,与日语复合动词在语义关系上体现出一致性。由于汉语同一个复合动词可能有手段和原因2种语义关系,且这2种关系的底层都是因果关系,因此为了便于统计,本文将其合并为因果关系复合动词。日语的手段和原因关系复合动词在语义关系上亦均是因果关系,所以以下不将汉日语复合动词的手段和原因关系复合动词分开讨论,而统一使用"因果关系"。

如表1所示,我们将张登岐(1997)基于语法结构的数量统计换算为基于语义关系的数量统计,得到汉语最多的语义关系是并列(53.0%),其次是方式(27.8%),最少的是因果(7.5%)。而陈劼懌(2013)的统计结果表明日语最多的语义关系是因果(51.7%),其次是方式(4.8%),最少的是并列(3.6%)。由此,我们在第一节关于汉日能产性的问题就变成以下2个问题:第一,为何汉日复合动词的语义关系体现一致性?第二,为何各语义类型数量分布呈现较大差异?

表1　汉日复合动词语义关系类型及数量分布

语言	并列/%	方式/%	因果/%	总计/个
汉语	53.0	27.8	7.5	2598
日语	3.6	4.8	51.7	2516

注:表1由笔者根据张登岐(1997)、陈劼懌(2013)制作而成。

---

① 本文所讨论的动补式复合动词是词汇化程度较高的、成词的复合动词,"洗净""洗累""哭醒"等词汇化程度低的复合词不在本文讨论范围。

本文认为汉日复合动词都受到单个动词事件结构的限制,语义关系的受限及各语义关系复合动词能产性的差异均受到事件结构的限制。以下,本文将基于事件结构分析复合动词的语义关系及能产性。

3 复合动词能产性的词汇化解释

3.1 事件结构

本节首先介绍词汇语义学中的事件结构分析方法(event structure)。词汇语义学理论将动词的语义进行分解,用事件结构抽象化、形式化地表示动词语义,并通过事件结构解释动词的语义扩展、派生组合等现象。事件结构是对动词所表达的真实世界中所发生事件的概念化,不同的事件结构表征不同的事件类型。事件结构的表述方式各家不同,本文主要参考 Rappaport Hovav & Levin(1998,2010)、Levin & Rappaport Hovav(2008)、Beavers & Koontz-Garboden(2020)。他们认为动词的事件结构由2个部分组成,一部分是事件模型(template),另一部分是词根(root)。前者决定动词的类别及语法属性,后者反映每个动词语义的独特性。根据词根与事件模型的组合方式,即词根是事件模型 BECOME 的项⟨STATE⟩,还是修饰 ACT 的⟨MANNER⟩,将动词分为"方式""结果""方式+结果"3种类型。

(2)a. **方式(Manner Verbs)**:jog,run,creak,brush,chisel

[x ACT$_{\langle MANNER \rangle /}$(ON y)]

b. **结果(Result Verbs)**:break,dry,harden,melt,open

[[x ACT] CAUSE [y BECOME⟨STATE⟩]]

[y BECOME⟨STATE⟩]

c. **方式+结果(M+R)**:guillotine,barbecue,decapitate,quarter

[[x ACT$_{\langle MANNER \rangle /}$(ON y)] CAUSE [y BECOME⟨STATE⟩]]

(Rappaport Hovav & Levin,2010;Beavers & Koontz-Garboden,2020)

如(2)所示,方式动词(包括及物动词和不及物动词)是表示动作行为方式的动词,如(2)a 中的 jog、brush 等动词只表示动作的方式,而不关注动作结果。与此相对,结果动词(包括及物动词和不及物动词)表示变化结果,如(2)b 中的 break、dry 等动词只关注动作结果,只要"使物体变坏/干",对方式不做限制。"方式+结果"类动词则表示方式和结果都特定,如(2)c 中的 guillotine 表示"用断头台砍头",指定了杀害的方式和结果,又如

barbecue表示用火烤制而成,包含料理的方式和结果。

以上是利用事件结构对动词语义类型的分类,那么如何利用事件结构分析复合动词的构词呢? Rappaport Hovav & Levin(1998)指出在基本事件结构类型范围内,事件模型可以扩充,由此提出了模板扩充理论(template augmentation)①。另外,影山(2002)也提出了类似的观点,即动词的事件结构可以组合成更复杂的动词概念,但组合是有限制的,要在1个动词可以表达的最大语义范围内。用上文方式、结果来说,即1个独立动词可表达的最大语义范围是"方式+结果",那么2个动词组合而成的复合动词语义范围只能是"方式、结果、方式+结果",最大语义范围是"方式+结果"。另外,影山(2002)也指出词汇概念结构组成更复杂概念的主要方式是概念结构的扩充,即在基础语义概念结构的基础上补充其他语义概念结构。

Rappaport Hovav & Levin(1998)和影山(2002)给了我们2点提示:一是2个动词的组合是在事件结构层面的组合;二是2个动词组合而成的复合动词事件结构要符合一个独立动词的事件结构。

3.2 事件结构与语义关系

通过第3.1节我们得知单纯动词的语义类型有3类,即"方式""结果""方式+结果",这3类单纯动词两两组合为复合动词的话,理论上可以组成9类复合动词。但是,汉语和日语中的"方式+结果"类动词主要是有关料理方式的动词,如"熬""炒""煮""煎"等,组成的复合动词非常少。因此,我们在考察复合动词组合方式时不统计"方式+结果"类动词,只看数量较多的方式动词和结果动词。从2个动词组合的逻辑可能性来看,复合动词构造理论上存在4种类型,即"V1方式+V2方式""V1方式+V2结果""V1结果+V2方式""V1结果+V2结果",但其中的"结果+方式"不符合(2)所示的动词事件结构类型。史曼(2015)对日语复合动词进行了大规模调查,指出不存在"结果+方式"类复合动词,本文对汉语复合动词进行数据调查也未发现该类复合动词。因此,以下对汉语和日语的"方式+方式""方式+结果""结果+结果"类复合动词进行考察分析。

3.2.1 方式+方式

"方式+方式"类复合动词如(3)和(4)所示。一方面,从事件结构来看,2个方式动词的事件模板相同,皆为[x ACT(on y)],2个动词组合后模板不可能扩充,无论以何种关系

---

① 原文为:"Event structure templates may be freely augmented up to other possible templates in the basic inventory of event structure templates."(Rappaport Hovav & Levin,1998:111)

组合,最终形成的都是方式动词。另一方面,虽然事件模板不可扩充,但是语义内容(MANNER)可组合。语义内容可有2种情况:一类是V1与V2语义相似,如(3)a和(4)a;另一类是V1与V2语义不同,如(3)b和(4)b。

(3)汉语:方式+方式

    a. 按压、安装、把守、包围、捕捉、把握、哄骗、晃荡、挥舞、绘画、抓挠、争夺、宰杀、装载、整修、掌管、装扮、制造、咒骂

    b. 把玩、比量、抱持、插播、触控、抽打、抽选、穿行、顾盼、滑行、滑翔、滑落、浇注、叩拜、叩诊、叩谢、迈进、扭打、刺杀、夹击、夹带、夹攻

(4)日语:方式+方式

    a. 飛び跳ねる、案じ煩う、嘲り笑う、媚び諂う、乞い願う、恋い慕う、忌み嫌う

    b. 持ち歩く、尋ね歩く、連れ歩く、飲み歩く、教え歩く、売り歩く、訪ね歩く、練り歩く、遊び暮らす、眺め暮らす、泣き暮らす、嘆き暮らす

首先考察V1与V2语义相似的情况。(3)a"按压"中V1"按"的字典释义为"用手压","压"的字典释义为"对物体施加压力",由此可见"按"与"压"语义相近。(4)a「飛び跳ねる」中V2「跳ねる」的字典释义为「はずみをつけて勢いよく飛び上がる」,与V1「飛ぶ」语义相似。该类复合动词中V1与V2皆为方式动词,且语义相近,事件结构相似,所以它们的词根可融入相同的事件模板。V1与V2的事件结构整合为复合动词的事件结构,而语义相近的V1与V2的语义关系自然为并列关系,复合动词整体的事件结构如(5)所示。

(5)方式+方式①:V1与V2语义相近

    a. V1:$[x \ ACT_{\langle MANNER1 \rangle}(ON \ y)]$

    b. V2:$[x \ ACT_{\langle MANNER2 \rangle}(ON \ y)]$(Manner 1≈Manner 2)

→c. $[x \ ACT_{\langle MANNER1+2 \rangle}(ON \ y)]$

其次考察V1与V2语义不同的情况。(3)b"把玩"意为"握在手中赏玩","比量"意为"不持尺而大致比划度量",V1表示V2的方式,类似修饰动词方式的状语成分。有学者指出,动词作状语构成复合词主要源于V1动作义弱化,有"形容词""副词"的语义特征(史维国、王婷婷,2017)。再来看日语,如「スマホを持ち歩く」意为「スマホを持つという状態で歩く」,V1表示V2的方式或者状态,V1与V2构成方式关系复合动词。经观察动词实例,我们发现该类日语复合动词中V2多为「暮らす」「歩く」等方式性较弱的动词,因此可与进一步指定具体方式的V1组合成复合动词。

当2个语义不同的方式动词组合时,汉日2种语言中都存在其中一个动词动作义弱化的情况。汉语是V1动作义弱化,修饰V2的方式;而日语是V2动作义弱化,V1细

化 V2 的方式。二者最终都是 V1 修饰 V2 事件结构中的词根,而复合动词整体的事件模板($[\text{x } \text{ACT}_{\langle \text{MANNER} \rangle}(\text{ON } \text{y})]$)保持不变。此时,V1 细化 V2 的方式,两者为方式关系。事件结构表示如(6)所示。

(6)方式+方式②:V1 与 V2 语义不同

    a. V2:$[\text{x } \text{ACT}_{\langle \text{MANNER1} \rangle}(\text{ON } \text{y})]$

    b. V1:$[\text{x } \text{ACT}_{\langle \text{MANNER2} \rangle}(\text{ON } \text{y})]$

→c. $[\text{x } \text{ACT}_{\langle \text{MANNER2 WITH MANNER1} \rangle}(\text{ON } \text{y})]$

3.2.2　方式+结果

本小节考察"方式+结果"类复合动词。如(7)所示,汉语"打倒""打破""提高"等复合动词中,V1 为方式动词,V2"倒""破"是不及物动词或者形容词,或者是兼有及物和不及物用法(宋亚云,2014)。(8)是日语的"方式+结果"类复合动词,V1 为方式动词,V2「壊す」「倒す」等为及物动词。

(7)汉语:方式+结果

    打倒、打破、打动、打开、拔高、提高、查明、放松、改良、击溃、扭曲、修复、调匀、说明、摆平、压倒、压缩、推翻、推广、刷新、盘活

(8)日语:方式+结果

    叩き壊す、殴り倒す、蹴り崩す、押し開ける、押し潰す、押し曲げる、嚙み砕く、打ち上げる、呼び出す、洗い落とす、打ち破る、打ち倒す

从事件结构融合的角度来看,V2 的事件结构中结果指定,而方式不指定,$[\text{x } \text{ACT}_{\langle \text{空白} \rangle}\text{ON } \text{y}]$ 中修饰 ACT 的〈MANNER〉处为空白,如(9)a 所示;V1 为方式动词,补充空白处,与 V2 的事件结构融合,形成方式及结果皆指定的"方式+结果"类动词,复合动词整体的事件结构如(9)c 所示。复合动词整体是由 CAUSE 连接的使役事件,V1 为引起 V2 的原因,二者为因果关系。

(9)方式+结果

    a. V2:$[[\text{x } \text{ACT}_{\langle \text{空白} \rangle}\text{ON } \text{y}] \text{ CAUSE } [\text{y } \text{BECOME } \text{BE } \text{AT}_{\langle \text{state} \rangle}]]$

    b. V1:$[\text{x } \text{ACT}_{\langle \text{MANNER} \rangle}\text{ON } \text{y}]$

→c. $[[\text{x } \text{ACT}_{\langle \text{MANNER} \rangle}\text{ON } \text{y}] \text{ CAUSE } [\text{y } \text{BECOME } \text{BE } \text{AT}_{\langle \text{state} \rangle}]]$

3.2.3　结果+结果

"结果+结果"类复合动词在汉日语中都非常少,其原因可能是 Goldberg(1991)提出的"单一路径限制原则"(unique path constraint)。影山(1999)提出这一规则适用于日语复合动词,即一个复合动词只叙述一条变化路径。因此,2 个结果动词的组合就是 2 条变化

路径的组合,违反"单一路径限制原则"。然而,虽然数量不多,但是汉语和日语中也存在"结果+结果"类复合动词。观察这些复合动词,我们发现与"方式+方式"类复合动词相同,"结果+结果"类复合动词可以分为2类:一类是V1与V2语义相似,如(10)a、(11)a;另一类是V1与V2语义不同,如(10)b、(11)b。

(10)汉语:结果+结果

    a. 开关、改变、缓解、分裂、分散、断绝、消除

    b. 烧焦、烧死、冻死、冻僵、崩落、崩塌

(11)日语:结果+结果

    a. 折れ曲がる、痩せ細る、解き放つ、過ぎ去る、通り抜ける

    b. 焼け焦げる、焼け死ぬ、凍え死ぬ、崩れ落ちる、溢れ落ちる、零れ落ちる

当V1与V2语义相似时,"结果+结果"类复合动词与"方式+方式"类复合动词一致,V1与V2的事件结构相似,可融合为同一个事件结构,复合动词整体事件结构如(12)所示。由相同语义类型、相似事件结构的2个动词组成的复合动词语义关系自然是"并列"。此外,由于2个结果动词所表示的变化结果(路径)相同,并不违反"单一路径限制原则"。

(12)结果+结果①:V1与V2语义相近

    a. V1:[y BECOME AT⟨z1⟩]

    b. V2:[y BECOME AT⟨z2⟩](z1≈z2)

  →c. [y BECOME AT⟨1+2⟩]

当V1与V2语义不同时,我们收集到「焼け焦げる」「焼け死ぬ」「凍え死ぬ」及"烧焦""烧死""冻死""冻僵"等复合动词。这些V1与V2语义不同的"结果+结果"类复合动词之所以能够成立,是因为V1与V2所表达的变化结果义之间有关联。V1所表示的变化如"烧""冻"具有阶段性、程度性,如"烧"的变化结果的阶段性可能为"烧红—烧黑—烧死—烧焦"。V2为V1变化的某一个阶段,具体指定V1的变化结果,因此该类型复合动词也不违反"单一路径限制原则"。复合动词整体事件结构表示为(13),V1表示发生某种变化,而V2为V1状态发展变化中的某个具体阶段,复合动词整体为因果关系。

(13)结果+结果②:V1与V2语义不同

    a. V1:V1 [y BECOME BE AT⟨z1⟩]

    b. V2:V2 [y BECOME BE AT⟨z2⟩] z2∈z1

  →c. [y BECOME BE AT⟨z2⟩]

本节基于事件结构,分析了汉语和日语复合动词的语义关系类型。汉语和日语的复合动词都是词汇化而成的一个动词,与单纯动词一样,受到单个动词事件结构的限制。

语义关系由事件结构推导而来,语义关系受限是因为受到事件结构的限制。下一小节,我们将分析各语义关系复合动词能产性不同的语义机制。

3.3　事件结构与能产性

第3.2节的分析表明,汉语和日语复合动词语义关系由事件结构推导而来,语义关系类型相同,都是并列、方式、因果。而第2节指出,汉语复合动词由多到少依次为并列、方式、因果,而日语复合动词则依次是因果、方式、并列。本节简析各复合动词类型数量分布差异的原因。

首先思考一个问题:2个单纯动词组合为1个复合动词的动机是什么? 影山(2002)指出其动机是表达更复杂的事件。从事件结构考虑,单个动词可以表达的最大语义范围是"方式+结果",因此当单纯动词事件结构为方式或结果一方时,就有可能和其他动词组合为"方式+结果"类动词。这种组合方式最有动机性,其组合而成的复合动词V1与V2的语义关系是因果。另一方面,最没有复合动机的是语义内容类似的并列关系复合动词。这是因为当2个动词语义结构相似、语义内容接近时,两者的复合并无法实现互补或者内容增量,只能起到强调语义的作用。方式关系复合动词中2个动词语义结构相似,但语义内容可以增量,因此复合动机小于因果关系而大于并列关系复合动词。

从实际收集到的动词数据来看,日语完全符合这一推理,而汉语的复合动词似乎不同。张登岐(1997)统计的汉语中数量最多的复合动词是并列复合动词。其原因是大量并列关系复合动词非自然产生,为了满足韵律要求,语言使用者有意地去选择使用(董秀芳,2002)。另外,关于因果复合动词,有学者指出该类复合词是汉语中数量最丰富的复合动词(施春宏,2019),但很多学者不将它们看作词,因为其数量丰富,具有极大的能产性。不过,董秀芳(2007)指出许多未被收录于词库的动结式属于词法词,也是词,而非句法结构。如果将董秀芳(2007)所说的词法词包含在内,在汉语复合动词中最具有能产性的便是因果复合动词。此时,汉语复合动词的能产性由高到低会变为因果、方式、并列。

4　结语

汉语和日语中都存在大量复合动词。汉语复合动词广为接受的分类方式是基于句法关系的分类,即并列、偏正、动补、动宾、主谓关系;日语复合动词多基于语义关系,即并列、手段、因果、方式、补语关系。另外,已有研究表明,汉语和日语各类复合动词能产性不同。然而,已有研究并未对汉语和日语复合动词构词及其能产性进行对比。

本文首先基于语义关系,将汉语复合动词进行重新分类,分为并列、方式、因果。我们发现汉日复合动词基于语义关系的分类相同,但汉日各类复合动词数量分布不同。接着,本文基于事件结构理论分析了复合动词的构词。在事件结构理论下,单个动词可以表达的语义范围有"方式""结果""方式+结果"这3类,其中最大的语义范围为"方式+结果"。复合动词作为词汇化而成的单个动词,其语义范围也应该属于上述3类。另外,复合动词的语义关系是从其事件结构中自然推导而得的,语义关系受限是因为复合动词事件结构有限。

关于各类复合动词数量不同的原因,本文从复合动机进行了简单分析。因为一个独立动词最大的事件结构就是包含方式和结果的复杂事件结构,所以由方式和结果动词组合而成的复合动词最多、最稳定。此时V1与V2的语义关系为因果,因此因果复合动词数量最多;语义结构无扩充,而语义内容有增量的方式关系复合动词数量次之;而语义内容、事件结构类似的2个方式或2个结果动词组合的动机最小。

本文限于篇幅,仅对汉日复合动词的语义关系及能产性进行了整体对比分析,今后将收集更多动词,对汉日各语义类型复合动词进行更详细的考察。

参考文献

董秀芳,2002. 词汇化:汉语双音词的衍生和发展[M]. 成都:四川民族出版社.

董秀芳,2007. 从词汇化的角度看粘合式动补结构的性质[J]. 语言科学(1):40-47.

董秀芳,2016. 汉语的词库与词法[M]. 2版. 北京:北京大学出版社.

董秀芳,尹会霞,2021. 从类型学视角看汉语中并列式复合词的特点[J]. 河北师范大学学报(哲学社会科学版)(5):101-108.

顾介鑫,杨亦鸣,2010. 复合构词法能产性及其神经电生理学研究[J]. 语言文字应用(3):98-107.

施春宏,2019. 汉语词法和句法的结构异同及相关词法化、词汇化问题[C]//《汉语言学新视界》编委会. 汉语言学新视界:2019. 上海:学林出版社:112-129.

史曼,2015. 基于事件结构理论的日语复合动词自他交替现象的研究[M]. 北京:科学出版社.

史维国,王婷婷,2018. 现代汉语偏正式"动动"复合词研究[J]. 江汉学术(5):101-108.

宋亚云,2014. 汉语作格动词的历史演变研究[M]. 北京:北京大学出版社.

苑春法,黄昌宁,1998. 基于语素数据库的汉语语素及构词研究[J]. 语言文字应用(3):83-88.

张登歧,1997. 汉语合成动词的结构特点[J]. 中国语文(5):336-338.

张淑敏,汤廷池,2009. 汉、英、日复合词的对比分析:分类、结构与衍生[J]. 台湾语文研究(3):179-213.

朱德熙,1982. 语法讲义[M]. 北京:商务印书馆.

影山太郎,1993. 文法と語形成[M]. 東京:ひつじ書房.

影山太郎,1999. 形態論と意味[M]. 東京:くろしお出版.

影山太郎,2002. 概念構造の拡充パターンと有界性[J]. 日本語文法(2):29-45.

影山太郎,2013. 複合動詞研究の最先端:謎の解明に向けて[M]. 東京:ひつじ書房.

陳劼懌,2013. 現代日本語の複合動詞の研究[D]. 仙台:東北大学.

野村雅昭,石井正彦,1987. 複合動詞資料集[Z]. 東京:国立国語研究所.

望月圭子,1991. 日・中・英語の語形成:その1[J]. 東京外国語大学論集(42):29-46.

望月圭子,申亜敏,2011. 日本語と中国語の複合動詞の語形成[C]//汉日对比语言学研究(协作)会,黑龙江大学东语学院. 汉日语言对比研究论丛:第2辑. 北京:北京大学出版社:46-72.

由本陽子,2005. 複合動詞・派生動詞の意味と統語:モジュール形態論から見た日英語の動詞形成[M]. 東京:ひつじ書房.

BEAVERS J, KOONTZ-GARBODEN A, 2020. The roots of verbal meaning[M]. Oxford: Oxford University Press.

GOLDBERG A E, 1991. It can't go down the chimney up: paths and the English resultative [J]. Berkeley linguistics society (17):368-378.

LEVIN B, RAPPAPORT HOVAV M, 2008. Lexicalized manner and result are in complementary distribution[EB/OL]. (2008-10-26)[2023-11-15]. https://web.stanford. edu/~bclevin/iatl08.pdf.

MASICA C P, 1976. Defining a linguistic area: South Asia[M]. Chicago: University of Chicago Press.

RAPPAPORT HOVAV M, LEVIN B, 1998. Building verb meanings[M]//BUTT M, GEUDER W. The projection of arguments: lexical and compositional factors. Stanford, CA: CSLI Publications:97-134.

RAPPAPORT HOVAV M, LEVIN B, 2010. Reflections on manner/result complementarity [M]//DORON E, RAPPAPORT HOVAV M, SICHEL I. Syntax, lexical semantics, and event structure. Oxford: Oxford University Press:21-38.

作者简介

姓名:史曼

性别:女

单位:陕西师范大学外国语学院日语系

学历:博士研究生

职称:副教授

研究方向:汉日对比语言学、词汇语义学

通信地址:陕西省西安市长安南路199号陕西师范大学外国语学院

邮政编码:710062

电子邮箱:shiguozhuwa@snnu.edu.cn

语言研究

汉日语自动词遭受句式的对比研究[*]

A Comparative Study of Chinese and Japanese Suffering Constructions with Intransitive Verb

邓超群　刘新琳

摘　要：本文以汉语领主属宾句和日语自动词被动句为例，从句法结构和语义特征2个角度对汉日语自动词遭受句式进行了对比。从句法结构上来说，汉语领主属宾句中的NP1既可以是有情物，也可以是无情物，而日语自动词被动句中的NP1只能由有情物来充当。除此之外，两者的NP2是有情物抑或是无情物、是否需要数量词修饰，这2点与句式中的动词是非宾格动词还是非作格动词密切相关。从语义特征上来说，汉语领主属宾句重在表示主观得失，而日语自动词被动句重在表示受害损失，但两者在表达语义时都是动词语义服从句式语义，具备一定句法语义条件的动词进入句式后都会被赋予句式本身的语义。

关键词：领主属宾句；自动词被动句；句法结构；语义特征

Abstract: This paper makes a discussion on the syntactic structure and semantic characteristics between Chinese possessor-subject-possessum-object sentence and Japanese passive sentence with intransitive verb. Syntactically, NP1 in Chinese possessor-subject-possessum-object sentence can be either animate things or inanimate things, while NP1 in Japanese passive sentence with intransitive verb can only be acted by animate things. In addition, whether the NP2 of the two is animate things or inanimate things, and whether they need to be modified by quantifiers, these two points are related to whether the verbs in

---

* 本文为湖南省哲学社会科学基金一般项目"基于生成词库理论的汉日动名组合句法结构与语义关系研究"（批准号：20YBA047）和日本JSPS特别研究员奖励费研究课题「日本語コーパスの比較分析および応用研究」（批准号：22F20750）的阶段性研究成果。

the sentence pattern are unaccusative verbs or unergative verbs. Semantically speaking, Chinese possessor-subject-possessum-object sentence focus on expressing subjective gain and loss, while Japanese passive sentence with intransitive verb focus on expressing victim loss, but both verbs obey the sentence pattern semantics when expressing semantics. After the verbs enter the sentence pattern, they will be given the semantics of the sentence pattern itself.

Keywords: possessor-subject-possessum-object sentences; Japanese suffering passive sentence with intransitive verb; syntactic structure; semantic characteristics

1 引言

汉语中以"王冕死了父亲"为代表的广义遭受句式,在过去的半个多世纪里引发了学界广泛的关注和深入的讨论(庄会彬、冯君亚、何晓芳,2017:179)。随着多角度研究的展开,许多研究注意到日语「太郎は父に死なれた」(直译成汉语为"太郎死了父亲")这一表达与汉语"王冕死了父亲"在句法和语义上均有相似之处。

"王冕死了父亲"在汉语中被称为"领主属宾句"。根据郭继懋(1990)的定义,汉语领主属宾句的主语和宾语之间有比较稳定的"领有/隶属"关系,而主语与谓语动词之间则没有直接的语义关系,宾语是动词的施事,动词是由不及物动词充当的。例如:

(1)a. 那家公司沉过一条船。

b. 他烂了两筐梨。

c. 工厂塌了围墙。

(郭继懋,1990)

而根据日本語記述文法研究会(2009)的分类法,日语被动句可分为直接被动句、间接被动句和物主被动句3种类型。例如:

(2)a. 鈴木が佐藤に殴られた。(←佐藤が鈴木を殴った。)//铃木被佐藤打了。(←佐藤打了铃木。)①

b. 私は買い物の途中で雨に降られた。(←雨が降った。)//我在买东西的途中被雨淋了。(←下雨。)

c. 田中が佐藤に肩をこづかれた。(←佐藤が田中の肩をこづいた。)//田中被佐

---

① 本文中的译文如非特殊标注,均为笔者所译。

藤戳了一下肩膀。（←佐藤戳了一下田中的肩膀。）

（日本語記述文法研究会，2009：215）

上述（2）a属于直接被动句，主动句中的宾语「鈴木」在被动句中作主语；（2）b属于间接被动句，被动句中的主语「私」在对应的主动句中不存在；（2）c属于物主被动句，主语「田中」在主动句中为宾语「田中の肩」的所有者。本文研究对象之一的「太郎は父に死なれた」句式与（2）b类似，属于日语的间接被动句。

在以上例子中，无论是汉语的领主属宾句还是日语的间接被动句，它们的语义除了描述客观事实外，还可以表达受害，可以说两者之间有相似性。因此，本文将从句法结构和语义特征2个角度展开，对汉语领主属宾句和日语自动词间接被动句这2种自动词遭受句式进行详细对比。

在此先对本文的研究对象做一具体说明。首先关于领主属宾句，以往部分研究将"郭德纲一开口，我们仨就笑了俩""在场的人哭了一大片"这类数量成分作宾语的句子也视为领主属宾句，但由于此类句子主要表计数义（刘探宙，2008），在语义、语用上与郭继懋（1990）所述的领主属宾句并不相同，所以本文将其视为不同的句式，不作为领主属宾句看待。

而日语间接被动句中的谓语动词既可以由他动词充当，也可以由自动词充当。例如：

（3）a. 太郎は花子にすぐに論文を書かれた。//花子马上写完了论文，太郎是这一事项的受害者。

（森山，2000：70）

b. 太郎は父に死なれた。//太郎死了父亲。

例句（3）a中的动词「書く」为他动词，而例句（3）b中的动词「死ぬ」为自动词。本文将日语的研究对象限定于例句（3）b这样的自动词间接被动句（下文统称为"自动词被动句"）。

2　汉日语自动词遭受句式的相关对比研究

围绕汉语领主属宾句的代表性例子"王冕死了父亲"和日语自动词被动句的代表性例子「太郎は父に死なれた」，学界展开了深入的研究并取得了丰富的研究成果。

2个句子的对比研究最早可见于徐曙、何芳芝（2010），该文从构式语法的视角探究了两者之间的构式关系。此后，徐曙、何芳芝（2011）基于语料库的实例从否定形式和篇章

功能进一步对两者进行了比较,指出两者一般都不用否定形式,只能用肯定形式,并且在篇章功能上通常不用于结句。

庄会彬、冯君亚、何晓芳(2017)借助CP分裂假说对这2个句子做出了统一解释。该研究指出,广义遭受句式至少包括"王冕死了父亲"类句式和被动句式2种句式,日语里两者同构,而汉语由于历史上形态的消失和韵律的发展,部分遭受结构仍使用古汉语("王冕死了父亲")遭受句式的派生方式,而另一部分使用了新发展起来的被动结构(广义"被"字句)。

而关于日语自动词被动句和汉语领主属宾句的对比研究目前较少,主要有李倩(2008),赵颖(2012),吴恒、宋本超(2016),以及陈访泽、陈姗姗(2019)。

李倩(2008)探究了日语间接被动句的对应汉语句式,探讨了日语间接被动句、日语物主被动句和汉语领主属宾句、汉语带宾语的被动句①之间的关系。针对以上句式中谓语动词的特征,李倩(2008:32)从非宾格理论出发,得出了表1中的结论。

表1　汉日动词类型(李倩)

动词类型	汉语		日语	
	带宾语的被动句	领主属宾句	所有者被动句	第三者被动句
及物动词	○	×	○	×
非宾格动词	×	○	×	○
非作格动词	×	×	×	×

赵颖(2012:14)也从非宾格理论出发对日语自动词被动句和汉语领主属宾句中的谓语动词做了探究,并得出了表2中的结论。

表2　汉日动词类型(赵颖)

动词类型	领主属宾句	自动词被动句
他动词	×	×
非宾格动词	○	×
非作格动词	×	○

从表1和表2中可以看出,李倩(2008)和赵颖(2012)对可以用在间接被动句中的动

---

① 指"太郎被踩了脚"(李倩,2008)这样的句子。

词类型存在意见分歧,同时两者的结论均存在不足之处。

根据Perlmutter(1978)的非宾格假设,不及物动词分为带深层宾语的非宾格动词与带深层主语的非作格动词。非宾格动词与非作格动词具有不同的语义特征,其中非宾格动词的语义特征可以概括如下。

(4)a. 形容词或与形容词相当的状态动词。

　　b. 带语义受事(patient),如drop、fall等。

　　c. 表存在或出现,如exist、happen等。

　　d. 表非自主的感官刺激(声、光、味等),如shine、sparkle等。

　　e. 表时体概念,如begin、start等。

(影山,1996:20-21)

与此相反,非作格动词往往涉及人体活动,包含具有意志的自主行为(如play、speak等)和非自主的身体活动(如cough、sneeze等)。

在汉语领主属宾句中,可以观察到这样的例子。

(5)a. 舅舅家来了客人。

　　b. 男人跑了老婆,对于面子自尊都是很大的打击。

(BCC语料库[①])

李倩(2008)、赵颖(2012)认为非作格动词不能用于领主属宾句,而例句(5)中的动词"来""跑"均属于非作格动词。

森田(2002:201)列举了一些自动词被动句的例子,如「雨に降られる」「風に吹かれる」「客に来られる」「横の人に椅子に座られる」「夫に先立たれる」「女に逃げられる」「社員に休まれる」「妻に寝つかれる」「子に泣かれる」等。其中「降る」「吹く」属于非宾格动词,而「来る」「座る」「立つ」「逃げる」「休む」「寝つく」「泣く」属于非作格动词。可以看出,日语自动词被动句的谓语动词也不一定只限于非宾格动词或非作格动词中的某一种。

除此之外,李倩(2008)还指出日语中的间接被动句与汉语中的领主属宾句具有语义上的对应关系。例如:

(6)a. 彼が父に死なれた。/他死了父亲。

　　b. 彼がお客に来られた。/他来了个客人。

(李倩,2008:33)

李倩(2008)认为例句(6)a中的汉日句子均含有受害语义,而例句(6)b中的日语间接

---

① 全称为"北京语言大学汉语语料库",http://bcc.blcu.edu.cn/。

被动句具有受害语义,汉语领主属宾句不具有受害语义,但并未对这2类句子语义特征的异同做出更深入的探究,可以看出以往研究中对汉语领主属宾句与日语自动词被动句的对比还存在不足之处。

陈访泽、陈姗姗(2019)利用认知参照点模型解释了汉语狭义领主属宾句和日语领属被动句(自动词被动句中有领属关系的句子)"受主语影响"这一共性,同时对两者无法完全对应的原因进行了深入探究,指出2类句式中领属关系的类型不完全相同是两者在有些情况下无法对应的根本原因。

基于以上研究成果,本文将以汉语领主属宾句和日语自动词被动句为研究对象,从句法结构和语义特征2个方面对两者进行详细对比,丰富该课题实证研究的内容,以便更深入地讨论它们之间的关系。

3 汉日语自动词遭受句式的句法结构

为方便比对,本文将汉语领主属宾句抽象概括为"NP1+Vi+NP2",将日语自动词被动句抽象概括为「NP1+NP2にViれる」。

3.1 NP1和NP2的特点及关系

根据郭继懋(1990)的定义,领主属宾句的NP1和NP2之间有稳定的领属关系。Heine(1997:10)指出,语言中的领有关系可以划分为不可转让的领有关系和可以转让的领有关系。不可转让的领有关系中通常所有物无法与所有者分离,而可以转让的领有关系中所有物可以转让出去。属于以下概念领域的项目都可能被视为不可转让的领有关系(汉语为笔者自译)。

(7)a. 亲属关系(kinship roles)。

  b. 身体部位(body-parts)。

  c. 相关的空间概念(relational spatial concepts),如顶部(top)、底部(bottom)、内部(interior)等。

  d. 物体的某一部分(inherent parts of other items),如分支(branch)、把手(handle)等。

  e. 身体和精神状态(physical and mental state),如力量(strength)、恐惧(fear)等。

  f. 名词化之后的内容(nominalization),如他的歌声(his singing)、香蕉种植(the planting of bananas)等。

　　g. 除上述内容,以下的概念一般也被视为不可转让:姓名(name)、声音(voice)、
　　　气味(smell)、影子(shadow)、脚印(footprint)、财产(property)和家(home)等。
　　　除此之外,根据不同文化,邻居(neighbour)、床(bed)、房子(house)等也可以被
　　　视为不可转让的领有关系。

根据 Heine(1997:10),领主属宾句中 NP1 和 NP2 的特点及关系主要有 4 种情况。

Ⅰ. 当 NP1 和 NP2 都为有情物时:

(8)a. 小阿姨来了亲戚,请假出去了。

　　b. 你给外人介绍的时候你来了朋友了吧。

(BCC语料库)

例句(8)a 中的"小阿姨"和"亲戚"可以看作亲属关系;例句(8)b 中的"你""朋友"与
(7)g 中提到的"邻居"关系相似,可以看作不可转让的领属关系。

Ⅱ. 当 NP1 为有情物、NP2 为无情物时:

(9)a. 因为我整个赛季都无法保持体重,对付奥尼尔我掉了不少肉。

　　b. 一位客人掉了钱包。

(BCC语料库)

例句(9)a 中的 NP2"肉"为 NP1"我"的身体构成,属于不可转让的领有关系;而例句
(9)b 中的 NP2"钱包"可以与 NP1"一位客人"分离,即可以转让的领有关系。

Ⅲ. 当 NP1 为无情物,NP2 为有情物时:

(10)赵社家一个月里死了六头牛,妻子受不了打击,一病不起……

(BCC语料库)

例句(10)中的 NP2"六头牛"可以与 NP1"赵社家"分离,即可以转让的领有关系。

Ⅳ. 当 NP1 和 NP2 都为无情物时:

(11)a. 见我想赖着不走,他的脸上没了笑容。

　　b. 成安县一个乡的卫生院塌了三间房,砸伤了正在为病人诊治的两个医生和三
　　　个病人。

(BCC语料库)

例句(11)a 中的 NP2"笑容"、例句(11)b 中的 NP2"三间房"都可以看作各自分别所对
应的 NP1 的某一部分,即属于不可转让的领有关系中的"物体的某一部分"。

　　与汉语相比,日语的自动词被动句的构成则相对比较清晰,由于其语义表达某人受
到某一事物的间接负面影响,所以 NP1 基本由有情物来充当。

(12)a. 十三歳で<u>慈父</u>に亡くなられ、早くも父の教訓を受ける機会をなくす。
（BCCWJ语料库①)//我十三岁就死了父亲,很早就失去了受父亲教育的机会。

b. <u>泥棒</u>は家人に騒がれて何も取らずに逃走した。(陈岩、胡传乃、战庆胜,
2001:280)//因为家人们的吵闹声,小偷什么也没拿到就走了。

c. ハードディスクがいっぱいになってあわてて買いに行ったところ雨に降
られ、その上自転車がパンクしてしまいしょぼしょぼ自転車を押して歩き
ました。(BCCWJ语料库)//带着一堆硬盘慌忙去买东西时下起了雨,自行车
又爆胎了,于是只好淋着雨推着自行车走。

d. ipodとの相性も悪いまんまだし……とりあえず、今回は何とかかんとか今
壊れられると、大惨事……なんて言葉じゃ、済まないんですが……
(BCCWJ语料库)//我和ipod不怎么有缘分……总之,这次突然坏了,只能说
我太惨了……

以上几个句子中,除了例句(12)b出现了NP1「泥棒」外,其余句子中的NP1并没有直接出现。但由于日语句子经常省略第一人称主语,因此可以推断这些句子的NP1是说话人「私」,属于有情物。而NP2既有像例句(12)a和例句(12)b中由有情物充当的情况,也有像例句(12)c和例句(12)d中由无情物充当的情况。例句(12)a中的NP1「私」和NP2「慈父」属于亲属关系,而例句(12)b中的NP2「家人」与NP1「泥棒」无特定关系,例句(12)c中的NP2「雨」和NP1「私」更不属于领有关系,例句(12)d中的NP2「ipod」为NP1「私」的物品,属于可以转让的领有关系。由此可以看出,日语自动词被动句并不要求NP1和NP2之间一定存在领属关系。

3.2　Vi的类型及Vi与NP1、NP2的关系

本文在前面的第2节提到非宾格动词和非作格动词都可以用于日语自动词被动句和汉语领主属宾句,但若只对Vi的类型加以考察,则不能看出日语自动词被动句和汉语领主属宾句的不同,因此有必要结合NP1、NP2的特点来进行更深入的考察。

在汉语的领主属宾句中,当Vi为非作格动词时:

(13)a. 这个小朱<u>跑</u>了客户心里有气小肚鸡肠办不了大事。

b. 正谈得兴浓,有人敲门,他们家<u>来</u>了客人,我们便告辞。

（BCC语料库)

---

① 全称为『現代日本語書き言葉均衡コーパス』,http://chunagon.ninjal.ac.jp/。

第2节提到,非作格动词可以分为表示具有意志的自主行为的动词和表示非自主的身体活动动词。由于动词要表示自主行为或身体活动,所以此时NP2仅限于有情物。可以观察到,汉语领主属宾句中的非作格动词主要为具有意志的自主行为的动词,如例句(13)a和例句(13)b中的Vi分别为"跑""来"。句中NP1分别是"小朱""他们家","小朱"为有情物,而"他们家"为无情物。

在汉语的领主属宾句中,当Vi为非宾格动词时:

(14)他<u>烂</u>了五筐苹果。

(沈家煊,2009:18)

*他烂了苹果。

(15)蒋孝勇在1968年一进陆校就<u>断</u>了腿。

(BCC语料库)

○他断了腿。

(16)上衣<u>掉</u>了一个扣子。

(BCC语料库)

○上衣掉了扣子。

(17)天花板<u>塌</u>了一个大洞,地板上炸了个坑。

(BCC语料库)

○天花板塌了大洞。

当Vi为非宾格动词时,由于非宾格动词的主语多为无情物,因此如例句所示,NP2大多为"苹果""肉""扣子""洞"等无情物。此时还需要考察NP1的特征。可以看到,例句(14)中的NP1为"他",是有情物,此时NP2"五筐苹果"中的数量词不能去掉,去掉句子则不能成立;而例句(15)中的NP1"蒋孝勇"为有情物,此时NP2"腿"没有数量词修饰,但句子也能成立。可以认为,当NP1为有情物时,NP2前是否有数量成分与NP2本身的总量有关,即当NP2本身的总量很小时,前面可以不加数量词修饰;而当NP2本身的总量较大时,一般需要前面加上数量词句子才能成立。例句(16)和例句(17)中的NP1为无情物,此时去掉NP2中的数量词句子仍然可以成立。基于以上的分析,汉语领主属宾句中Vi与NP1、NP2的对应关系如表3所示。

表3　汉语领主属宾句中 Vi 与 NP1、NP2 之间的关系

Vi	NP1	NP2
非作格动词 （表示具有意志的自主行为的动词）	有情物/无情物	有情物
非宾格动词	有情物	为无情物时大多 需要用数量词修饰
	无情物	有情物/无情物

在日语自动词被动句中,当 Vi 为非作格动词时:

（18)a. 田中さんは、隣人に夜中大騒ぎされたらしい。(日本語記述文法研究会,
　　　2009:240)//田中夜里好像被邻居大闹了一场。

　　b. 長男は人見知りがはげしく、よく泣かれて困ったものですが、次男は正反
　　　対で、知らない人にもニコニコしています。(BCCWJ语料库)//长子十分认
　　　生,我常因为他哭而感到困扰;次子则正相反,对不认识的人也笑眯眯的。

可以看出此时 NP1 和 NP2 均为有情物。

在日语自动词被动句中,当 Vi 为非宾格动词时:

（19)a. この前雨に降られてから、不具合がまだ解決していません。(BCCWJ语料
　　　库)//之前淋了雨,现在身体还未好转。

　　b. 君にそこにいられては、通りにくくてしょうがない。(日本語記述文法研究
　　　会,2009:238)//你待在那里,我当然过不去了。

例句(19)a 中的 NP2 为「雨」这类表示自然现象的词,此时「降る」等少量动词可以进
入该句式;例句(19)b 中的 NP2 为有情物「君」,此时动词为「いる」。因此,日语自动词被
动句中 Vi 与 NP1、NP2 的对应关系如表4所示。

表4　日语自动词被动句中 Vi 与 NP1、NP2 的对应关系

Vi		NP1	NP2
非作格动词		有情物	有情物
非宾格动词	「降る」「吹く」「壊れる」など	有情物	自然现象、物品
	「いる」「死ぬ」「なくなる」など	有情物	有情物

3.3　小结

基于以上的分析可以得知,非作格动词和非宾格动词都可以用于汉语领主属宾句与

日语自动词被动句,但根据动词类型不同,NP1与NP2的特点会有所变化。此外,汉语领主属宾句中NP1和NP2之间有领属关系,而日语自动词被动句中NP1与NP2不限于领属关系。汉语领主属宾句与日语自动词被动句的结构特征如表5所示。

表5 汉语领主属宾句与日语自动词被动句的结构特征

句型	NP1	Vi		NP2	NP1与NP2的关系
汉语领主属宾句	有情物/无情物	非作格动词	表示具有意志的自主行为的动词	有情物	不可转让的领属关系
	有情物	非宾格动词		为无情物时大多需要用数量词修饰	大多为不可转让的领有关系,NP2为物品时则为可以转让的领有关系
	无情物			有情物	
				无情物	不可转让的领属关系
日语自动词被动句	有情物	非作格动词		有情物	无特定关系
		非宾格动词	「降る」「吹く」「壊れる」など	自然现象、物品	
			「いる」「死ぬ」「なくなる」など	有情物	

4 汉日语自动词遭受句式的语义特征

前面主要讨论了汉语领主属宾句与日语自动词被动句在句法结构上的异同,接下来笔者将从语义特征的角度对两者的异同做进一步的分析。

4.1 汉语领主属宾句的语义特征

沈家煊(2009:18)认为,汉语领主属宾句是一种主观得失句,是否采用这种句式虽然跟客观上事情的得失大小有关,但是归根结底取决于说话人是否认为得失的大小值得计较。即使客观上得失量不大,只要说话人计较这个得失量,这个得失量对说话人来说就是大的;同时,这种得失是相对的而非绝对的,句例表得表失可能因人而异,随语境而改变。例如:

(20)a. 他们队来了一个人。[偏向表得]

  b. 他们队<u>走</u>了一个人。[偏向表失]

(沈家煊,2009:18)

此外还有这样的例子:

(21)a. 你长本事了。

  b. 我刚来了客人。

(笔者自拟)

  要判断例句(21)表得还是表失,需要具体语境。例句(21)a表示的可能是"你长本事了,能养活自己了",也可能是"你长本事了,会打架了"。前者偏向表得,而后者实则为反话正说,对于说话人来说偏向表失。例句(21)b表示的可能是"我刚来了客人,聊得很开心",也可能是"我刚来了客人,工作做不完了"。前者偏向表得,而后者偏向表失。因此,领主属宾句中的得失是一种"主观"感受。

  关于这里的得失,沈家煊(2009)指出,例句(20)中的"来"和"得"有自然的联系,"走"和"失"有自然的联系。从语料库的句子中可以看出用在领主属宾句中的动词大多和得失义相关。

(22)a. 我家也正好<u>来</u>了客人,我一时走不脱。

  b. 目前经该中心治疗后的患者们已先后<u>出生</u>了300多个健康活泼的婴儿。

(23)a. 他的脸上<u>没</u>了笑容。

  b. 成安县一个乡的卫生院<u>塌</u>了三间房。

(BCC语料库)

  例句(22)中的"来""出生"与"得"有自然的联系,而例句(23)中的"没""塌"与"失"有自然的联系。据此是否可以推断出"本身不具备得失义的动词不能进入领主属宾句"呢?在语料库中可以看到这样的句子。

(24)a. 那轿子凌空摔下来,竟然未碎,但也<u>变</u>了形状。

  b. 看到家乡<u>变</u>了面貌,他们感到无比欣慰。

(BCC语料库)

  例句(24)中的动词"变"与得失义并无自然的联系,但是可以观察到例句(24)a中"变了形状"这一事项对"轿子"来说是一种损失,而例句(24)b中"变了面貌"对"家乡"来说是发展的体现,表示一种得到义。因此,可以推测,即使是本身不带有得失义的动词,在进入领主属宾句后,就会被句式赋予得或失的含义,即领主属宾句句式本身的作用是大于动词的力量的,也验证了沈家煊(2009:16)所指出的领主属宾句句式所表达的得失义会强行附加到本身没有得失义的动词身上去。

4.2 日语自动词被动句的语义特征

日本語記述文法研究会(2009:237)指出,间接被动句常表示某种事态对主语造成的影响,但主语并不希望这种事态发生,造成的影响多为负面影响,句子带有受害语义。前面关于句法结构的分析也指出,自动词被动句的主语和事态动作者多为有情物,动词多为非作格动词,以表示主语迫不得已受到动作者所引发的事件的影响。

(25)a. 子供に起きられると、遊ぼうと言い出したり、ご飯にテレビと、自分の身支度さえもままならない状態になります。//孩子起来后就会说要出去玩、吃饭、看电视,导致自己连整理自身都无法按计划进行。

    b. お父さんが朝早い仕事なので、夜半に赤ちゃんに泣かれては困るという実情があり、激しく揺すってあやしたということです。//爸爸早上很早就要上班,半夜被宝宝的哭声叫醒的话会很痛苦,所以会大幅晃着孩子逗孩子入睡。

(BCCWJ语料库)

例句(25)a中的主语受到了「子供が起きる」这一事项所带来的负面影响,而例句(25)b中从句的主语「お父さん」被迫受到了「赤ちゃんがなく」这一事项的影响。句中的事项都不是主语所期待的,这些事项的发生对主语而言都是一种损害和麻烦。

同时,笔者在语料库中还搜集到了一些 Vi 为「壊れる」的句子,而「壊れる」通常被认为无法构成日语自动词被动句(日本語記述文法研究会,2009:241)。

(26)a. SさんもNさんもかなり物持ちが良い方なんですが、そういえばPC含む家電に急に壊れられて困ったことって記憶にないな。(Yahoo!リアルタイム)//小S和小N都是很爱惜物品的人,这么说的话我好像没有电脑等家电突然坏掉带来麻烦的回忆。

    b. ダンナの車は、一昨年の6月に新車で買ったばかりの、スズキラパン。まだ車検も来てないうちから壊れられちゃ困るのである。(BCCWJ语料库)//丈夫的车是前年6月刚买的新车铃木Lapin(车名),还没到车检的时间就坏了,真是麻烦。

例句(26)中的「壊れる」为非宾格动词,NP2「家電」「車」为无情物,但仔细观察可以发现,这些句子通过「急に」「まだ車検も来てないうちから」这些成分强化了"事件所造成的无法控制、无法预料的结果带来的损害和麻烦"等语义。因此,即使像「壊れる」这样本身不带有意志性、难以进入自动词被动句的动词,仍可通过与从句、副词性成分搭配进入间接被动句,并表示受害义。

此外,可以观察到一些表积极意义或感情色彩为中性的词进入自动词被动句后句子仍表受害义的例子。例如:

(27)a. 普段ならじっと視線を据えられて<u>微笑まれる</u>だけで迫力があるのに……//平常仅仅是被一直盯着笑我都会感到压迫感……

　　b. 「よーし、わたしも好かれるように頑張ろ!」「そんなこと<u>頑張られたら</u>、困る。」//"好,我也要朝着让别人感到愉快的方向努力!""连这个都要被你卷的话我会很困扰。"

(BCCWJ语料库)

但从动词语义来看,例句(27)中的动词「微笑む」「頑張る」表达的都是积极的语义,但在进入间接被动句后,整个句式仍包含的是主语受到负面影响的语义。

4.3　汉日语自动词遭受句式的语义特征对比

从第4.1节和第4.2节的分析中可以看出,汉语领主属宾句表主观得失,而日语自动词被动句主要表遭受失去含义。在日语中还可以看到以下句子。

(28)a. 自分の家の前にゴミを<u>捨てられて</u>、いい気持ちなんこれっぽっちもないんですけどね。//垃圾被扔在自己家门前,怎么会有好心情。

　　b. オムツはホテルのバスルームにまとめておけば<u>捨ててくれます</u>。//尿布整理好放在浴室里,会有人帮忙扔掉。

(29)a. こうしてもたついているうちに、最も条件のいいモノを他社に<u>持っていかれて</u>しまった。//像这样磨磨蹭蹭,最好的东西早已被其他公司拿走了。

　　b. 切手を貼った封書を玄関先のポストに入れに行った。そうしておけば郵便配達が<u>持っていってくれた</u>。//我把贴了邮票的信封放进了大门处的信箱里。放好后邮差就会带走。

(BCCWJ语料库)

以上句子中,不管是例句(28)中的他动词「捨てる」,还是例句(29)中的「持っていく」,当它们用于被动句时都偏向表达受害语义,而用于「てくれる」句式时偏向表达受惠,即得到语义。可以说,正因为日语中有表达恩惠得到语义的特别句法形态,所以在表达得到语义时更倾向于使用授受句式,而非被动形式。汉语表达得失语义可以同构,而日语表达得失分为「てくれる」句式和被动句2种形态。

另一方面,以往关于汉语领主属宾句和日语被动句的对比研究多重视探究进入句子中的动词本身的含义,然而正如刘金路、刘海涛(2021:47)所指出的那样,在句法与语义

的关系中,语义的主体涉及词汇和句子2种视角,迄今60多年的句法与语义研究绝大多数是在探讨词汇语义,尤其是动词的词汇语义对句法结构的影响或制约作用,以及影响句法结构的语义表征问题。但通过前面的分析可以发现,不论是汉语领主属宾句还是日语自动词被动句,句式本身所表达的语义不容忽视。即使是本身不带有得失义的动词,进入句式后也会被附加上得失义,并且会通过添加数量词、副词等成分使句子合乎句法规则。

如在汉语领主属宾句中,当Vi为表达非自主身体活动的非作格动词时,NP2必须有数量成分修饰。当Vi为非宾格动词时,NP1为无情物且NP2为有情物时,NP2必须有数量成分修饰,NP1为有情物且NP2为无情物时,NP2大多要有数量成分修饰。即当Vi为非宾格动词,且NP1及NP2同为有情物或同为无情物时,NP2前可以没有数量成分,但在语料库中可以观察到下列句子。

(30)a. 鲁迅先生是在生命的最后几个月里写了那篇有名的散文《死》,那时他肺内已烂了<u>三个洞</u>,还在孜孜于看和写。

　　→那时他的肺内已烂了洞

　　b. 中街西街也是塌了<u>十三间房、三十道院墙</u>,压死了一头母猪、五只鸡。

　　→中街西街也是塌了房和院墙

（BCC语料库）

这些句子中原句NP2前均有数量词修饰,虽然去掉数量词句子也能成立,但表达的受害语义不如原句强烈。在例句(30)a中,用"三个"描述出了肺部受害程度之深,与后面"孜孜于看和写"形成了对比;在例句(30)b中,用"十三""三十"分别来修饰"房""院墙",描写出了受害程度之严重,如果没有数量词而仅用"塌了房和院墙",无法像原句那样表达出损害波及的范围之广。可以说,领主属宾句中的数量成分除了能使本身难以进入句式的动词得以进入句式外,还起着传达得失程度、强调主语感受的作用。

在日语自动词被动句中,多数句子都含有一些副词性成分。例如:

(31)a. 電車で座って居眠りをしていたら、隣に「<u>ドスンッ</u>」と座られ、すっかりと目が覚めてしまいました。//坐在电车上打盹,被旁边的人猛地一坐,我彻底醒了。

　　b. 現場がわからない人に<u>いきなり</u>来られたら、足手まといで迷惑なんだけどね。//现场突然来了不认识的人,碍手碍脚的,很麻烦。

（BCCWJ语料库）

例句(31)a中用「ドスンッと」传达出旁边人坐下时的声音之大,更具体地表达出了

这一动作给主语带来的妨碍;例句(31)b中用「いきなり」表达出突然发生的不得已情况让主语产生的不满。因此,在日语自动词被动句中,副词等成分除了承担着使被动句成立的作用外,也起着帮助主语表达主观受害程度的重要作用。

可以说,在汉语领主属宾句和日语自动词被动句中,这些数量词、副词不但能够连接动词语义和句法规则,而且能够加强主语(说话人)语气,强调得失程度,不管在汉语领主属宾句中还是在日语自动词被动句中,都十分重要。

5　结语

本文主要通过对比,对汉语领主属宾句和日语自动词被动句的句法结构和语义特征做了一些探讨,结论如下。

从句法结构上来说,汉语领主属宾句中的NP1既可以是有情物,也可以是无情物,而日语自动词被动句中的NP1只能由有情物来充当。除此之外,两者Vi与NP2的特征较为复杂,NP2是有情物还是无情物、NP2前是否需要添加数量词或副词等成分,与Vi是非宾格动词还是非作格动词有关。

从语义特征上来说,汉语领主属宾句重在表主观得失,而日语自动词被动句重在表示受害损失,但是两者在表达这些语义时都是动词语义服从句式语义,汉语领主属宾句中的动词常与数量词成分共用以加强得失义,而进入日语自动词被动句的动词常与副词成分共用以突出受害义。

本文主要围绕汉语领主属宾句和日语自动词被动句,从句法和语义2个角度展开了讨论,但针对两者句法和语义的关系还未做出详细的阐述。今后将尝试从句法与语义的关系等角度对两者进行更深入的探讨,同时其他遭受句式的句法语义问题也仍需更进一步的探索。

参考文献

陈访泽,陈姗姗,2019. 构式的对应和不对应机制:以汉语领主属宾句与日语领属被动句为例[C]//汉日对比语言学研究会(协作). 汉日语言对比研究论丛:第10辑. 杭州:浙江工商大学出版社:173-184.

陈岩,胡传乃,战庆胜,2001. 日语动词例解词典[M]. 上海:上海外语教育出版社.

郭继懋,1990. 领属主宾句[J]. 中国语文(1):24-29.

李倩,2008. 日语间接被动句与汉语对应句式研究[J]. 日语学习与研究(S1):30-33.

刘金路,刘海涛,2021. 句法与语义界面的建构[J]. 江西师范大学学报(哲学社会科学版)(5):46-53.

刘探宙,2008. 一元非作格动词带宾语现象[J]. 中国语文(2):110-119,191.

沈家煊,2009. "计量得失"和"计较得失":再论"王冕死了父亲"的句式意义和生成方式[J]. 语言教学与研究(5):15-22.

吴恒,宋本超,2016. 日语自动词被动句和汉语领主属宾句对比研究[J]. 韶关学院学报(1):121-124.

徐杰,1999. 两种保留宾语句式及相关句法理论问题[J]. 当代语言学(1):16-29,61.

徐曙,何芳芝,2010. "太郎が/は父に死なれた"与"王冕死了父亲"的构式关系:构式语法视角的分析研究[J]. 日语学习与研究(5):35-40.

徐曙,何芳芝,2011. 「太郎が父に死なれた」与"王冕死了父亲"的对比研究:基于语料库实例的分析[J]. 日语学习与研究(3):80-84.

赵颖,2012. 关于间接被动句的日汉对比研究[D]. 长沙:湖南大学.

庄会彬,冯君亚,何晓芳,2017. 广义遭受句式及相关理论问题:从"王冕死了父亲"句式的汉日对比谈起[J]. 语言研究集刊(2):179-199,383.

影山太郎,1996. 動詞意味論:言語と認知の接点[M]. 東京:くろしお出版.

日本語記述文法研究会,2009. 現代日本語文法2:第3部格と構文　第4部ヴォイス[M]. 東京:くろしお出版.

森田良行,2002. 日本語文法の発想[M]. 東京:ひつじ書房.

森山卓郎,2000. ここからはじまる日本語文法[M]. 東京:ひつじ書房.

HEINE B, 1997. Possession-cognitive sources, forces, and grammaticalization[M]. London:Cambridge University Press.

PERLMUTTER D, 1978. Impersonal passives and the unaccusative hypothesis[J]. Proceedings of the 4th Annual Meeting of the Berkeley Linguistics Society:157-189.

作者简介

姓名:邓超群

性别:女

单位:湖南大学外国语学院

学历:博士研究生

职称:副教授

研究方向：日语语言学、日语教育、汉日对比语言学

通信地址：湖南省长沙市岳麓区麓山南路1号湖南大学外国语学院

邮政编码：410082

电子邮箱：zrlden@126.com

姓名：刘新琳

性别：女

单位：长沙民政职业技术学院外语学院

学历：硕士研究生

职称：无

研究方向：日语语言学、汉日对比语言学

通信地址：湖南省长沙市雨花区香樟路22号长沙民政职业技术学院外语学院

邮政编码：410004

电子邮箱：xlliu1110@163.com

基于历时语料库的中国日语学习者复合动词习得个案追踪研究
——以湖南大学学习者为例*

An Analysis of Compound Verb Acquisition of Chinese Japanese Learners Based on Diachronic Corpus: A Case Study of Hunan University Learners

李　强　　周思源

摘　要:本文运用语料库实证研究方法,选取湖南大学5名日语学习者作为个案追踪对象,就其复合动词的习得状况进行了历时考察。结果表明:①随着学习阶段的提升,学习者产出复合动词的数量未见显著增长;②从数量和类型上看,学习者产出句法性复合动词不及词汇性复合动词丰富;③从学习者偏误情况来看,复合动词形式偏误主要出现在习得早期,较易克服,而复合动词特有的偏误,尤其是"与其他复合动词混同的情况",贯穿日语习得的整个过程,学习者最难克服,而产生各阶段学习者复合动词误用是构词规则、语际迁移、语内迁移等多方面因素综合作用的结果。这启示教师在讲授复合动词时要对学生可能存在的问题有一个预先的判断,根据各学习阶段学习者的习得特点及时调整教学策略,有的放矢地实施教学。

关键词:历时语料库;复合动词;中国日语学习者;偏误分析;个案追踪

Abstract: This paper uses the empirical research method of corpus to select 5 Japanese learners from Hunan University as the object of case tracking, and conducts a diachronic investigation on the acquisition of their compound verbs. The results show that

---

* 本文系2017年度国家社科基金西部项目"日语复合动词习得的多视阈研究"(批准号:17XYY028)和2022年度西安外国语大学研究生科研基金项目"基于历时语料库的中国日语学习者复合动词发展研究"(批准号:2021SS077)的阶段性研究成果。

(1) With the improvement of the learning stage, the number of compound verbs produced by learners has not improved significantly. (2) In terms of quantity and type, learners produce fewer syntactic compound verbs than rich and diverse lexical compound verbs. (3) From the perspective of learners' errors, the formative errors of compound verbs mainly occur in the early stage of acquisition, which are relatively easy to overcome, while the errors unique to compound verbs, especially "confusion with other compound verbs", run through the entire process of Japanese acquisition, and are the most difficult for learners to overcome. The reasons for the misuse of compound verbs by learners at each stage are the result of the comprehensive effect of various factors such as word formation rules, interlingual transfer, and intralingual transfer. This suggests that teachers should have a pre-judgment of the problems that students may encounter when teaching compound verbs, and adjust their teaching strategies in a targeted manner according to the acquisition characteristics of learners at each stage of learning.

Keywords: diachronic corpus; compound verbs; Chinese Japanese learners; error analysis; case tracking

1 引言

二语习得研究主要包含横向研究和纵向研究2种研究手法。前者指的是在一个或若干时点上截取横断面式的规模研究;后者指的是对个别或者若干被试进行长时间追踪的研究(施家炜,2002:34)。由于纵向研究费时费力,因此以往研究大都选取横向研究手法,纵向研究成果尚不多见。提及个案研究的优势,吴伟英(1999:71)指出个案研究有5个优势:①具有很强的现实性;②一个个案可以代表不同的观点,并为不同解释提供合理阐释;③提供的数据资料还可为将来的研究者阐释;④研究结果对具体工作具有很强的启发性;⑤研究数据较易为人理解。此外,施家炜(2002:34)认为对个别或特定对象进行长时间跟踪调查研究,其结论更有说服力。由此可见,纵向研究的地位和作用毋庸置疑。

复合动词作为日语词汇的重要组成部分,由于其数量多且使用频率高,成为日语词汇学习的重要项目之一①。但由于其前后项动词的结合规则,语义关系极其复杂,而现行

---

① 森田(1978)曾对『例解国語辞典』中收录的词汇进行分类统计,指出日语母语者常用动词中复合动词的占比达40%。

日语教材又很少将其列为教学内容,因此复合动词的习得成为日语学习者的一大难点(姫野,1999;松田,2004;陈曦,2008;何志明,2009;等等)。学习者在语言产出过程中常出现以下偏误。

(1)そう言えば、日本音楽は日本文化の代表を考えて、とってもすばらしいね、自分の特性はあるし、外来文化も<u>受け取て(→受け入れる/取り入れる/吸収する</u>)、日本文化は優秀な文化と思う!(学习者52;第19次作文)[①]

(2)まず、「和」、これはお互い同士が仲よくする、<u>和し合う(→心を和らげる/なごやかになる</u>)ということだ。(学习者11;第12次作文)

(3)大学に入ってから、あるいは日本語を<u>習い始まってから(→習い始めてから</u>)、日本人留学生や先生に会うことが多いです。(学习者55;第12次作文)

例句(1)是学习者未能掌握「受け取る」的语义而导致的偏误,即学习者仅根据单纯动词「受ける」和「取る」语义的简单叠加,进而对复合动词「受け取る」语义进行不当推测。对于例句(2),母语者给出的修改意见均是日语中不存在「和し合う」这样的复合动词,可见这属于学习者主观臆造的复合动词,究其原因是学习者对「～合う」这一构词方式的过度概括和推理。例句(3)属于后项自他动词的混用,出现这一现象的原因是学习者心里不清楚「始まる」这类缺乏意志性的动词不能作为复合动词的构词语素。

由此可见,中国日语学习者使用复合动词的能力还很薄弱,其习得存在一定问题。近年来,随着日语教学研究的不断深入,复合动词习得研究颇受关注,积累了一批成果。在第二语言习得过程中,学习者会不断吸收新知识完善自身的中介语体系,因此各阶段学习者习得复合动词有其自身的规律和特点。但由于历时语料收集时间跨度大、过程复杂,目前跟踪同一学习者的复合动词个案习得研究尚未出现。基于此,本文拟基于历时学习者语料库选取特定调查对象,就学习者复合动词的习得状况进行跟踪调查,旨在明晰不同水平学习者复合动词习得的具体表现和内在规律,并对出现偏误的原因进行分析,以期对日语复合动词的教学和研究有所助益。

2　国内外研究综述

复合动词研究涉及普通语言学、对比语言学、认知语言学和二语习得研究等多个研

[①] 下划线部分为学习者误用的复合动词,括号内为修正的内容。本文所有例句均出自"湖南大学学习者中介语语料库",并且本文只分析考察复合动词的部分,其他的偏误均不在本文的考察范围内。

究领域,较其他研究领域复合动词习得研究相对滞后。早在20世纪70年代,姬野昌子、森田良行等学者就指出在日语教学中应充分认识复合动词的重要性,呼吁加强复合动词的体系性指导。但此后复合动词习得研究并未受到应有的重视。直至20世纪初,松田文子的系列研究才拉开了复合动词习得研究的帷幕,其中松田(2004)是其系列研究的总结。松田(2004)以使用频率高且造词能力强的「～こむ」为对象,从认知语义论的视角出发,将「～こむ」的语义分为4类,用意象图式就其各种语义进行了统一的说明。在此基础上,以高级日语学习者为对象,就「～こむ」的4类用法,从理解能力和产出能力2个方面进行了调查。之后以中、日、韩为代表的学者从不同视角就复合动词习得展开了探索。白以然(2005,2007)以韩国学习者为对象,采用例句正误判断法就「～出す」「～始める」的习得进行了研究。张楠(2019a)以日语口语语料库“KY语料库”为考察对象,将学习者的偏误分为“错用”“过用”“避用”3种类型,分析了学习者口语产出中复合动词的误用现象和特征。张丽虹(2017)基于语言类型框架和概念迁移理论,以移动复合动词为研究对象,从移动动词的类型、移动要素和词汇化模式等角度,就学习者和母语者移动性复合动词的使用特点和差异进行了量化考察。张楠(2019b)在张楠(2019a)的基础上,从复合动词避用这一崭新的视角出发,以中国日语学习者为调查对象,从复合动词的产出和理解2个层面系统考察了学习者复合动词避用倾向和原因,在一定程度上弥补了以往复合动词避用研究的不足。陈曦(2008,2022)以所有复合动词为研究对象,基于口语语料库和作文语料库,运用中介语对比分析方法,就学习者口语和书面语中复合动词的产出情况与日语母语者及其他母语者进行了对比,就不同母语背景和不同学习阶段学习者复合动词习得状况进行了多方位的量化考察和偏误分析,极大地拓宽了复合动词习得的研究范围和视野。

综观以往研究,不难发现已有的基于语料库的以整体复合动词为对象的习得研究大多通过横向语料库收集数据,纵向跟踪同一学习者的调查研究截至目前还未得到应有的重视和关注。但中介语是一个不断纵深发展、逐渐向目的语过渡的动态系统,不同阶段会呈现不同的阶段性特点。因此,基于横向语料的习得研究很难充分描写和研究学习者复合动词习得的整个发展过程。基于此,本文关注学习者复合动词使用能力的发展,拟以历时学习者语料库为数据来源,选取特定对象就学习者复合动词的习得状况进行跟踪调查研究,主要解决以下3个问题:①随着学习阶段的提升,学习者产出复合动词的数量如何变化? ②各阶段学习者产出词汇性复合动词和句法性复合动词有何特点? ③各学习者产出复合动词的偏误分布状况有何特点? 其成因是什么?

3 研究设计

3.1 语料来源

本文以"湖南大学学习者中介语语料库"①为数据来源。该语料库的调查对象为湖南大学外国语学院2009级日语专业本科生,共94人(其中每一次数据均完整的共计57人)。语料收集历时4年(2009年11月至2012年12月),共计3.5个学年,7个学期。语料库分为口语语料和书面语语料。口语语料每学期收集1次(共计7次),书面语语料的调查频度为每学期3—4次(共计19次),写作时对作文字数没有限定且规定不能使用词典。

该语料数据具有3个特征:①兼顾学习者书面语语料库和口语语料库,可以同时对学习者的书面书和口语展开调查分析;②记录了同一学习者从大一入学至大四毕业4年间的真实语料,可以呈现各个阶段学习者的真实语用特征;③提供了学习者的个人情况信息,可具体考察学习者个人因素与学习环境对学习者各阶段习得效果的影响。

本次分析的是第4次、第12次、第14次、第16次、第18次和第19次的作文语料,每次数据收集时间相隔约为半年。这些语料数据涵盖了一年级(初级)至四年级(高级)日语习得的不同阶段,因此能够反映不同阶段学习者复合动词习得的发展情况。具体语料情况如表1所示。

表1　本次分析的作文语料情况

作文次数	所在学年	作文题目
第4次	一年级	休みの日
第12次	二年级	〜から見た日本文化
第14次	二年级	理想の家庭像
第16次	三年级	人間と自然
第18次	三年级	手
第19次	四年级	卒業とは

---

① 湖南大学学习者中介语语料库网址:https://www.hum.nagoya-u.ac.jp/about/about-sub2/japanese/sugimura/2-3.html。

3.2　调查对象和研究步骤

3.2.1　调查对象

本文选取5名复合动词使用数量较多且偏误较为典型的日语学习者作为个案研究的对象,追踪其复合动词产出情况,以求历时观察学习者复合动词的习得状况,致力于更完整地描写学习者复合动词习得的历时发展过程。我们将抽取到的20号、21号、26号、51号和55号学习者分别用A、B、C、D、E表示。5名学习者均从零基础开始学习日语,且没有出国留学的经历,其日语习得途径主要为课堂教学环境。

3.2.2　复合动词例句抽取及量化处理

首先利用日语形态素解析系统"Chasen"(茶筅)对作文语料进行赋码。其次利用计算机编程语言Perl抽取出"动词+动词"的所有使用实例,并检查抽取到的例句,将不是复合动词的例句剔除,整理出所需的复合动词例句集。共抽取复合动词例句356条,所有例句由母语者9人(均为教学一线日语教师)进行"正确""不自然""误用"判断,并给出修改意见。最终判断标准为0—1人判断为误用或不自然的为"正用",2—5人判断为误用或不自然的为"不自然",6—9人判断为误用或不自然的为"误用"。

4　调查结果与分析

4.1　关于学习者产出复合动词量的考察

我们将学习者A、B、C、D、E各次作文语料中产出的复合动词分别进行统计。统计结果如表2所示。

表2　5名学习者产出复合动词数量一览

单位:个

学习者ID	第4次	第12次	第14次	第16次	第18次	第19次	合计
A	0	1	3	0	5	2	11
B	0	2	1	2	0	0	5
C	0	2	0	2	2	0	6
D	0	2	3	0	1	1	7
E	0	4	3	2	3	2	14
合计	0	11	10	6	11	5	43

　　由表2可知,从个案来看,各学习者产出复合动词的数量偏少,第4次各学习者均未产出复合动词,这也验证了张楠(2019a:115)得出的复合动词的讲授一般都安排在初级后半或中级阶段的结论。仅从个案学习者的复合动词使用数量来看,随着学习阶段的提升,学习者产出复合动词的数量并未有显著增加,这也印证了以往研究指出的复合动词是日语学习的一大难点这一论述,学习者有回避使用的倾向(张楠,2019b;陈曦,2022;等等)。在学习者复合动词的具体使用情况上,5名学习者各次产出复合动词及其使用数量如表3所示。

表3　5名学习者各次产出复合动词及其使用数量

单位:个

学习者ID	第12次	第14次	第16次	第18次	第19次
A	受け入れる(1)*	付き添う(1)* 乗り切る(1)△ 話し合う(1)△	—	積み重ねる(1)* 思い出せる(1)* 乗り越える(1)* 習い始める(1)△ 歩きまわる(1)*	見つける(1)* 乗り越える(1)*
B	受け付ける(1)* 数え切れる(1)△	信じ込む(1)*	生い茂る(1)* 救い出す(1)*	—	—
C	使い分ける(1)* 受け入れる(1)*	—	思い出す(1)* 立ち上がる(1)*	思い出す(1)* 寝込む(1)*	
D	見つける(2)*	ありふれる(1)* 話し合う(1)△ 入れ替わる(1)*	—	付き合う(1)*	出会う(1)*
E	見つかる(1)* 話し合う(1)△ 思い浮べる(1)* 見つめる(1)*	乗り越える(1)* 付きそう(1)* 助け合う(1)△	見直す(1)△ 埋め立てる(1)*	出会う(1)* 思い浮ぶ(1)* 見つかる(1)*	出会う(1)* 付き合う(1)*

注:括号内为使用数量;*表示词汇性复合动词;△表示句法性复合动词。

　　我们参考影山(1993)关于复合动词的分类①,将5名学习者产出的复合动词分为词汇性复合动词和句法性复合动词。结果发现,较句法性复合动词,各学习者更倾向使用词汇性复合动词。究其原因很可能是与句法性复合动词相比,教材中导入词汇性复合动词的频度更高。此外,从认知难度上看,语义、构词规则等无疑加大了复合动词的习得难

---

① 影山太郎从词与词的结合上把复合动词分为句法性复合动词和词汇性复合动词。句法性复合动词有:①前后项动词构成主谓关系(例:食べ過ぎる→食べることが過ぎる)、②前后项动词构成补足关系(例:読み続ける→読むことを続ける)。词汇性复合动词为除句法性复合动词以外的复合动词。

度。因此,为应对日语词汇中的重要组成部分复合动词的习得,学习者便会采取一定的学习策略,其中最典型的便是简化策略或回避策略。如学习者更倾向于将词汇性复合动词视为一个整体进行加工和记忆,而对于能产性较高、构词更灵活多变的句法性复合动词,则少用甚至不用。

4.2　各学习者产出复合动词的误用特点分析

中介语理论认为中介语具有系统性、动态性和可渗透性的特点。在第二语言习得过程中,学习者会通过不断吸收新知识完善自身的中介语体系,但与此同时也会产生偏误。影响中介语的因素一般包括母语迁移、语言规则的过度归纳、训练迁移、交际策略和二语习得策略的运用等(毛文伟,2012:4)。以下结合学习者语言产出的具体实例就学习者产出各类型复合动词偏误的原因进行分析①。

4.2.1　复合动词形式的偏误

学习者在学习初期常出现的复合动词形式的偏误包括时态偏误、语态偏误、助词使用偏误和活用偏误等。此类偏误常发生在初级学习者的语言产出过程中,在中高级学习者的语言产出中此类偏误较少出现。如5名学习者的5次作文中,只有学习者E的第18次和第19次作文语料中出现了此类偏误,学习者A、B、C、D的此类偏误多集中在第12次和第14次作文语料中,如:

(4)それは日本人が柔軟に外国のことを受け入れる(→受け入れた)結果だ。(学习者A;第12次作文)

(5)彼らにとって、両親が苦労に耐えて私たちを育ちましたが、なんであなたは老後の両親を(→に)付き添わないんですか、と不思議です。(学习者A;第14次作文)

(6)愛がいっぱいある家庭で、家族みんなはお互いに大事にして、毎日笑顔をして、できるだけ全員そろってからご飯を食べて、一緒に共同の目標を目指して頑張りぬいて(→頑張り抜けば)、それはどんなに幸せのだろう。(学习者B;第14次作文)

---

① 本文参考陈曦(2008,2012)的做法将复合动词的偏误分为"复合动词形式的偏误"和"复合动词特有的偏误"2种类型。"复合动词形式的偏误"主要包括"助词使用的偏误""时、态的偏误""活用、体的偏误""与复合名词混同的偏误""词语搭配不当的偏误""其他"6种类型。"复合动词特有的偏误"主要包括"与单纯动词混同的偏误""与其他复合动词混同的偏误""后项自他动词的偏误""不符合复合动词构词规则的偏误"4种类型。

（7）それを見って、日本人は外国の言語などの文化をよく<u>受け入れます</u>（→<u>受け入れました</u>）。（学习者C；第12次作文）

（8）ご存知のように、日本は礼儀正しい国である。言語からそれも<u>見つける</u>（→<u>見つけられる/を見つけることができる</u>）。（学习者D；第12次作文）

（9）矛盾は<u>ありふれした</u>（→<u>ありふれた</u>）もので、気にしないで理解すればいいではないか。（学习者D；第14次作文）

（10）手の裏のたこを見るにつけて、昔の思い出が頭の中に<u>思い浮ぶ</u>（→<u>思い浮かばれる/思い浮かんだ</u>）。（学习者E；第18次作文）

（11）毎日<u>疲れ果れた</u>（→<u>疲れ果てた</u>）わたしたちはこの辛さの中に楽しんだ。（学习者E；第18次作文）

（12）みんなに<u>出会う</u>（→<u>出会えた</u>）ことに感謝してる。（学习者E；第18次作文）

（13）四年前新入生としてこの大学に入って、一生でも付き合える友達を作って、いい先生に<u>出会って</u>（→<u>出逢えて</u>）、こころに貴重な思い出が残された。（学习者E；第19次作文）

4.2.2　复合动词特有的偏误

复合动词形式的偏误本身比较容易理解，此处只观察其倾向，不对其偏误原因做进一步分析[①]。接下来再看复合动词特有的偏误。最为典型的偏误类型为"与其他复合动词混同的偏误"，可以说该类偏误贯穿学习者的整个日语习得过程。如学习者A的第12次、第14次、第18次和第19次作文语料中产出了复合动词，但4次中有3次包含此类偏误，分别为第14次、第18次和第19次。学习者B仅有第12次和第14次产出复合动词，其中第12次包含此类偏误。学习者C的第12次、第14次和第18次作文语料中产出了复合动词，其中第14次和第18次包含此类偏误。具体误用例如下：

（14）摩擦と矛盾を<u>乗り切って</u>（→<u>乗り越えて</u>）、家族のつながりが緊密になります。（学习者A；第14次作文）

（15）あます抽象すぎて、何を書けばいいか、全然<u>思い出せなかった</u>（→<u>思いつかなかった</u>）。（学习者A；第18次作文）

（16）歩くことを<u>習い始める</u>（→<u>学び始める</u>）とき、母は私たちの手を引いて、一歩

① Corder(1967)将偏误(error)与失误(mistake)进行了区分，并指出"偏误"具有系统性的特点，隶属语言能力的范畴，而"失误"则具有偶然性的特点，属于语言行为的范畴。偏误研究分析的是学习者的偏误而不是失误。因此，复合动词误用类型中"复合动词形式的偏误"属于"失误"，而"复合动词本身的偏误"则属于"偏误"。本文基本认同此观点，因此对"复合动词形式的偏误"不做详细分析。

一歩、一人で歩けるまで手を放さなかった。(学习者A;第18次作文)

(17)進路を<u>見つけられない</u>(→<u>見出せない</u>)。(学习者A;第19次作文)

(18)先週、日本語教科書に書いてある「外来語は制限すべきかどうか」というテー
マの文章を勉強することをきっかけで日本語に<u>受け付けた</u>(→<u>取り入れられ</u>
<u>た</u>)外来語に興味を持っている。(学习者B;第12次作文)

(19)村の面積が拡大して、高層ビルがたくさん<u>立ち上がります</u>(→<u>立ち並びま</u>
<u>す</u>)。(学习者C;第14次作文)

(20)一日の中で、朝目を覚ざすから、食べる、飲む、洗う、物を持つ、文件を整理す
ることなど、晩で<u>寝込む</u>(→<u>寝入る</u>)まで。(学习者C;第18次作文)

(21)もし時間があれば、よく考えれば、手についていろいろな思いを<u>思い出す</u>(→
<u>浮かべる</u>)はずです。(学习者C;第18次作文)

由于篇幅有限,本文只分析个别误用例。例句(19)应将「立ち上がります」改为「立
ち並びます」。此处学习者想表达的意思是"高楼大厦并排耸立",而「立ち上がる」一般
指的是"人的站立",因此此处不能使用「立ち上がります」。例句(20)应将「寝込む」改为
「寝入る」。此处学习者仅想表达"熟睡"的语义,而「寝込む」一般包含"带病入睡,卧床不
起"的意思,因此此处只能使用「寝入る」,不宜使用「寝込む」。例句(21)应将「思い出す」
改为「浮かべる」。「思い出す」的语义为"记起、回忆起",一般与记忆等过去事物搭配,而
「浮かべる」的语义为"浮现出",因此此处为搭配不当的问题。

仔细观察上述例句,不难发现此类误用多属于类义复合动词语义混淆的情况,这也
反映出学习者不能正确区分使用类义复合动词的问题。究其原因主要有2个:一是类义
复合动词的区分本身就是日语学习的一大难点;二是语内迁移和语际迁移综合作用的结
果,即学习者会借助目标语或其他语言的知识和法则来理解和推测日语复合动词的语
义。如对于「寝込む」和「寝入る」,学习者会借助单纯动词「寝る」来理解,将其与汉语
"睡"对应,进而产出错误表达。这也符合de Groot & Annette(1992)提出的"概念特征分
布模型",即二语和母语对应共享一部分概念特征,对应情况较好的内容容易产生正迁
移,反之则容易产生负迁移。如上所述,此类偏误贯穿学习者日语习得过程的始终,可以
推测学习者最难克服此类偏误。这就要求教师在讲解复合动词时,要结合实例让学习者
在语境中仔细理解和体会类义复合动词的细微语义差异。

再来看与单纯动词混同的偏误,只有学习者B、E的作文语料中出现了此类偏误,且
主要集中在前两次作文语料中。由此可以推测此类偏误较易克服,随着学习阶段的推
进,此类偏误会减少其至消失。具体误用例如下:

（22）幸福は家が立派かどうかに関係なく、生活にゆとりがあるかどうかにもあまり関係なく、愛さえあれば、けっこうで、ほか何も要らないと私はずっと<u>信じ込んでいる</u>（→信じている）。（学习者 B；第 14 次作文）

（23）一番印象深いのは日本人と<u>話し合う</u>（→話す）とき、彼らが誠実に相手の瞳を見つめるということです。（学习者 E；第 12 次作文）

　　例句（22）和例句（23）均被母语者判断为误用。例句（22）应将「信じ込んでいる」改为「信じている」。姫野（1999：70）指出认识动词与「込む」复合成的复合动词包含其认识未必正确的语感。也就是说，「信じ込む」蕴含说话人相信的事物未必是正确的语义色彩，而「信じる」只单纯表示"相信、确信"的语义，结合语境此处不宜使用「信じ込む」，只能用「信じる」。例句（23）应将「話し合う」改为「話す」，姫野（1999：144−163）将复合动词后项「～合う」的语义归纳为相互动作、共同行为和并行动作 3 种类型。刘云（2008：38）指出「～合う」本身带有很强的交互性，「話し合う」强调互为说话对象的对称关系，即为解决某问题而进行讨论、商量，而此处从语境来看，学习者想要表达的是与家人聊天的意思，因此此处不宜使用「話し合う」。

　　学习者产生此种偏误的原因主要有 2 个：一是学习者不理解单纯动词与复合动词的语义区别和使用场景的差异，二是语内迁移的影响。如学习者不理解「話し合う」「信じ込む」与「話す」「信じる」的语义区别，在第二语言学习过程中会借助「話す」「信じる」的语义理解「話し合う」「信じ込む」，由此造成了「話し合う」「信じ込む」与「話す」「信じる」的语义混淆，在语言产出中多出现此类偏误。如前所述，此类偏误主要集中在学习者的前两次作文语料中，可见这类偏误较容易克服。因此，教师在教授复合动词时，从一开始就要向学习者强调单纯动词与复合动词之间的语义区别，不能让学生不恰当地用单纯动词的语义理解复合动词的语义，从而加深学习者的理解，以达到事半功倍的学习效果。

　　紧接着来看后项自他动词的偏误。此类偏误仅出现在了学习者 E 的第 12 次和第 18 次作文语料中。由此可以推断，此类偏误并不具有普遍性，学习者较易克服。为验证这一猜测，我们将 57 名学习者的数据进行了统计，发现 108 例误用句中仅包含 17 例后项自他动词的偏误实例，且多是「始まる」与「始める」、「続く」与「続ける」、「見つかる」与「みつける」等误用的重复出现。具体误用例如下：

（24）大学に入ってから、あるいは日本語を<u>習い始まってから</u>（→習い始めてから）話し合う、日本人留学生や先生に会うことが多いです。（学习者 E；第 12 次作文）

（25）雨が降っても、運動場でクラスみんなの姿が<u>見つかてきた</u>（→見つけられ

た)。(学习者 E;第18次作文)

例句(24)应将「習い始まってから」改为「習い始めてから」,学习者心里不明确日语中不存在类似「習い始まる」这样的复合动词,即学习者将「～始める」的构词规则过度泛化。例句(25)应该将「見つかって」改为「見つけて」,虽然「見つかる」形式正确,但此处应该用提示宾格的「ヲ」格他动词「見つける」。

此类偏误出现的原因一般有2个:一是复合动词的自他问题,二是复合动词的构词规则问题。如「見つかる」和「見つける」的混用可归结为学习者尚未掌握复合动词的自他性。而产生诸如「習い始まる」这类偏误的原因主要是学习者尚未掌握复合动词的构词规则。何哲(2018:77)指出「始まる」等词不能作为复合动词的语素构成复合动词,究其原因很可能是这类动词缺乏意志性。而日语中诸如「～始める」「続ける」这样表示"开始""持续"语义的后项动词的生产性极高。由于学习者对目标语知识体系掌握不充分,在重构规则时容易出现类推,从而产生偏误。这就要求教师适当引入部分复合动词构词法的讲解,以期达到系统性、整体性习得复合动词的目的。如在一开始讲解此类复合动词时有必要对学生强调「～始める/～続ける」表示的是「～することを(行为者始める/続ける)」的语义,根本不存在「習い始まる」「変わり続く」这样的复合动词,避免学生将复合动词构词规则过度泛化,盲目造词,以帮助学生减少此类偏误的产生。

5 结语

学习者的语言输出过程总是伴随着偏误的产生。本文基于历时学习者语料库选取了5名湖南大学日语学习者,就其复合动词的习得状况进行了个案追踪研究。结果表明:第一,随着学习阶段的推进,学习者产出复合动词的数量未见显著增加;第二,从数量和类型上看,学习者产出句法性复合动词不及词汇性复合动词丰富多样;第三,从学习者偏误来看,复合动词形式偏误主要出现在习得早期,较易克服,而复合动词特有的偏误,尤其是"与其他复合动词混同的情况"贯穿日语习得的整个过程,学习者最难克服,而各阶段学习者产生复合动词误用是构词规则、语际迁移、语内迁移等多方面因素综合作用的结果。对于第二语言教学而言,核心问题是教什么、怎么教的问题。这启示日语教师要注意各习得阶段日语复合动词习得的发展特点,有的放矢地实施教学,帮助学习者克服学习难点以达到事半功倍的学习效果。

本文仅是复合动词习得研究个案考察的初次尝试,我们仅希望通过本次研究能为日语复合动词的教学和研究提供一些有价值的参考信息。但由于语料库研究的局限性,本

次我们仅对学习者复合动词的产出和偏误进行了考察,今后我们将配合问卷和访谈进一步深化研究。此外,个案研究数据规模小,很难具有普遍性,将横向规模与纵向个案研究结合起来也是我们今后努力的方向之一。

参考文献

陈曦,2008. 关于日语复合动词的习得研究[M]. 北京:中国社会科学出版社.

陈曦,2022. 基于语料库的中国日语学习者复合动词习得研究[J]. 北方工业大学学报(3):53-59.

何哲,2018. 论日语复合动词的词汇性与句法性特征:以"～出る""～出す""～始まる""～始める"等为例[J]. 解放军外国语学院学报(3):76-82.

刘云,2008. 日语复合动词前后项的结合条件[J]. 日语学习与研究(5):33-39.

毛文伟,2012. 中国日语学习者语料库的构建及应用[M]. 上海:上海外语教育出版社.

施家炜,2002. 韩国留学生汉语句式习得的个案研究[J]. 世界汉语教学(4):34-42.

吴伟英,1999. 个案分析在第二语言习得研究中的应用[J]. 山东外语教学(4):70-74.

张丽虹,2017. 概念迁移视角下的日语移动动词习得研究:以复合动词为中心[J]. 解放军外国语学院学报(1):115-123.

张楠,2019a. 基于KY语料库的日语复合动词误用分析[J]. 日语教育与日本学(1):111-122.

张楠,2019b. 日语复合动词的避用研究及教学启示[J]. 日语教育与日本学(2):66-77.

影山太郎,1993. 文法と語形成[M]. 東京:ひつじ書房.

何志明,2009. 香港の日本語学習者の複合動詞習得の現状[J]. 北研学刊(5):105-115.

白以然,2005. 複合動詞「～出す」・「～始める」の習得:韓国語を母語とする学習者の意識を中心に[J]. 人間文化論厳(18):307-315.

白以然,2007. 韓国語母語話者の複合動詞「～出す」の習得:日本語母語話者と意味領域の比較を中心に[J]. 世界の日本語教育(17):79-91.

姫野昌子,1999. 複合動詞の構造と意味用法[M]. 東京:ひつじ書房.

松田文子,2004. 日本語複合動詞の習得研究:認知意味論による意味分析を通して[M]. 東京:ひつじ書房.

森田良行,1978. 日本語の複合動詞について[J]. 講座日本語教育(14):69-86.

CORDER S P, 1967. The significance of learners' errors[J]. International review of applied linguistics(5):161-170.

DE GROOT A M，ANNETTE M B，1992. Determinants of word translation［J］. Journal of experimental psychology：learning，memory & cognition(18)：1001-1018.

作者简介

姓名:李强

性别:男

单位:西安外国语大学日本文化经济学院

学历:硕士研究生在读

职称:无

研究方向:二语习得、日语教育

通信地址:陕西省西安市长安区文苑南路1号西安外国语大学72信箱

邮政编码:710128

电子邮箱:17809212730@163.com

姓名:周思源

性别:男

单位:西安外国语大学日本文化经济学院

学历:硕士研究生在读

职称:无

研究方向:语言学、翻译学

通信地址:陕西省西安市长安区文苑南路1号西安外国语大学72信箱

邮政编码:710128

电子邮箱:2242892989@qq.com

日语分离破坏类动词的语义范畴及区别使用研究*

A Study on Semantic Categorization and Usage of Cutting and Breaking Verbs in Japanese

王　钰

摘　要：本文比较分析了分离破坏类动词「切る」「割る」「裂く」的语义范畴，并探讨了日语母语者和中国高级日语学习者的使用差异及原因。研究发现：①此类动词表示的分离破坏事件可看成一个连续体，「切る」更接近 CUT 系动词，「割る」「裂く」更接近 BREAK 系动词，受语义核心影响，呈现出不同的语义特征和语义范畴；②母语者和学习者在共现搭配名词和动词的区别使用标准层面上存在差异；③学习者受汉语分离破坏类动词的区别使用标准影响，产生概念负向迁移。

关键词：分离破坏事件；范畴化；语义核心理论；中国高级日语学习者；对应分析

Abstract: In this paper, we examine the semantic categories of *kiru* "cut", *waru* "snap-smash", *saku* "tear", which are generally labeled cutting and breaking verbs in Japanese, and investigate how Japanese native speakers and Chinese advanced learners sort out the relations and differences among the verbs belonging to the same semantic domain. The results revealed that (1) The cutting and breaking events can be viewed as a continuum, with *kiru* being closer to the CUT verb class and *waru*, *saku* being closer to the BREAK verb class. With the influence of the semantic core, semantic features and semantic categories show differently from each other. (2) There are differences between native

---

* 本研究得到日本大阪大学『「社会と知の統合」を実現するイノベーション博士人材フェローシップ』科研经费的资助。本文曾在第 13 届汉日对比语言学研讨会上发表，与会专家惠赐了宝贵的意见，谨此致谢。行文疏漏之处，责任悉由作者自负。

speakers and learners in the level of usage of co-occurring nouns and differentiation criteria for the verbs. (3) Learners are influenced by the perception about differentiation criteria of cutting and breaking verbs in Chinese, for which reason the negative linguistic transfer occurs.

Keywords: cutting and breaking events; categorization; core theory; Chinese advanced learners of Japanese language; correspondence analysis

1 引言

在现代日语中,表示分离破坏事件(cutting and breaking events)的动词「切る」具有极其丰富的语义,并且有着复杂的语义范畴。近年来,国内外语言学界主要从原型范畴化和模式范畴化等观点分析了「切る」的多种语义的关联性及其语义结构(森山,2012;栗田,2018;王鈺,2021a)。然而,在研究语义范畴化的过程中,除了需要阐明词的内在语义结构,分析语义范畴的外部边界性质也很有必要,也就是该动词在什么样的语义范围内可以被使用。另一方面,在日语教育中,像「切る」这样的多义动词,因其语义繁多和语义边界不明确的特点,学习者很难在使用时将其与同属于分离破坏类动词体系下的类义词「割る」「裂く」加以区分,也难以找到母语中的对应关系。可以说,学习者往往没有有效习得与母语者相同的区别使用标准。

因此,本文从认知语言学的视角出发,采用定性分析和定量调查结合的方式进行分析。首先,第4节通过日语母语者使用的实例,比较「切る」与类义词「割る」「裂く」的语义特征和语义范畴,明确「切る」「割る」「裂く」在整个分离破坏事件体系中所处的位置,阐明母语者是如何将3个动词相互区分使用的。其次,第5节通过分析中国高级日语学习者与日语母语者在「N+を+分离破坏类动词」句式上的搭配使用情况,指出学习者与母语者在共现搭配名词及特征层面上存在怎样的共性与差异。最后,第6节进一步指出两者在动词区别使用标准层面上的差异,并与汉语分离破坏类动词的区别使用标准对比,进而明确学习者的母语概念迁移机制,以期对今后的日语教学产生一定的启示作用。

2 研究背景

2.1 分离破坏事件的定义及本文的立场

目前,对分离破坏事件最具有代表意义的开创性研究当数 Majid et al.(2008)。该研

究将分离破坏事件定义如下：

> Everyday events involving a "separation in the material integrity of an object".
>
> （Majid et al.，2008：236）

这里需要关注的一点是定义中的"物质完整性"（material integrity）。Majid et al.（2008）的定义侧重于物理连续体的分离破坏事件，本文称之为狭义层面上的定义。然而，分离破坏类事件的受事对象不一定局限于物理上的连续体。

(1)a. 太郎は<u>リンゴ</u>を切る。(切断义)

　　 b. 司会者は<u>トランプ</u>を切る。(混合义)

　　 c. 船は<u>波</u>を切る。(横贯义)

　　 d. スピードは<u>10秒</u>を切る。(突破义)

比如在例句(1)b中，「トランプ」被认知主体视为主观上的连续体，通过改变或打破由卡片上的数字和标记形成的稳定的秩序性，使其变得混乱无序，这样的事件也可以被认定为一种分离破坏事件。同样，例句(1)c和例句(1)d都表示改变或打破宾语对象物原有的结果状态，故而也可以被划分进分离破坏事件的范畴。因此，本文采用与 Majid et al.(2008)不同的立场，对分离破坏类事件提出一个更广泛的定义，即该事件既包含物理上的基本义，如例句(1)a；也包含引申义，如例句(1)b、例句(1)c和例句(1)d等。

2.2　分离破坏事件的范畴化研究及问题点

分离破坏事件相关的范畴化研究主要分为多语言对比研究和二语习得研究。在多语言对比研究中，洪春子(2020)说明了中、日、韩3种语言在分离破坏事件分类上的共性与差异，指出日语和韩语都存在一个使用范围非常广泛的动词(如日语的「切る」和韩语的「자르다」)，能在描述多种不同场景的事件时使用，而汉语则更倾向于对不同的事件区别使用不同的动词。然而，洪春子(2020)的分析更侧重于具体事件类型的划分，对于该事件所使用的分离破坏类动词本身的语义范畴和语义特征没有做出详细的说明。

而在习得研究中，松田(2000)调查了日语学习者对动词「割る」的使用情况，并从学习者误用的角度，与「切る」和「分ける」的语义范畴进行对比分析，指出即使是高级学习者，对这3个动词的语义差异的认识也并不明确，无法正确区别使用「割る」和与其语义上有交叉的词汇。但是松田(2000)对「割る」的分析局限在了个别搭配词上，没有指明「割る」所属的动词类别，没有从该类动词的体系上整体把握其语义特征和语义范畴化。同时，虽然松田(2000)指出了母语的介入是二语习得中不可避免的影响因素，但没有与

学习者母语中的相应动词进行对照,该类动词在母语影响下的概念迁移的具体机制仍有待研究。

　　本文选取洪春子(2020)的实验中除「切る」以外母语者使用频率最高、语义范围广,同时也是学习者容易出现误用的「割る」「裂く」作为比较对象。基于以往研究中遗留的问题点,提出以下疑问:第一,同属于分离破坏类动词体系下的「切る」「割る」「裂く」各自有着怎样的语义特征和语义范畴?第二,学习者和母语者在该类动词的使用倾向上呈现出怎样的差异?第三,为什么会出现这样的差异?针对这些问题,下文将展开具体的调查与分析。

3　调查方法

3.1　调查对象

　　本文以日语母语者(以下简称"JNS")和中国高级日语学习者(以下简称"高级CJL")各50名为调查对象。其中,JNS为日本大学在读本科生,非外语或语言学专业(平均年龄20岁,SD=1.9);高级CJL为中国大学日语专业在读本科生(平均年龄21岁,SD=2.3)。此外,为了控制高级CJL的日语水平在一定范围内,参与调查的高级CJL仅限于取得日本语能力测试(Japanese-Language Proficiency Test,JLPT)N1级(120—160分)且没有赴日留学经历的学习者。

3.2　调查数据

　　为了收集数据,我们对上述调查对象进行了一次"回忆实验"(recall experiment)。受试者被要求按照他们回忆的顺序,使用动词「切る」「割る」「裂く」①各写出5个句子。他们还被要求尽可能地添加必要的上下文语素,以便能够清楚地判别句子中动词表达的语义。本文主要关注「N＋を＋分离破坏类动词」句式中的搭配使用情况,将收集到的数据汇总成表1。

---

① "*saku*"有「裂く」和「割く」2种常见表示字形。基于日本国立国语研究所开发的数据库『基本動詞ハンドブック』(https://verbhandbook.ninjal.ac.jp/),本文将「裂く」和「割く」看作一个多义词,表示不同语义时使用不同字形。在收集例句时,我们告知了受试者「裂く」和「割く」这2种字形皆可使用。

表1 「N＋を＋分离破坏类动词」的搭配使用情况

搭配	JNS（50人）			高级CJL（50人）		
	Tokens	Types	R[1]	Tokens	Types	R
「N+を＋分离破坏类动词」	592/61.51[2]	169/17.56	2.24	448/57.75	93/11.99	1.58
「N＋を＋切る」	237/24.62	76/7.90	1.59	177/22.82	43/5.54	1.16
「N＋を＋割る」	176/18.29	55/5.71	1.33	150/19.33	28/3.61	0.82
「N＋を＋裂く/割く」	179/18.60	38/3.95	0.91	121/15.60	22/2.84	0.72

整体上,JNS和高级CJL在「N＋を＋切る」这一句式搭配中N的Types的相对频率值均高于「N＋を＋割る」和「N＋を＋裂く/割く」。而在体现词汇多样性的数值R上,JNS的R值均高于高级CJL。这表明,相比JNS在该类搭配中的共现名词的使用上呈现出的多样性,高级CJL呈现出频繁地使用有限数量搭配的倾向。

4 「切る」「割る」「裂く」的语义特征和语义范畴

4.1 「切る」「割る」「裂く」的语义特征和语义核心

要考察JNS和高级CJL的语义范畴和区别使用差异,本文认为首先应当明确母语者是如何理解使用分离破坏类动词的。基于上述调查数据,本节从JNS的数据中统计出分别与「切る」「割る」「裂く」3个动词搭配次数较高的前15个共现名词。结果如表2所示。

表2 JNS数据中的高频共现词

频度顺序	JNS-切る	JNS-割る	JNS-裂く・割く
1	髪	皿	時間
2	紙	式・数字	チーズ
3	縁	卵	紙

---

① Guiraud（1954）提出的R值表示词汇的多样性,其计算公式为 $R = \dfrac{Types}{\sqrt{Tokens}}$。本文中的R反映的是上述各项搭配中N的词汇多样性。

② 在表1中,/左边数值是指上述各项搭配中N的绝对频率,/右边数值是指调整后的相对频率(绝对频率÷文本总词数×1000)。

续　表

频度顺序	JNS-切る	JNS-割る	JNS-裂く·割く
4	野菜	薪	布
5	指	西瓜	人手
6	電話	ガラス	仲
7	電源	瓦	労力
8	トランプ	腹	魚の腹
9	関係	風船	雲
10	切符	酒	空間
11	風	定員	闇
12	爪	割り箸	木
13	秒	殻	関係
14	白	食事代	小遣い
15	敵	煎餅	肉

　　由表2可知，超过40%的搭配表达了物理上的分离破坏事件，即动词的基本义。通过以下例句，我们比较了3个动词所表达的物理分离破坏事件的特点。

　　（2）カッターで紙を切った。（JNS_03①）

　　（3）ハンマーで皿を割る。（JNS_16）

　　（4）手でチーズを裂いて少しずつ食べた。（JNS_09）

　　如例句（2）所示，「切る」表示的典型动作通常为：施事在决定将物体的某一点作为分离点后，使用锋利的工具对物体施加集中的力，使其瞬间断开，丧失原有的连续体的性质状态②。在这种事件中，由于使用了剪刀等锋利的工具施行精确的分离动作，故而结果状态开始发生变化的分离点具有非常高的可预测性。相比之下，例句（3）中「割る」所指向

---

① 在收集例句时，我们对JNS和高级CJL的受试者分别进行编号，如JNS_03表示例句来源于JNS组中的第3个受试者。其余未表明出处的例句均为笔者作例。

② 虽然在实际使用中也存在着「ノコギリで木材を切る」「髪をチョコチョコと斜めに合わせるように切ります」这样并非瞬间分离的场景，但是根据以往研究和本文的语义分析，这些用法并不是「切る」的原型语义，用法不具有概念上的典型性。此外，在本文的实验中，50名母语者根据回忆顺序写出的例句中也没有出现以上用法，不具有使用上的典型性。由此在一定程度上可以说明，瞬间性是「切る」的原型语义中的重要要素。

的动作虽然也可能伴随工具的使用,但与「切る」所表示的事件相比,工具格存在的必要性较低,且多为「ハンマー」这样的钝器或针状物。此外,「割る」表示的事件中,分离点的位置和数量很难预测,如例句(3)中的「皿」可能会形成多处断面和碎片,动作呈现极强的破坏倾向。而例句(4)中的「裂く」在断点的低预测性和动作的破坏性这一点上与「割る」有着共同之处。但是,与「切る」「割る」不同的是,「裂く」表示的事件中,通常不会伴随工具格的出现,施事大多直接使用手对物体进行分离。也正因为动作方式的不同,「裂く」的动作显现出"力的渐进性"的特点,这与「切る」「割る」的动作所呈现出的"力的瞬间性"这一特点有所不同。

由此本文提出一个假设:可将分离破坏事件看作一个事件连续体,由分离性强的CUT系事件逐步向破坏性强的BREAK系事件过渡。在表示分离破坏事件的动词中,强调动作方式和样态语义特征的「切る」更接近CUT系动词,而动作导致的结果状态的语义特征较强的「割る」「裂く」更接近BREAK系动词。此外,本文沿用王钰(2021b)的分析视角,从力的角度出发,把3个动词的语义特征整理归纳成4个侧面:A"力的作用方式"、B"施加力的工具"、C"力所施加的对象"、D"力导致的状态变化"。其中,依据状态变化的"起点—过程—结果"这一概念结构,特征D还包含3个下位概念。有关语义特征的具体记述如表3所示。

表3　分离破坏类动词的语义特征

动词	A 力的作用方式	B 施加力的工具	C 力所施加的对象	D 力导致的状态变化		
				D1 分离位置的可预测性	D2 状态变化的过程	D3 状态变化的结果
切る	施事使用集中的力施加于受事的某一点,作为分离点	锋利的工具	质地软硬皆可(无明显偏向)	高	分离位置在力的作用下瞬间产生	分离性(CUT系事象)
割る	施事使用分散的力分别施加于受事的两端	钝器/针状物/手	质地软硬皆可(硬物占优势)	低	分离位置在力的作用下瞬间产生	破坏性(BREAK系·snap-smash事象)
裂く	施事使用渐进的力向受事逐渐施加	手	质地软硬皆可(软物占优势)	低	分离位置在力的作用下逐渐变化	破坏性(BREAK系·tear事象)

表3显示,「切る」「割る」「裂く」在上述语义特征方面各有不同之处。然而,上述语义特征皆是基于描述物理分离破坏事件的具体语境归纳得出的。田中(1990)提出语义核心理论(core theory),指出在探讨类义词间的关联性和差异化时,不应区分词的原义和引申义,而是应该将语义进行因式分解,从中提取出作为最大公约数的语义,即各语义特征的共通点。田中(1990)将这一共通点称为"词的语义核心"。因此,依据田中(1990)的观点,本文认为「切る」「割る」「裂く」之所以出现以上语义特征层面的不同,本质上是因为这3个词的语义核心有差异。接下来,本文基于语义核心理论,探讨「切る」「割る」「裂く」的语义核心,以图示化的形式加以记述(见图1)。

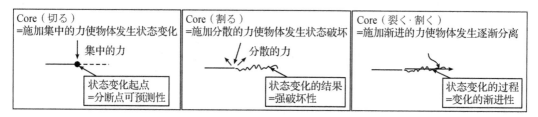

图1　分离破坏类动词的语义核心图示

从语义核心图示可以看出,这3个动词的语义核心都表示在力的作用下,使用分离破坏动作使物体的初始状态发生改变,即致使物体丧失连续体状态。但是侧重的焦点有所不同。「切る」表示的事件中,由于使用了集中的力和锋利的工具,分离点具有很高的可预测性,换言之,焦点集中在状态变化的起点。关于「割る」,松田(2000)指出「割る」这一动作带有明显的使物体破损的意志。本文也从例句中观察得出,「割る」在3个动词中,动作的结果破坏性最强,故而其焦点化要素为状态变化的结果。而「裂く」表示的事件中,由于力的施行具有明显的渐进性的特点,分离位置也是在力的作用下逐渐发生变化。这表明,在「裂く」的语义核心中,状态变化的过程被置于焦点处。

4.2　「切る」「割る」「裂く」的语义范畴

语义核心理论还强调:词的语义核心承担着限制语义范畴的功能,如果动词的核心不同,即使在和同一个词共现的情况下,也表达着不同的语义或强调着不同的语义特征,并且语义也会朝着不同的方向延伸扩展。本文基于此观点,接下来继续使用JNS的语料论述语义核心是如何限制语义范畴的。

图2反映「切る」「割る」「裂く」在分离破坏事件体系中的语义分布情况。其中,语义域A、B、C是3个动词各自独有的语义范畴,显示着各自语义特征的焦点化;而语义域D、E、F、G是语义范畴相互重叠的部分。本文从JNS的语料中选用3个动词使用相同或相似

共现搭配词时的用法进行对比分析,探讨在同样的搭配下,3个动词的语义各自朝着怎样的方向发展,是否均受到核心语义的限制。

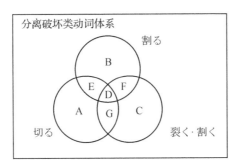

图2　「切る」「割る」「裂く」的语义范畴

（5）a. 医者さんはメスで腹を切る。(JNS_26)

　　b. 腹を割って話してみよう。(JNS_05)

　　c. 魚の腹を裂いた。(JNS_01)

首先来分析3个动词共有的语义域D。如例句(5),「切る」「割る」「裂く」都可以与身体部位词「腹」共同出现。然而,例句(5)a表示的是用外科手术刀在切口处施加集中的力。例句(5)b则被作为一个比喻性的惯用语使用,这是因为「割る」对物体施加的力倾向于一种分散的力。通过对物体的两端分别施加力的作用,将物体分成两部分,揭露出隐藏在表面下的事物,进而引申出"推心置腹,开诚布公"之义。而在例句(5)c中,「裂く」虽然也与「腹」搭配,但通常是与动物的「腹」共同出现的,如例句(5)c中的「魚の腹」。由于「裂く」指代的动作中,力的施行具有渐进性,分离点不是瞬间产生的,动作缺乏程序上的秩序性和精确度,故通常不能和人的「腹」搭配使用。

（6）a. 収容人数の7割を切る。(JNS_33)

　　b. 募集人数が定員を割る。(JNS_25)

（7）a. 100メートル走で10秒を切った。(JNS_25)

　　b. *100メートル走で10秒を割った。

接着,在「切る」「割る」共有的语义域E中,存在着与数值/标准搭配的用法。如例句(6)所示,「切る」「割る」都可与表示规定人数的词共同出现。但是,由于「割る」的语义核心具有强烈的结果破坏性这一消极的语义特征,「割る」不能用于例句(7)这样表达正面评价的"突破义"的情况中。也就是说,由于核心的限制,「割る」的语义引申止步于"低于"。

（8）a. 毎回ゲームの前に、トランプを切る。(JNS_08)

　　b. アルコールをソーダで割って飲む。(JNS_01)

此外,在例句(8)a中,「切る」和「トランプ」搭配表达"混合义"。而在例句(8)b中,「割る」也包含使物质混合的语义,但与「切る」将一个主观上的连续体打乱混合不同,「割る」是将不同的物质进行混合,如例句(8)b中的「アルコール」和「ソーダ」。并且,由于共现名词多为2种不同的液体类物质,语义向"稀释义"进一步延伸。这与「割る」的语义核心中包含的"力的分散性"的特征有关,2种物质在力的作用下混合后,作用力逐渐向外扩散的语义意象能够被认知主体唤起。而「切る」的语义核心中包含的"力的集中性"的特征则很难唤起这样的语义意象,所以语义的延伸只停留在了"混合义"上。

(9)a. 友達3人で<u>食事代</u>を割った。(JNS_43)

　　b. 旅行中の<u>食事代</u>などの費用を割く。(JNS_43)

(10)a. *チームメンバーと<u>時間</u>を割る。

　　b. 新人の教育に<u>時間</u>を割いた。(JNS_01)

另一方面,在「割る」「裂く」共有的语义域F中,两者都可以与表示金钱、费用等抽象物的词搭配,但表示的语义有很大的区别。如例句(9)a在动词是「割る」的情况下,表示将宾语对象物「食事代」进行均分,共同分担费用,也就是常说的AA制。而例句(9)b在动词是「割く」的情况下,表示的是从整体费用中分离出特定的一部分,留作某种用途。这与「割く」的语义核心中包含的"渐进分离"的语义特征相符合。而像例句(10)这样,当与不可数的抽象名词「時間」「空間」等搭配时,因共现名词的不可数性,难以唤起均分的语义意象,故而与「割る」的搭配不成立。

综合以上分析,「切る」「割る」「裂く」这3个动词虽都属于分离破坏类动词体系,但具有不同的语义核心。语义核心既控制着动词的语义范畴的动态扩展,也使类义词呈现不同的语义特征,进而构成了一个CUT-BREAK事件连续体。尽管日语母语者在日常中很难意识到语义核心这一极其抽象的概念的存在,但是他们在使用动词时,往往会在无意识中按照动词的语义核心来捕捉语义范畴,控制语义的延伸方向,从而表达不同的事件特征。

5　母语者和学习者的搭配使用差异

为了把握学习者在分离破坏类动词的使用上与母语者有着怎样的差异,本节首先从搭配词的层面上进行分析,统计出了高级CJL数据中分别与3个动词搭配次数较高的15个共现名词,与第4节中JNS的数据汇总成表4进行对比;其次,为了更加直观地看到共现倾向上的差异,本节采用对应分析(correspondence analysis)的计量方法,将"JNS/CJL-

动词"作为联列表的行，"共现搭配词"作为列①，得到了图3的散点图。

　　分析结果证实，由2个维度的累积贡献率（contribution rate）可以得出，图3所示结果可以解释的程度高于50%，具有较高的可信度。从搭配词分布的总体差异来看，散点图的左侧分布着「切る」和它的搭配词，右侧分布着「割る」和它的搭配词、「裂く」和它的搭配词。而JNS和高级CJL的数据并没有均匀地分布在左右两侧。这说明整体上搭配词在动词间的差异比语言使用者间的差异更大。

表4　JNS和高级CJL数据中的高频共现词对比

频度顺序	JNS-切る	CJL-切る	JNS-割る	CJL-割る	JNS-裂く	CJL-裂く
1	髪	野菜	皿	ガラス	時間	紙
2	紙	西瓜	式・数字	時間	チーズ	花
3	縁	紙	卵	茶碗	紙	時間
4	野菜	ケーキ	薪	皿	布	本
5	指	リンゴ	西瓜	人数	人手	糸
6	電話	肉	ガラス	卵	仲	シーツ
7	電源	期限	瓦	紙	労力	パン
8	トランプ	木	腹	胡桃	魚の腹	腹
9	関係	話	風船	式・数字	雲	布
10	切符	縁	酒	ケーキ	空間	関係
11	風	薪	定員	木	闇	饅頭
12	爪	時間	割り箸	腹	木	皮
13	秒	敵	殻	口	関係	感情
14	白	水気	食事代	酒	小遣い	肉
15	敵	パン	煎餅	関係	肉	土地

---

① 联列表（频率表）中的"列"为共现搭配词，排除了表4中重复的词，总共有61个搭配词用于分析；"行"为JNS-切る、CJL-切る、JNS-割る、CJL-割る、JNS-裂く、CJL-裂く6种，反映动词和语言使用者（母语者和学习者）这2个变量。采用对应分析法可以同时把握共现搭配词在2个变量间的关系。（小林，2017）

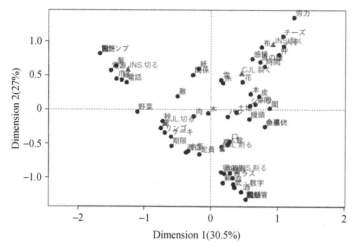

图3　分离破坏类动词的搭配词对应分析的结果

　　接下来,分别具体分析动词间的差异和语言使用者间的差异。从动词间的差异来看,「切る」的搭配词分布在左侧,而「割る」和「裂く」分布在右侧,这表明「割る」和「裂く」在搭配词上显示出更加相似的特性,而与「切る」则有明显差异。这一点也证实了本文上一节提出的「切る」属于动作的方式性强的CUT系动词,「割る」和「裂く」同属于动作的结果破坏性强的BREAK系动词这一观点。

　　从语言使用者间的差异来看,JNS-切る和CJL-切る虽然都位于散点图左侧,但是所处的象限有所不同,分别分布在第2象限和第3象限,而JNS-裂く和CJL-裂く都分布在第1象限,JNS-割る和CJL-割る都分布在第4象限。表5概括了各自的搭配词及其特征。

表5　JNS和高级CJL的分离破坏类动词的搭配词及其特征

象限	语言使用者+动词	搭配词	特征
1	JNS-裂く	仲、人手、劳力、時間、空間、チーズ、布	抽象物,用作某种用途
	CJL-裂く	土地、花、皮、本、糸、シーツ、闇、雲	自然物,物质间的分离
2	JNS-切る	爪、髪、紙、切符、トランプ、電源、電話、縁、関係、敵	身体部位词,丧失终止功能用法
3	CJL-切る	肉、野菜、西瓜、リンゴ、ケーキ、秒、期限、定員	食物相关词,数值/标准相关用法
4	JNS-割る	酒、式・数字、皿、割り箸、薪、風船	工具多样,除法,稀释义用法
	CJL-割る	腹、口、パン、饅頭、人数	工具格只为"手",惯用句

由表5可知，在第2象限中，构成JNS-切る特点的搭配词包括一些身体部位词，如「爪」「髪」，表示基本的"切断义"，以及「電源」「電話」等抽象连续体，表示"断开连接以终止某种功能"的用法。相比而言，在第3象限中，高级CJL-切る也包含水果、蔬菜等表示"分离义"的搭配。不同的是，还有着相对较多的与数值/标准相关的用法。在这些搭配中，「期限を切る」的出现次数相当多，但从例句（11）的语境来看，大部分高级CJL将其误用成"超过某期限"，而没有使用如例句（12）"设置一个期限"的正确用法。这表明高级CJL虽然知道「切る」有与数值/标准搭配表示"突破义"的用法，但是对"将时间连续体分离，以设置一个期限"的用法理解不足。

（11）＊あら，宿題の提出期限を切った。どうしよう。（CJL_08）

（12）期限を切って課題に取り組む。（JNS_37）

另一方面，对于「割る」和「裂く」，高级CJL和JNS的分布在象限上保持一致，但是仍然可以发现具体搭配词存在一些特征上的差异。在第1象限中，JNS-裂く的搭配词多为抽象物，更多地表示从抽象物分离出其中的一部分，以作为某种用途的用法；而高级CJL-裂く的搭配词则更倾向于自然物，表示使自然物的物质间距变大以实现分离的用法。在第4象限中，JNS-割る的搭配里，工具格的出现次数较多，多种类型的工具都有出现，并且"除法"和"稀释义"的高频出现也是JNS-割る搭配的一大特征；而在CJL-割る的搭配中，工具格的使用较少，惯用语出现的次数较多，但是存在一些如例句（13）这样错误使用惯用语的情况。

（13）＊医者さんは患者の腹を割った。（CJL_29）

6　母语者与学习者的动词区别使用差异

第5节分析了搭配词层面的差异化，本节将从动词区别使用标准层面进一步探讨JNS和高级CJL间存在怎样的差异，以及差异产生的原因。

在汉语中，也存在着与「切る」「割る」「裂く」相对应的分离破坏类动词，但是这些词往往只能表达最基础的物理上的"分离义"，且根据不同的分离破坏事件，需要使用相应的动词。比如「野菜/紙/木を切る」所表示的事件在汉语中分别对应"切""剪""砍"3个不同的动词。换而言之，汉语在分离破坏类动词的划分上更加细致，缺乏像「切る」这样语义丰富且在许多不同类型的事件下皆可使用的动词。因此，本文推测中国学习者在学习日语中的这一类动词时，往往不是受到母语中个别具体的词的语义影响，而是受到了该类事件体系整体中的动词区别使用标准这一概念层级上的影响。

为了证实这一猜想,本节分别确认JNS和高级CJL对日语分离破坏类动词各自的区别使用标准,如表6所示。

表6　分离破坏类动词的区别使用标准

区别使用标准		语义特征	切る	割る	裂く
JNS	JNS1	A力的作用方式	施事使用集中的力施加于受事的某一点,作为分离点	施事使用分散的力分别施加于受事的两端	施事使用渐进的力向受事逐渐施加
	JNS2	D1分离位置的可预测性+D3状态变化的结果	分离性(CUT系事象)	破坏性(BREAK系·snap-smash事象)	破坏性(BREAK系·tear事象)
	JNS3	D2状态变化的过程	分离位置在力的作用下瞬间产生	分离位置在力的作用下瞬间产生	分离位置在力的作用下逐渐变化
高级CJL	CJL1	B施加力的工具	有	无①	无
	CJL2	C力所施加的对象	皆可	硬	软

在第4节从力的角度提出的4个语义特征中,JNS在语义特征A"力的作用方式"和D"力导致的状态变化"方面,动词的使用呈现出明显的差异。而语义特征D又包含3个下位概念。其中,D1"分离位置的可预测性"和D3"状态变化的结果"呈现相同方向的变化,因而可以把它们视为同一参数。可以总结得出,JNS的区别使用标准共有3个,分别为JNS1、JNS2、JNS3。

相比而言,从高级CJL的搭配例中可以发现,高级CJL在使用「切る」时,工具格的出现次数非常多,而在使用「割る」「裂く」时,则几乎没有工具格。在「割る」「裂く」的差异上,「割る」的搭配词基本为质地较硬的物体,「裂く」的搭配词基本为质地较软的物体。因此,JNS在语义特征B"施加力的工具"和C"力所施加的对象"方面对动词的使用呈现出明显的差异。可以总结得出,高级CJL的区别使用标准共有2个,分别为CJL1和CJL2。

Chen(2007)通过实验证明,汉语在区分分离破坏类动词时,往往将工具的使用有无、使用方式,以及对象物的特征作为标准。这与上述提出的高级CJL区别使用日语分离破坏类动词时呈现的标准倾向有共通之处。由此可以证明,"高级CJL在学习日语「切る」

---

① 表6中高级CJL对应的「切る」「割る」「裂く」的语义特征是基于高级CJL区别使用标准下的判断结果,非JNS区别使用标准下的判断结果。如「割る」可以搭配工具格使用,但高级CJL认为不能,因此表格中使用"无"标记。

「割る」「裂く」等分离破坏类动词时,母语中对应事件的动词区别使用标准往往会发生概念上的负向迁移[1],影响学习者获得与母语者一致的使用标准"这一观点具有合理之处。图4显示了JNS和高级CJL的区别使用标准,以及高级CJL的母语概念迁移机制。这一概念迁移机制也在一定程度上解释了诸如例句(14)—(16)等误用产生的原因。

(14)？斧で薪を切る。(CJL_27)

(15)？土地を割る。(CJL_33)

(16)*医者さんは腹を裂いた。(CJL_13)

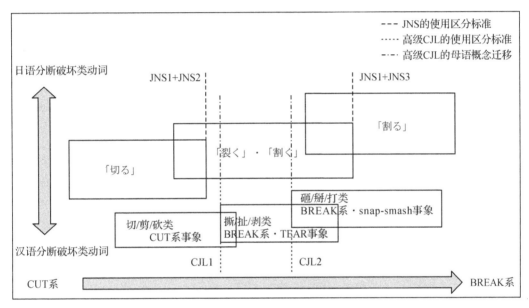

图4　分离破坏类动词的区别使用及高级CJL的母语概念迁移机制

7　结语

本文采用语义核心理论作为理论框架,将分离破坏事件看作一个CUT-BREAK事件连续体,指出了「切る」「割る」「裂く」在该事件体系中的分布位置,即「切る」更接近CUT系动词,「割る」「裂く」更接近BREAK系动词。3个动词的语义特征和语义范畴之所以呈现差异化,本质上是由于语义核心不同。此外,本文从语言习得的角度,在共现搭配名词

---

[1] 概念迁移(linguistic transfer)指的是学习者在学习新的语言时,已经习得的语言与新的语言会在语音、形态、语义等方面相互影响。这种影响大致可以分为2种类型:正向迁移(positive transfer)和负向迁移(negative transfer)。当已经习得的旧语言有助于新语言的学习时,称为"正向迁移";当旧语言干扰阻碍新语言知识的正确掌握时,则称为"负向迁移"。

和动词区别使用标准这2个层面上,分析了高级CJL和JNS的使用差异;并且通过与汉语分离破坏类动词的区别使用标准对照,探讨了高级CJL的母语迁移机制,这一机制对学习者正确掌握理解分离破坏事件的特征、动词的语义范畴及区别使用标准造成影响,从而导致学习者即使在知道动词词义的情况下也会误用。

　　本文具有较高的实证性。在上述分析中,定性分析和定量调查的研究方法相辅相成,基于语义核心理论的CUT-BREAK事件连续体假说,为后续的定量可视化分析提供了理论标准,定量分析又进一步证明了理论假说的可行性。本文作为认知语言学和日语教育间的过渡性研究,对今后的日语教学具有一定的启示和实践指导意义。

参考文献

王鈺,2021a. 中国人日本語学習者と日本語母語話者における多義動詞「切る」のカテゴリー構造比較:心理実験により意味分析の結果を検証する[J]. 言語文化研究プロジェクト2020テキストマイニングとデジタルヒューマニティーズ:75-96.

王鈺,2021b. 分離・破壊事象を表す動詞「切る」のカテゴリー構造とその習得:力動性のモデル・心理実験・コーパスデータに基づく検討[J]. 日本言語学会第163回大会予稿集:136-142.

大野晋,浜西正人,1981. 角川類語新辞典[M]. 東京:角川書店.

栗田奈美,2018. 視覚スキーマを用いた意味拡張動機づけの分析:完遂を表す複合動詞「〜きる」「〜ぬく」「〜とおす」の場合[M]. 横浜:春風社.

小林雄一郎,2017. Rによるやさしいテキストマイニング:機械学習編[M]. 東京:オム社.

洪春子,2020. 日韓中の「切る・割る」事象における語彙カテゴリー化の対照研究[J]. 言語研究(158):63-89.

田中茂範,1990. 認知意味論:英語動詞の多義の構造[M]. 東京:三友社出版.

松田文子,2000. 日本語学習者による語彙習得:差異化・一般化・典型化の観点から[J]. 世界の日本語教育:日本語教育論集(10):73-89.

森山新,2012. 認知意味論的観点からの「切る」の意味構造分析[J]. 同日語文研究(27):147-159.

CHEN J, 2007. He cut-break the rope: encoding and categorizing cutting and breaking events in Mandarin[J]. Cognitive linguistics(2):273-285.

GUIRAUD P, 1954. Les caractéres statistiques du vocabulaire [M]. Paris: Presses

Universitaires de France.

MAJID A，BOSTER J S，BOWERMAN M，2008. The cross-linguistic categorization of everyday events：a study of cutting and breaking[J]. Cognition(2)：235-250.

作者简介

姓名：王钰

性别：女

单位：大阪大学人文学研究科

学历：博士研究生在读

职称：无

研究方向：认知语言学

通信地址：日本大阪府丰中市待兼山町1-8

邮政编码：560-0043

电子邮箱：wangyu_ogyoku@yahoo.co.jp

试论近代解剖学词汇「～膜」的形成
与中日医学交流

The Formation of Modern Anatomical Vocabulary "–maku" and the Medical Communication Between China and Japan

颜佳婷

摘　要：18世纪中叶，日本通过荷兰语学习西方近代思想和科学技术，兰学翻译应运而生。当时的兰学家已经注意到科技术语的翻译问题，以《解体新书》为代表，兰学译作成果颇丰。综观中日词汇交流史研究，与兰学译词相关的研究尚存有待深入的领域。本文以《解体新书》中使用的「～膜」类词汇为考察对象，试图厘清该类词汇的形成与交流过程。

关键词：解剖学；术语；兰学；《解体新书》；中日交流

Abstract: In the middle of the 18th century, Japan studied modern Western thought and science and technology through Dutch, and orchid translation came into being. At that time, orchidologists already paid attention to the translation of scientific and technological terms, and orchidological translations were fruitful, represented by *Kaitai Shinsho* (*New Book of Anatomy*). Throughout the research on the history of Sino-Japanese lexical exchange, there are still areas of research related to the translation of orchidology that need to be deepened. This article pays attention to the vocabulary of "–maku" which created in *Kaitai Shinsho* (*New Book of Anatomy*).

Keywords: anatomy; medical terms; dutch studies; *Kaitai Shinsho*; Sino-Japanese communication

1 日本解剖学发展简史

希腊解剖学家赫罗菲拉斯(Herophilus,前320—?)被称为西方"解剖学之父",在亚历山大里亚工作,曾公开进行了600多次活体解剖。1543年,安德烈·维萨里(Andreas Vesalius,1514—1564)出版的《人体构造》(1543)确立了科学的解剖学,奠定了近代解剖学的基础。

日本最早关于解剖的记载可见于《日本书纪》。江户时期是日本接受西方解剖学的重要阶段,这一时期日本的解剖学著作包括杉田玄白等人翻译的《解体新书》、大槻玄泽的《重订解体新书》等。1754年,山胁东洋(1706—1762)在京都六角的狱舍中进行了日本历史上第一次以医学研究为目的的人体解剖。他将此次解剖的过程及观察记录在《脏志》(1759)一书中。该书是日本最早的一部人体解剖观察记录,证实了兰学关于人体解剖描述的正确性,给当时日本医学界带来了极大的震动。1772年,日本第一部西方解剖学译著《和兰全躯内外分合图》(1772)刊印,其底本为德国解剖学家雷梅林(Johann Remmelin,1583—1632)所著的 *Pinax Microcosmographicus*(《小宇宙鉴》),译者是长崎的荷兰语翻译家本木庄太夫(1628—1697)。由于该译本并不是一本论说完整的解剖学著作,只是一本配有文字注释的解剖学图谱,因此虽然比杉田玄白的《解体新书》早2年刊印,但其影响力远远不及《解体新书》。

1774年出版的《解体新书》是日本第一部汉译西方解剖学著作,对日本解剖学的发展产生了重要影响。其底本是德国解剖学家克拉姆斯(Johann Adam Kulmus,1689—1745)所著《解剖学图谱》(*Anatomische Tabellen*)的荷兰语译本。杉田玄白、前野良泽和中川淳安等人虽然并不精通荷兰语,但辅以荷兰通司的帮助,加上参观尸体解剖等实践活动,终于完成了《解体新书》的翻译。该书不但首次把西方解剖学知识体系引入日本,推动了日本解剖学的发展,而且它的翻译出版标志着日本兰学的诞生。其中使用的词汇,直到今天仍被中日两国医学界所沿用。

2 中国解剖学发展简史

"解剖"一词最早见于《黄帝内经·灵枢·经水》:"若夫八尺之士,皮肉在此,外可度量切循而得之,其死可解剖而视之。"早在王莽时期,就已经出现关于人体解剖的记录。宋元时期解剖活动更为频繁,这一时期出现了世界上最早的人体解剖图,铸造了世界最早

的人体解剖模型。

明末清初,以意大利耶稣会传教士利玛窦(Matteo Ricci,1552—1610)来华为开端,西方科学逐渐开始在中国传播,解剖学也随之传入中国。由邓玉函(Jean Terrenz,1576—1630)口述、毕拱辰润色的《泰西人身说概》(1643)是这一时期的代表作,该书是中国第一部介绍西方解剖学的医学译著。

清初名医王宏翰(1648—1700)是天主教徒,受当时传入西学的影响较深,主张中医学与西医学融合。1688年,王氏出版《医学原始》一书,该书包含大量中国和西方的人体解剖学知识。

康熙年间,法国传教士白晋(P. Joach Boavet,1656—1730)、巴多明(P. Dominicus Parreniu,1665—1741)译成满文《钦定格林全录》,有学者认为这是一部"由当时欧洲最具权威、最先进的医学作品汇集成的医药学著作","所引用的原著,属于欧洲进步学者所著,代表了17世纪欧洲医学界的新潮流"[①]。但受限于时代背景,该书并未公开刊行,因而未对中国的解剖学发展产生太大影响。嘉庆年间的医学家王清任(1768—1831)主张"亲治其症,屡验方法",摒弃了阴阳五行之说。他将多年的观察研究成果整理并绘成脏腑图,编入《医林改错》一书。该书于1830年刊行,出版后在中国医学界引起了不小的轰动。但因实际效仿解剖者很少,最终影响甚微。

19世纪初英美传教士再度来华,掀起西学东渐的第二次浪潮。1851年,英国传教士合信(Benjamin Hobson,1816—1873)在中国人陈修堂的协助下,编译出版了解剖学著作《全体新论》(1851)。该书是近代中国第一部介绍西方解剖学知识的医学专著,书中使用的医学术语影响近代中国西医术语长达60余年,直到"医学名词审查会"召开并确立标准名词后才逐渐减弱。

3　关于解剖学词汇「～膜」的考察

人体有各种各样的膜结构,《黄帝内经·太素》曰:"肺主身之皮毛,心主身之血脉,肝主身之筋膜,脾主身之肌肉,肾主身之骨髓。膜者,人之皮下肉上膜,肉之筋也。"可见中国古代医者已经认识到人体的内脏器官有相应的膜结构支撑。但像"鼓膜""(眼)角膜"等更细微的膜结构描述及其命名,大多出现在西方解剖学传入之后。本文以日本近代第

---

① 马伯英、高晞、洪中立:《中外医学交流史——中外医学跨文化传通》,文汇出版社1993年版,第313页。

一部介绍西方解剖学的译著《解体新书》为主要考察范围,以其中使用的「～膜」类词汇为考察对象,同时查阅中日相关文献资料,试图厘清该类词的形成与交流过程。

3.1　「鼓膜」

现代解剖学一般认为,鼓膜是位于外耳与中耳之间的半透明薄膜。

3.1.1　日语中的「鼓膜」

『ブリタニカ国際大百科事典』(2011)中关于「鼓膜」的描述如下:

鼓膜(こまく)tympanic membrane 外耳と中耳の境にある薄膜。耳小骨を介して増幅した空気の振動を内耳に伝達して内耳感覚器を刺激する。弾力性があり、中央がややくぼみ、径1cm弱、厚さ約0.1mm。

关于「鼓膜」的词源,『日本国語大辞典』(第2版)有如下记载:

『解体新書』(1774)二「鼓、耳竅之底膜也、其膜謂₌之鼓膜₌」。

对于「鼓膜」的翻译,词典中提到,荷兰语 trommel-vlies 中的 trommel 是"鼓"的意思,vlies 是"薄膜"的意思。《解体新书》的译者在《格致篇》中也曾提及该类词的译法:

　　　フ　リイ　ス
火ー里ー私。此翻膜,薄而闊。所在有之。能包裹物。或在封固之所也。

由此可以推测「火里私」(音フリイス)指的应是词缀 vlies。

初版《解体新书》因编译时间不足、译者荷兰语素养不足等,尚存不少问题。因此,杉田命弟子大槻对书中译名重新考察,经修订,于1826年出版了《重订解体新书》。《重订解体新书》中关于「鼓膜」的解释如下:

耳鼓　薄膜緊張/為聆隧極底/又名之曰鼓膜/膜後有神経繫焉/名之鼓索/又有聴骨者/状最小/而四骨連綴屬鼓膜/以助採聴/再分解之各異名状……鼓膜之後/有小室/開上下二口/及一管

耳膜　主音聲之入於聆隧者先鼓擊此膜/以達於其膜後諸器

除「鼓膜」外,大槻还使用了「耳鼓」「耳膜」等用语,其原因可从附录中窥知一二。

> 漢人先我及西洋之事者/如西方要記是也/……中国嘗有用此法者/其小引/則心齋所撰/曰/泰西其人則穎異聰明/……又劉氏曰/鄧玉函善其國醫/言其國剤/……清王惠源(雲間浩然子宏翰)醫学原始曰/……醫学亦謂有用之者/意當有其成譯之書也/奈余之固陋/僅得方密之物理小識/王惠源医学原始等耳/是二百年前/先我所発而得其實者/不為不多矣/然本所取于重譯/而非就彼書譯之者/則未免隔一層而観焉
>
> (『重訂解体新書』付録・下)

> 本朝西洋醫書翻訳之譯/以本編為権輿也/……内景名物/漢人所未説/而不可以漢名直譯者/皆出于新譯/然吾儕苟業醫/從来奉漢唐方法/均是薫陶其諸説者也/而今更創新譯之業/専欲補其闕/則豈悉廢其舊為得耶/然若其名物/逐一從彼原稱下譯/則観者不唯不得遽辨識之/又為可解不可解一種異説/以至俾嚮往者裏足也/故務以蹈襲舊稱/其無可當者/姑且假借他義/以為之譯/是以有回護古経者焉/有牽強舊説者焉/要取令人意易會也
>
> (『重訂解体新書』付録・下)

也就是说,大槻等人在编订《重订解体新书》时,广泛参考了中国的医学书籍,适用的沿用旧词,不适用的则另造新词。以「鼓膜」为例,杉田采用「鼓膜」,大槻等在参考中国医学界的表述后,增加了「耳鼓」「耳膜」等词并加以说明。

江户后期,医学家本间玄调编撰了中医文献《疡科秘录》,初版于1837年完成。其中《聤耳》篇中记载如下:

> 耳聾ハ其因一ナラス先耳ニ聲音ノ聞ユル機関ヲ思フニ太皷ニ聲音ノ應スルト同理由ナリ近世西洋学大ニナハレ予モ傍ニ其説ヲ聞キ屢解剖ヲ試タルニ耳竅ノ中ニ皷膜ト云フモノアリ耳ノ聾ルハ此膜ニ滞リノアルナリ聤耳ニテ聾ルハ皷膜ノ腐爛或ハ瘡口ヨリ瘜肉ヲ生シ耳竅ヲ塞キタルモノナルヘシ治シ難シトス
>
> (『瘍科秘録』八之上　聤耳)

同一时期,医学家岛村铉仲根据荷兰医生李邈(Douwe Lubach,1815—1902)所著的 *Eerste Grondbeginselen der Natuurkunde van den Mensch*(1855)译成《生理发蒙》(1866)。书中《耳官》篇对「鼓膜」这一器官的描述如下:

> 中竅ハ其前部ヲ耳皷トス即岩様骨中ノ細隙ニメ前ハ外竅ニ接シ此處ニ纖
> 維質ノ薄膜ヲ張リ以テ中外ヲ分隔スコレヲ皷膜ト曰フ此膜ハ極テ薄キモ亦
> 外竅ノ裡面ニ被ル外皮ノ餘(外層)ト耳皷ノ内面ヲ包ム粘液膜(内層)ト別種
> ノ腱質膜(中層)ト相□テ三層ノ質ヨリ成ル
>
> (『生理發蒙』卷之九　耳官)

由此可知,本间和岛村均使用「皷膜」,并且根据岛村的描述可以推测,「耳皷」与「皷膜」属于不同的部位。

进入明治初期,英美医学成为日本医学界的主流。时任海军军医的奥山虎章以 Robley Dunglison(1798—1869)的 *A Dictionary on Medical Science and Literature* 为蓝本,于1873年出版了英日医学用语辞典《医语类聚》。笔者所参考的是1878年的增订版。其中与「鼓膜」相关的词条如下:

Myringitis	皷膜炎又皷室炎
Tympanitus	皷脹
Tympanum	皷膜又皷膜部(中耳)

由此可见,奥山仅使用了「皷膜」一词。

为避免当时医学界只了解西医或只了解汉医(中医),落合泰藏等人汇编了《汉洋病名对照表》第3版(1888)。其中,与「皷膜」相关的病名有「皷膜破裂」「皷膜穿孔」「皷膜炎」等,也仅使用译词「皷膜」。

表1　《汉洋病名对照表》中的「鼓膜」

汉名	和名	洋名	译名	解释
—	—	Perforation des Trommelfells	皷膜破裂 又 皷膜穿透、皷膜穿孔	此病ハ皷膜ノ破裂ニシテ器械ノ損傷或ハ潰瘍ニ由テ發スルヲ常トス然？幸ニメ之ニ罹ルモノ稀レナリ

续　表

汉名	和名	洋名	译名	解释
以耳痛或底耳概稱之又稱腦裡虛傷者蓋亦謂此症歟	徒耳ろとのいたむやまひト云フ	Myringitis	皷膜炎又皷膜燉衝	此病ハ耳中皷膜ノ燉衝ニシテ多クハ耳道或、皷室炎ニ續發スル者ナリ
		Otitis media	皷室炎又中耳炎、皷室燉衝	此病ハ加多兒性、潰瘍性トノ二種アリ而メ多ク窒扶斯猩紅疹麻疹等ノ如キ惡性病或ハ黴毒腺病ノ如キ惡液病ニ由テ發シ或ハ著シキ原因ナクシテ發スル?アリ

此外,同时期出版的对译词典中也只出现了「皷膜」一词。如堀达之助编纂的《英和对译袖珍辞书》(1862)中有如下词条:

　　tympanum　鞁膜

同样的词条,1869年出版的《改定增补和译英辞书》附加了汉字的读法,即:

　　　　　　　　コマク
　　tympanum　鞁膜

由此可以确认,「鞁膜」与「皷膜」是同一译词。

综上可以得知,日本自《解体新书》以来,一直使用「皷膜」一词。关于「皷膜」「皷膜」「鞁膜」的混用,此处暂不做考察。

3.1.2　汉语中的"鼓膜"

"鼓膜"并不是汉语固有的表达。在西方解剖学传入之前,中国就有关于"耳膜"的记载,例如明代《普济方·耳聋诸疾论》记载:龙骨散,治聋无问年月者取其耳膜。

《泰西人身说概·耳司》是这样记述"鼓膜"的:耳内有小窍能受外来声音窍外有皮如鼓薄而且坚声音至则受而传入于内皮。书中只描述了该器官的形状特征,并未使用专业术语。

清代名医王宏翰的《医学原始·耳之闻官》记载了相当于"鼓膜"部位的特征和功能:耳内有一小孔/孔口有薄皮/稍如鼓面/上有最小活动骨捶/音声感之,两耳各有耳鼓/知音者/乃耳鼓助听也/如击外物有声。王氏是清教徒,经常与传教士讨论西医。王氏将该部

位称为"耳鼓",或许是因为注意到了其具有"稍如鼓面"的形状特征。

黄河清编著的《近现代汉语辞源》(2019)收录了翔实、精当的近现代历史文献中的语源书证。关于"鼓膜",主要有以下资料:

> 【鼓膜】[日]鼓膜(こ-まく)。
>
> 《格物质学·声学》(1901):耳内最要者三件:曰外耳、鼓膜、内耳。
>
> 《心理学教科书》(1903):外物激动时,由空气传入耳窍,鼓膜受之,中耳之内壁,壁中听骨,益强其动力,致之于内耳,内耳有听液及听石,受此动力,传听神经末梢之分布者,达之于脑,是即音之感觉。
>
> 《人生象学·本论》(1909):鼓膜为状,略作椭圆,外面正中,向后微陷,受槌骨柄之所牵制也。
>
> ◇耳鼓。
>
> 《全体新论》(1851):耳外有耳轮,以接声气,传入内窍……其中略窄,内生茸毛腻蜡(耳垢),以防虫入,亦所以暖润其中,至耳膜为界。其膜有两层夹叠,乃外窍之皮及中窍之衣相倚而成,斜入向里,外凹内凸,西国称为耳鼓,因其蒙闭如鼓也。
>
> 《格物质学·Glossary》(1901):Ear drum,耳鼓。
>
> 《泰西事物丛考》(1903):外耳之末,中耳之前为耳鼓。
>
> ◇耳膜。
>
> 《全体新论》(1851):大概人在地面,声入于耳外窍,感动耳膜。
>
> 《格致汇编》(1875):耳为采听之官,中有机窍,以接声气,其脑气筋在耳中窍,张成薄皮,谓之耳膜。[①]

从中可以看出,汉语"耳膜"和"耳鼓"早于"鼓膜"出现。书中提及的《全体新论》(1851)为英国来华传教士合信所著,是传教士医师在中国出版的第一部全面系统介绍西方解剖学知识的著作。该书的出版,深刻影响了后来西方医学名词的翻译,同时也推动了西方医学知识在中国的传播。

查阅当时的对译辞书,可以发现"耳膜""耳鼓""鼓膜"是混合使用的。

---

① 黄河清:《近现代汉语辞源》,上海辞书出版社2019年版,第572—573页。

表2　对译辞书中的译词

辞书名	出版时间	编者	词条
《英华韵府历阶》	1844	卫三畏	Tympanum 耳膜
《英华字典》	1866-1869	罗存德	Tympan 鼓膜 Tympanum 耳之鼓膜
《订增英华字典》	1884	井上哲次郎	Tympan 鼓膜
《英华大词典》	1908	颜惠庆	Tympan 耳内鼓膜的,耳鼓的 Tympanum(解)鼓膜,耳鼓,中耳内之鼓膜
《德英华文科学字典》	1911	卫礼贤	Trommelfell(ドイツ語) tympanum 耳鼓 Tromanat(ドイツ語) Ear-drum 鼓膜
《商务书馆英华字典》	1913	商务书馆	Ear-drum 耳膜 Tympanic 鼓膜(耳内的) Tympanum 耳之鼓膜
《英华合解词汇》	1915	—	Tympanum(解)鼓膜,耳鼓,中耳
《赫美玲官话》	1916	赫美玲	Tympanic membrane 鼓膜(部定)

从表2中可以看出,罗存德所编的《英华字典》中使用了"鼓膜"一词。罗存德于1862年访问日本时曾购买堀达之助的《英和对译袖珍辞书》(1862),因而其译词存在参考堀氏译词的可能性[①]。同时可以推测,当时在华传教士的译词有可能受到日语词汇的影响。

这一点可以从同时期的医学著作中得到一定程度的验证。例如,1931年科学名词审查会汇编出版的《医学名词汇编》中就列出了相关词汇的日译。科学名词审查会是民国时期一个准官方科学名词审查组织,其前身是医学名词审查会,对我国医学名词的统一工作做出了重要贡献。当时的中央研究院院长蔡元培在序言中评价此书:"医学上应用名词,大略具备,从此译书著书,皆有正稿之名词可以称引。"以"鼓膜"为例,书中列出了其古文名、德文通用名、日文名等(见表3)。

表3　《医学名词汇编》(1931)中的"鼓膜"

古文名	英文名	德文通用名	日文名	参考名	决定名
Tympania uteri	—	Tympania Uteri	鼓膜	—	鼓膜

---

① 荒川(1998:47)也有过类似推测。本文虽然只体现在"鼓膜"一词上,但今后随着更多文献的考察,或许可以得出更明确的论断。

可以认为,科学名词审查会在决定"鼓膜"这一名称时,参考了日语译词「鼓膜」。

3.2 「網膜」

视网膜(retina)是居于眼球壁内层的透明薄膜,专门负责感光成像。

《重订解体新书》中给「網膜」加注释为「網膜 涅多·弗力乙斯(ネット·フリイス)蘭」。虽然此处使用的汉字词不同于《解体新书》,但词缀的音译片假名和《解体新书》是一致的,即「網膜」是荷兰语 net-vlies 的译词。英日医学用语辞典《医语类聚》以「網膜(眼ノ)」对译英语的 retina。从《汉洋病名对照表》中可以看出,当时的汉医学界应该还没有对该器官进行过命名,至少还没有正式通用名(见表4)。1831年出版的《眼科锦囊》中载有与「網膜」相关的古方,如「病係網膜之症 羞明眼 此症以網膜之觸知劇甚」。由此可以推断,日本医学界基本沿用「網膜」一词。

表4 《汉洋病名对照表》中的「網膜」

汉名	和名	洋名	译名	释解
以血灌瞳人症汎稱之與未審	—	Haemorrhagia retinae	網膜出血 又 網膜溢血、網膜中風、網膜卒中	此病ハ網膜ノ内外或ハ其組織間ノ脈管破裂シテ血液其所ニ溢出スル者ヲ謂フ蓋シ網膜ノ出血ハ其層ニ從テ出血ノ景況ヲ異ニス
蓋稱白眼痛者含包此等症起因黴毒者曰黴毒眼	其原因黴毒ニ由ルキハかさめ或ハしつめト呼ブ	Retinitis	網膜炎 又 網膜炑衝 但シ其原因黴毒ニ由ルキハ黴毒性網膜炎ト名ク	此病ハ照眼鏡ニ憑テ初テ識別シ得ルノミニシテ他ニ徴スヘキノ症候ヲ見サナリ蓋シ其眼底ノ症状ハ網膜曇暗及ヒ血液充張ヲ起ス者ナリ

汉语中,无论是"视网膜"还是"网膜",都是19世纪中叶以后才产生的词语。

《泰西人身说概·目司》中提及的器官有"水晶小球""玻璃汁""水晶珠""瞳子"等,未见与膜组织相关的描述。《医学原始·目之视官论》记载:"其视之具则有三者/一目之前后上下/有薄膜层层包护眸子/如城郭然。"王氏注意到眼珠外有薄膜保护,但并未进一步描述。

《全体新论》写道:"罩睛皮(所谓白膜)此皮与别体之皮不同,其质轻薄,光明柔润,罩于睛前,又盖白轮之半,在上下转志睫边而止,即为上下眼胞止内皮也。"此处所说的"罩睛皮",应是与"视网膜"相同的器官结构。合信是医学传教士,他在《全体新论》的序中说道:"予自弱冠业医,于人身脏腑部位,历经剖骸看验,故一切体用备悉其详。"可见他在来

华传教之前已具备相当丰富的医学知识。"罩睛皮"一词,可能是他翻译时自创的词语。

查阅英华字典系列对译词典可以发现,19世纪已经使用"眼网""脑筋衣""眼膜"等译词。进入20世纪初,颜惠庆在其所编的《英华大词典》(1908)中使用了"网膜"一词,并注明该词汇属于解剖学术语。不过,"网膜"一词应该并非颜惠庆所创,而是参照了日本神田乃武等编的《新译英和辞典》(1902)[①]。据黄河清(2019),1919年汤尔和在翻译《诊断学》下卷时使用"视网膜"对译Retina。《医学名词汇编》(1931)在参考"网膜(日译)、视衣(参考名)"后最终确立了"视网膜"一词,并沿用至今。

3.3 「葡萄膜」

葡萄膜(uvea)位于眼球壁的中层,因其颜色近似紫色葡萄而得名,也称"色素膜""血管膜",具有遮光、供给眼球营养的功能。

《解体新书》中有「葡萄膜,即脉様膜之前面也」的描述。关于这一译名,《重订解体新书·翻译新定名义解》中写道「鐸留乙弗斯業物乙・弗麗斯　ドリュイフスゲウェイセ・フリイス」,即该译名译自荷兰语druif???? -vlies[②]。出版于1830—1836年间的《眼科锦囊》载有与"葡萄膜"相关的古方,如"病系水晶液之证:白内翳　角膜脓疡。间有固著于葡萄膜者"。但原本使用的是「蒲桃膜」,未见「葡萄膜」字样。另外,《医语类聚》中也收有词条"uvea 葡萄膜"。

汉语中的"葡萄膜",根据笔者所能查阅到的资料,较早的用例出现在颜惠庆所编的《英华大词典》中,即"Uvea(解)后层眼帘,葡萄膜"。《医学名词汇编》仅收录"Uveitis 葡萄膜炎"。

3.4 「角膜」

角膜,中国西医学界也称之为"眼角膜",是眼睛最前端的一层完全透明的薄膜。主要作用是折射光线,使光线在视网膜上完整清晰地成像,同时也具有保护眼球的作用。

《解体新书》中将其译为「玲瓏角膜」,《重订解体新书》中将其命名为「透明角膜」。杉田玄白之子杉田立卿翻译的《眼科新书》(1815)中提及「角膜　剛膜前面中央部、白膜不覆為透明之處」《日本国语大词典》第2版第3卷指出,「角膜」译自荷兰语hoor-vlies。《医语

---

① 陈力卫:《东往东来:近代中日之间的语词概念》,社会科学文献出版社2019年版,第283—284页。

② "druif???? -vlies"本应是假名「ドリュイフスゲウェイセ・フリイス」对应的荷兰语,因资料、能力有限,暂时无法查到完整的原词,故用"????"代替。此处主要借此说明该词词缀为"vlies",与其他「～膜」类词汇结构一致。

类聚》中将该词作为英语cornea的译词。查阅《汉洋病名对照表》，与「角膜」相关的病症都使用了「角膜」一词，由此可以认为「角膜」已成为该器官的专有名词。

中国古代医学家似乎并未观察到这一结构。《全体新论》中将其称为"明角罩"："明角罩（所谓角膜）：其质似角而甚明，在罩睛皮之内，前房水之前，圆凸如罩，与眼白相连而略高，本有数层，比眼白壳更厚，但不及白壳之坚，所以透光而见万物者乃其用也。"此外，《解体新书》中还附有该部位的图示（见图1）。合信用"角膜"注释"明角罩"，但这2个词似乎都没有被之后的译者采纳。《全体阐微》（1881）是美国公理会传教士柯为良（Dauphin William Osgood，1845—1880）翻译的解剖学专著，其主要底本为《格氏解剖学》（*Gray's Anatomy*）。《全体阐微》卷3写道："眼白衣，质似筋膜，厚有力，中有自缩筋线，纵横交结，遮眼球六分之五，前有一大孔，镶眼明衣。"美国监理会传教士潘慎文（Alvin Pierson Parker，1850—1924）译文、谢洪赉笔述的《格物致知·光学》写道："明罩如丙，稍凸，纯净透明。"可见当时传教士选择的译词并不一致。1931年出版的《医学名词汇编》中将其定为"角膜，眼明膜"。最终前者沿用至今。

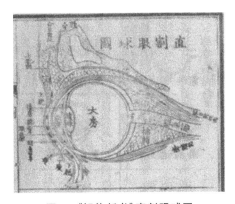

图1　《解体新书》直割眼球图

3.5　「胸膜」

胸膜是被覆于胸壁内面、肺表面等处的一薄层浆膜，可分为脏胸膜和壁胸膜。

《解体新书》记载「胸膜。二襲也。固_著胸之裏面_、有_血脈_充_於此_」。《重订解体新书》写道「爸盧斯多·弗麗斯　ボルスト·フリイス」，即「胸膜」一词译自荷兰语borst-vlies。此外，书中另有注释「一名力別·弗麗斯　リツペフリイス　即肋膜也」，「肋膜」的荷兰语是ribbe-vlies，即：「胸膜」与「肋膜」同义。英日医学用语辞典《医语类聚》收有「pleura　肋膜」的词条。金武良哲编《解剖辞书》（1875）中写道「pleura（borstvlies）　胸膜」。

胸膜一词，早在战国时期的《黄帝内经》中就有记载。如《黄帝内经·素问》写道："上

文云凡刺胸膜者,必避五脏。"明代方书《普济方》记载:"夺真丹治营卫气虚。内受湿寒。传于胸膜。心腹痞闷。胁肋刺痛。"清代《脉义简摩》写道:"故阳气受涩则化燥,津液受燥则化痰,填塞胸膜,故吸烟之后,六脉皆弦。"可见古代中医已经认识到这一结构,但是否与解剖学术语意义一致,有待更进一步的考察。

西方传教士来华后,翻译出版了许多医学专著。英国传教士麦都思(Walter Henry Medhurst,1796—1857)在其编著的《英华字典》(1847—1848)中将胸膜译为"胸中皮被"。德国传教士罗存德以"肺胞膜"作为pleura的汉译[罗存德《英华字典》(1866—1869)]。美国传教士柯为良《全体阐微》(1881)中将其译为"肺衣"。不同传教士选择的译词大不相同。1907年中图文库出版的《生理及卫生教科书》写道:"肺之全部皆有薄膜包之,此薄膜曰胸膜。"1931年科学名词审查会出版的《医学名词汇编》在参考了日译「胸膜」和参考名"胸膜,肺膜"后决定以"胸膜"为pleura的汉译名。

3.6 「脑膜」

脑膜是包裹脑的一层薄膜,可进一步分为硬脑膜、蛛网膜和软脑膜,有保护大脑的作用。

《解体新书》中将「脑膜」分为「厚脑膜」和「薄脑膜」,并分别进行了详细的阐释。该词对应的荷兰语是hersen-vlies,词缀与前述译词相同。《医语类聚》记载「Meninges 脑膜(三膜ヲ総称ス)」,可知词典编纂者已经认识到「脑膜」有3层结构。《汉洋病名对照表》中将encephalo-meningitis译为「脑膜炎」,同时提及中医一般称之为"真头痛或剧头痛或热病谵妄等之症状"。另外,福泽谕吉的《福翁百话》(1897)中记录如下:「精神百般の病症を診察し其実質に照応する中枢のところ〈略〉脑膜(ノウマク)の辺にある細胞なるが如し。」

笔者尚未在中医古籍中查阅到关于"脑膜"的描述。清代医家吴亦鼎在其所编的《神灸经纶》(1851)中将"脑膜炎"称为"真头痛":"是天行时疫也阳明受邪首面大肿也又天门真痛上引泥丸谓之真头痛。"根据黄河清(2019)可知,1906年商务印书馆编译的《商务书馆英华新字典》中收录有"meningitis,脑膜炎"。《医学名词汇编》中将"脑膜""脑膜炎"分别定为"meninges""meningitis"的正式译名。

4　近代中日医学的交流

本文以兰学译著《解体新书》的膜结构术语为中心,主要考察了「鼓膜」「網膜」「葡萄

膜」「角膜」「胸膜」「脑膜」6个解剖学术语的形成及传播过程。

从形成过程来看,本文认为中国解剖学术语中的"～膜"类词汇具有日源词的倾向性。除了第3节中已经考察的「鼓膜」「網膜」「葡萄膜」「角膜」「胸膜」「脑膜」,《解体新书》中还有诸如「鞏(巩)膜」「膈膜」「骨膜」「蛛網膜」「脈搽膜」等与膜结构相关的术语。这类词的荷兰语都以vlies为词缀,因此杉田等人在翻译时统一译作「膜」。该译法充分发挥了汉语的造词能力,在科学术语的翻译过程中得到了广泛使用。

从中日医学交流来看,两国之间的医学交流可以上溯到6世纪,此后很长一段时间,日本都深受汉医的影响。兰学的兴起,为日本医学的近代化奠定了重要基础。以《解体新书》的刊行为代表,众多西方医学书籍的翻译出版,推动了荷兰医学在日本的兴盛与发展。中国的西医最早是由西方传教士传入的,初期影响有限。19世纪末20世纪初,中国知识分子开始意识到西医的重要意义。这一时期,中央和地方政府纷纷派遣留学生到日本学习西医学。这些留学生学成归国之后,在国内创办医学院,聘请日本教习,采购日本教材,传授西医学知识,推动了中国医学的近代化进程。翻译西医书籍是传播西医知识的有效途径。日本在学习西医的过程中产生了大批西医书籍,这些翻译著作给中国翻译医书、传播医学知识提供了很大的便利。张之洞曾在《劝学篇·广译第五》中指出:"各西学书之要者,日本皆已译之,我取经于东洋,力省效速。……译西书不如译东书。"以《医学名词汇编》为例,其中所规定的"～膜"类名词大多与日本一致,这和相当一部分医学名词审查员有直接赴日学医的经历不无关系,从中也足见日本西医对中国的影响之深。

可以认为,兰学翻译过程中形成的新术语,对中日近现代医学术语的形成与确立产生了重要影响。为了进一步验证这一点,今后有必要调查更多的兰学译作,同时结合相关人员往来交流的史实,得出更严谨的结论。

参考文献

陈力卫,2019.东往东来:近代中日之间的语词概念[M].北京:社会科学文献出版社.

邓玉函,毕拱辰,1833.泰西人身说概[EB/OL].[2023-08-15].http://read.nlc.cn/OutOpenBook/OpenObjectBook?aid=892&bid=87317.0.

黄河清,2019.近现代汉语辞源[M].上海:上海辞书出版社.

科学名词审查会,1931.医学名词汇编[EB/OL].[2023-08-15].http://read.nlc.cn/OutOpenBook/OpenObjectBook?aid=416&bid=84328.0.

马伯英,高晞,洪中立,1993.中外医学交流史:中外医学跨文化传通[M].上海:文汇出版社.

牛亚华,2005. 中日接受西方解剖学之比较研究[D]. 西安:西北大学.

裘沛然,2014.中华医典[CD]. 5版. 长沙:湖南电子音像出版社.

陶磊,2021. 兰学翻译"直译""义译"原则的提出与溯源[J]. 日语学习与研究(4):34-41.

王宏翰,1989. 医学原始[M]. 上海:上海科学技术出版社.

张之洞,1898. 劝学篇[M]. 刻本. 衡阳:船山书院.

中央研究院近代史研究所,2023. 英华字典资料库[DB/OL]. [2023-08-15]. https://mhdb.mh.sinica.edu.tw/dictionary/index.php.

荒川清秀,1998. ロブシャイト英華字典の訳語の来源をめぐって:地理学用語を中心に[J]. 文明(1):39-53.

大槻玄澤,1826. 重訂解體新書[M]. 京都:京都書肆.

奥山虎章,1878. 医語類聚[M]. 東京:名山閣.

落合泰蔵,1888. 漢洋病名対照表[M]. 東京:英蘭堂.

金武良哲,1875. 解剖辞書[M]. 東京:崎陽新塾.

舒志田,2004.『全体新論』と『解体新書』(重訂版を含む)との語彙について:日本の洋学から中国への影響の可能性[J]. 或問(8):53-74.

沈国威,2000.『泰西人身説概』(1623)から『全体新論』(1851)まで:西洋医学用語の成立について[J]. 関西大学中国文学会紀要(21):1-18.

杉田玄白,1774. 解體新書[M]. 東武(江戸):須原屋市兵衛.

高橋新吉,前田献吉,前田正名,1869. 改正増補和訳英辞書[M]. 上海:美華書館.

日本国語大辞典第二版編集委員会,小学館国辞典編集部,2002. 日本国語大辞典[M]. 2版. 東京:小学館.

フランク・B. ギブニー,1984. ブリタニカ国際大百科事典[M]. 東京:ティビーエス・ブリタニカ.

PLENCK J J,1815. 眼科新書[M]. PRUYS M,重訂,杉田立卿,訳. 心齋橋筋博勞町(大阪):群玉堂.

堀達之助,1862. 英和對譯袖珍辭書[M]. 東京:蔵田屋清右衛門.

本庄俊篤,1831. 眼科錦嚢[M]. 神田通新石町(江都):芳潤堂.

本間玄調,1847. 瘍科秘録:八之上[M]. 横山町(江戸):玉巌堂.

湯浅茂雄,2007. 蘭学・英学における翻訳法と日本語(翻訳をめぐって)[J]. 實踐英文學(59):29-40.

李邈,1866. 生理發蒙[M]. 島村鉉仲,訳. 浅草茅町(江戸):須原屋伊.

作者简介

姓名：颜佳婷

性别：女

单位：北京外国语大学北京日本学研究中心

学历：硕士研究生在读

职称：无

研究方向：日本语学

通信地址：北京市海淀区西三环北路2号院北京外国语大学东校区

邮政编码：100089

电子邮箱：shirley160823@qq.com

定语从句中主动态与被动态选择的汉日对比研究
A Contrastive Study of Chinese and Japanese on the Choice of Active or Passive Voice in Relative Clauses

刘志毅

摘　要：本文从定中结构类型的角度考察了汉语与日语定语从句中主动态与被动态的选择问题，明确了汉日2种语言在这个问题上的选择条件、异同及原因。在这个问题上，汉日2种语言的共同点多于不同点。之所以存在共同之处，与定语从句中动词和中心语是否存在格关系、句子中的格成分转为中心语的难易程度、中心语的性质等有关。2种语言的不同点与"了"的有无相关。包含"了"的定语结构所表达的结果义与中心语的语义不搭配是不同点的原因。

关键词：主动态；被动态；选择；定中结构；异同

Abstract: In this paper, we discuss the problem of the choice between the active voice and the passive voice in Chinese and Japanese relative clauses from the perspective of the types of modified nominal structure, and then clarify the conditions on the choice as well as the similarities and differences between the two languages and the reasons for them. We find that the two languages have more similarities than differences on this issue. The reason for the similarity has to do with the presence or absence of a case relationship between the verb and the head noun, the ease with which an element of an independent sentence can be transformed into the head noun of a modified nominal structure, and the nature of the head noun. The difference between the two languages are related to the presence or absence of "le" （了）. The reason for the difference is that the resultative meaning expressed by the relative clause containing "le" does not match the semantics of the head noun.

Keywords: active voice; passive voice; choice; modified nominal structure; similarities and differences

1　引言

截至目前,关于定语从句的汉日对比研究主要着眼于汉日定语结构类型的差异、定语结构与其他修饰成分的顺序等问题。关于定语从句中的主动态与被动态的选择问题,目前还未受到学界足够的关注。关于这个问题,我们关注到如下现象。如例句(1)和例句(2),当中心语表示定语从句中动作的原因时,汉日2种语言中主动态与被动态均能成立。说话人在描述同一事件时,根据语境可以有2种选择。但是,如例句(3)和例句(4),当中心语为定语从句中动作的施事时,由于汉日2种语言的被动态均不自然,所以在表达这种事件时,说话人会选择主动态。本文称此情况为"主动态优势"。另外,如例句(5)和例句(6),当中心语表示定语从句中动作的方法时,日语的被动态为不自然,主动态具有被选择的优势,而汉语的主动态与被动态均不自然。

(1)a. 太郎が次郎を<u>殺した</u>理由①

　　b. 次郎が太郎に<u>殺された</u>理由(自拟例句②)

(2)a. 小王<u>杀</u>了小李的原因

　　b. 小李被小王<u>杀</u>了的原因

(3)a. 次郎を<u>殴った</u>太郎

　　b. ?? 次郎が<u>殴られた</u>太郎

(4)a. <u>打</u>了小李的小王

　　b. *小李被<u>打</u>了的小王

(5)a. 太郎が次郎を<u>騙した</u>方法

　　b. ? 次郎が太郎に<u>騙された</u>方法

(6)a. ? 小王<u>骗</u>了小李的方法

　　b. ? 小李被小王<u>骗</u>了的方法

如上所述,在日语与汉语的定语从句中,根据中心语与动词之间的关系,主动态与被

---

① 本文用"?""??""*"表示例句的不自然程度,用下划线标注例句中的动词。另外,由于考察的定中结构类型与动词较多,考虑到母语者的负担程度,本文只选取研究对象中的一部分动词向12名日语母语者与11名汉语母语者确认例句的自然度。

② 本文中没标明例句出处的例句均为经母语者确认过的自拟例句。

动态的选择情况呈现出不同的结果。那么，在日语与汉语的定语从句中，在怎样的条件下，主动态与被动态能同时作为被选择的语态呢？在怎样的条件下，主动态或是被动态具有被选择的优势呢？此外，日语与汉语在该语法现象上存在怎样的相同点与不同点，以及其原因又是什么呢？本文以定中结构类型为视角，通过阐明上述疑问，深入分析日语与汉语在定语从句中的主动态与被动态的选择问题。

2　文献综述与问题所在

关于定语从句的汉日对比研究的文献，可以说是不胜枚举，如山田（1999），堀江、パルデシ（2009），陳風（2009），楊凱栄（2011），下地（2013），张静苑（2020），等等。此外，关于日语定语从句中主动态与被动态的替换问题，劉志毅（2022）做了一定的阐述。以下将对上述研究进行汇总说明并指出本文所探讨的问题点。

山田（1999）阐明了汉语的"的"与日语的「という」对应与不对应的条件。堀江、パルデシ（2009）将定语从句的类型分为"限定性修饰短语"（「限定的修飾節」）、"信息附加性修饰短语"（「情報付加的修飾節」）、"补充性修饰短语"（「補足的修飾節」）。陳風（2009）以汉日限定性定语从句为着眼点，考察了汉日定语从句的一般特征、限定性修饰的句法特征及修饰的功能，还有限定性修饰的语义上的特征。楊凱栄（2011:17-18）指出了汉日2种语言视点的不同，即日语比较注重视点的一致性，有将视点统一的倾向。但是汉语由于没有这样的视点制约，所以可以出现2个主语交替出现的情况。另外，下地（2013:34-35）指出，在汉语中，人们也使用非典型类别的定语从句。关于定语从句与中心语在意义上的关系，下地（2013）指出汉语的定语从句有时会优先使用语用论进行理解，这一点与日语类似。张静苑（2020:30）从汉日对比的角度，将日语与汉语的名词短语可及性序列修正为"主语—直接宾语—旁格—属格—间接宾语/比较宾语"。

劉志毅（2022）探讨了日语定语从句中主动态与被动态的替换与定中结构类型的关系，并指出：当定中结构类型为类型Ⅰ（"受事"）、类型Ⅱ（"处所""原因"）、类型Ⅲ时，主动态与被动态可以互相替换；当定语从句的结构类型为类型Ⅰ（"施事""接受者"）、类型Ⅱ（"手段"）时，主动态与被动态不能互相替换。此外，二者不能替换的原因可以归结为"动词谓语句中的格成分转化为中心语的难易程度"（「格成分の底名詞への転出の難しさ」）与"中心语的施事优势"（「底名詞の動作主優位性」）2点。但是劉志毅（2022）在探究该问题的时候并未涉及"所有者被动句"，也未提及日语与汉语之间的异同。

综上所述，关于定语从句的汉日对比研究，大多涉及定语从句的类型对比等角度，但

是较少涉及定语从句中主动态与被动态的选择问题。

3　研究对象与研究方法

首先,关于研究对象,本文将日语的被动类型限定在日本語記述文法研究会(2009：215)提出的"直接被动"和"所有者被动"。这是因为在不考虑视点差异的情况下,它们都能和主动态表达同样的事件,这点符合本文所探讨的问题,即在主动态与被动态都能表示同样事件的情况下是选择主动态还是被动态的问题。关于"直接被动",由于劉志毅(2022)已经做了一定的探究,我们引用其部分成果,并以"所有者被动"为中心进行探讨。此外,为了和汉语的被动态进行比较,本文将日语的动词形式限定在「シタ形」,这一点将在后文进行详细说明。

其次,关于汉语的被动态,本文以含"被"字的被动态为对象,并将被动句的结构限制在"受事+被+施事+动词+(了)"这一结构中。关于被动句施事的标记,张志公(1953)指出汉语被动句的施事标记有"被""叫""让""给"等,其中"被"最为常用。此外,虽然与主动句"小王打了小李的原因"相应的被动句可以有"小李被/让/叫/给小王打了的原因"等几种形式,但是在主动态与被动态选择的这一问题上,不论施事采用什么标记,只要存在自然的被动态,我们认为主动态与被动态都可以用来表达同一事件。因此,本文以最常用的含"被"的被动句为对象。

此外,关于被动句的结构,游舒(2005)指出被动句可以总结为5种句式,分别为"A被BV"式、"A被BV了/着/过"式、"A被BVR"式、"A被BVO"式、"A被B VP1 VP2"式。本文将研究对象限制在"A被BV"式和"A被BV了"式2种句式。这是因为"A被BV"式是汉语被动句的基本形式(游舒,2005：25,49)。由于本文的目的是探究定中结构类型与主动态和被动态的选择之间的关系,所以有必要排除定中结构类型以外的因素,如补语、宾语等。另外,游舒(2005：34-35)指出"了"所表示的事态改变的含义符合被动句的本质,并且使用频率比"着/过"高。

再次,关于研究方法,本文参考劉志毅(2022)的研究方法,在选取动词的时候考虑工藤(1990)提到的"动词的及物性"这个因素,将及物性低且没有被动形态的动词排除,并从『日本語基本動詞用法辞典』(小泉他,1989)中选取具有被动形态的及物性强的动词。此外,为了排除角田(1991)指出的"名词短语阶层"(「名詞句階層」)这一因素的影响,本文在选取动词的时候,将动词限定在施事与受事都可以为有生物的动词,考察的时候也统一了施事与受事的阶层。选取出动词之后,本文参考工藤(1990,1995)中的动词分类

表,将选取的动词按照动词的及物性分类,其结果如(7)所示^①。这3类动词虽然在动词的及物性上有所差异,但是在是否存在与主动态对应的被动态这点上,它们是一致的。

(7)A类:預ける、奪う、隠す、囲む、殺す、縛る、絞める、育てる、倒す、逃がす、盗む、雇う、渡す(13个)

    B类:追う、蹴る、刺す、誘う、救う、攻める、助ける、尋ねる、頼む、殴る、踏む、招く、見せる、求める(14个)

    C类:愛する、謝る、感謝する、嫌う、誤解する、断る、叱る、責める、騙す、注意する、憎む、褒める、認める(13个)

最后,关于汉语动词的选取方法,为了方便与日语进行对比,本文以例句(7)中与日语动词对应的汉语动词为考察对象,并且汉语的动词也限定在施事和受事都可以为有生物的动词。当与日语动词对应的汉语动词的被动形态不自然时,我们不将其作为考察对象^②。因此,选用的汉语动词的数量少于日语动词。由此,我们通过参考北京语言大学BCC现代汉语语料库的"BCC汉语词频表",从《汉语动词用法词典》(孟琮等,1999)中选取使用频率高且具有被动态的动词。此外,游舒(2005:26)指出进入"A被BV"式的动词为双音节动词,所以我们将选取的动词按单音节与双音节进行分类,其结果如(8)所示。

(8)ⅰ类:<u>绑</u>^③、<u>踩</u>、<u>刺</u>、<u>打</u>、<u>放</u>、<u>拐</u>、<u>救</u>、<u>勒</u>、<u>骂</u>、埋、拧、<u>骗</u>、<u>抢</u>、<u>杀</u>、<u>踢</u>、<u>偷</u>、<u>吻</u>、<u>约</u>、宰、撞(20个)

    ⅱ类:<u>包围</u>、<u>表扬</u>、处罚、打击、调查、<u>攻击</u>、鼓励、奖励、<u>拒绝</u>、控制、利用、批评、<u>认可</u>、<u>提醒</u>、威胁、<u>误解</u>、袭击、吸引、<u>邀请</u>、<u>指责</u>(20个)

另外,关于汉语的定语从句中是否包含"了"的问题,李珊(1993:82)指出在定语从句中的被动态经常带有"了",如例句(9)。此外,李珊(1993:82)也指出"被+N₂+V+了+的+N₁"中的动词与中心语之间存在"动—受"关系,如例句(10)。

(9)此时被<u>吓噤</u>了的孩子也哇的一声哭出来了。(矛盾,子夜,106)

(李珊,1993:82)

(10)被霜<u>打</u>了的春花(老舍,月牙儿,11)

(李珊,1993:83)

但是上述李珊(1993)的观点并不能代表定语从句的整体情况。由于"V+的+N"可以

---

① (7)中的动词包含了刘志毅(2022)所列举的动词,此外再追加了可以构成"所有者被动"的动词。

② 比如,日语的「渡す」对应汉语的"递"。但是,主动态"小王递给了小李一本书"的被动态"小李被小王递给了一本书""一本书被小王递给了小李"都比较不自然。

③ 双下划线的动词为与日语动词对应的动词。

表示过去和未发生的语义(赵海城,2009:68)),所以当中心语为"方法""原因"时,尽管描述的是过去的事态,但没有"了"更为自然,如例句(11)和例句(12)。此外,即使中心语为动作的受事,没有"了"也是自然的,如例句(13)。

(11)a. ？ 小李被小王<u>威胁</u>了的方法

　　 b. 小李被小王<u>威胁</u>的方法

(12)a. ？ 小李被小王<u>威胁</u>了的原因

　　 b. 小李被小王<u>威胁</u>的原因

(13)被小王<u>威胁</u>的小李

与之相对,游舒(2005)指出"A被BV"式适合双音节动词,所以当动词为单音节动词时,有"了"的例句(14)b更自然。这个在定语从句中也是类似的,如例句(15)。因此,为了排除"了"的有无对于定语从句自然度的影响,当动词为单音节动词时,我们对包含"了"的情况进行考察;当动词为双音节动词时,我们考察不包含"了"的情况。如上所述,虽然在双音节动词的情况下没有加"了"进行考察,但是其还是可以表达过去的含义。这也是日语中动词的"时"的形态要限定在「シタ形」的原因。

(14)a. ？ 小李被小王<u>骗</u>。

　　 b. 小李被小王<u>骗</u>了。

(15)a. ？ 被小王<u>骗</u>的小李

　　 b. 被小王<u>骗</u>了的小李

4　考察

关于汉日2种语言的定中结构类型,目前已有很多相关的研究。为了方便汉日对比,在同一个分类框架下进行对比是很有必要的。由于劉志毅(2022)讨论的是日语中定中结构类型与主动态和被动态替换的关系,所以本文依据劉志毅(2022)提出的定中结构类型进行考察。劉志毅(2022)将定语从句的类型分为3类:类型Ⅰ,中心语是定语从句中的动词的必有论元,根据格关系进而分为"施事""受事""接受者";类型Ⅱ,中心语是定语从句中的动词可有论元,可再细分为"处所""原因""手段"①;类型Ⅲ,包含"内容补充短语"

---

① 劉志毅(2022:64)指出,类型Ⅰ相当于寺村(1992)的"内的关系",类型Ⅱ根据研究者不同,有的认为是"内的关系",有的认为是"外的关系"。寺村(1992:228,231)在认定例子是否为"内的关系"时,举了如「彼ガソノ動機デ出家シタ/彼が出家した動機は……」「彼ガソノ部屋ヲ出タ/彼ガ出タ部屋」等例子。从这些例子可以看出,在判断中心语是否为句中的成分转化而来时,有时候需要补充「その」等成分进行还原。本文依据寺村(1992)的方法进行判断。

"相对关系补充短语",前者是定语从句表示中心语的内容,后者是定语从句与中心语表示相对的关系。通过对每个类型进行逐一对比,日语和汉语在定中结构类型与主动态和被动态的选择之间的关系整理如表1所示。以下,我们按表1中日语与汉语的不同点与相同点2个部分分别进行说明。由于篇幅限制,相同点的部分只选取其中的一部分进行说明。

表1　主动态与被动态的选择可能性的汉日对比

异同点	条件(定中结构的类型)		主动态与被动态选择的可能性	
			日语	汉语
不同点	类型Ⅱ	手段	主动态优势	主动态优势(无"了")/二者均不可(有"了")
相同点	类型Ⅰ	施事	主动态优势	
		受事	二者均可	
		接受者	被动态优势	
	类型Ⅱ	处所	二者均可	
		原因	二者均可	
	类型Ⅲ	内容补充短语	二者均可	
		相对关系补充短语	二者均可	

4.1　不同点

当定中结构为类型Ⅱ("手段")时,在日语中,由于被动态不自然,所以主动态具有被选择的优势,如例句(16)和例句(17)。关于这一点,"所有者被动"与"直接被动"是一样的。劉志毅(2022)指出,当定中结构为类型Ⅱ("手段"),且中心语为"方法"时,由于"方法"这样的中心语具有"施事能动地做某事"这一含义的"施事优势"(「動作主優位性」),所以被动态一般不自然。

(16)a. 太郎が次郎の首を絞めた方法

　　b.？次郎が太郎に首を絞められた方法【A】①

(17)a. 太郎が次郎を騙した方法

　　b.？次郎が太郎に騙された方法【C】

但是,在汉语中,既有二者均不自然的情况,也有主动态占优势的情况。当动词为单

―――――――――――

① 本文使用【 】表示动词的类别。

音节动词时,主动态与被动态均不自然,如例句(18);当动词为双音节动词时,被动态不自然,主动态自然,主动态具有被选择的优势,如例句(19)。被动态之所以不自然,我们认为原因是汉语与日语一样,当"方法"这样的词作为动作的"手段"时,更倾向于表示施事能动地做某事时所使用的方法。

(18)a. ? 小王<u>杀</u>了小李的方法

　　 b. ?? 小李被小王<u>杀</u>了的方法【ⅰ】

(19)a. 小王<u>控制</u>小李的方法

　　 b. ? 小李被小王<u>控制</u>的方法【ⅱ】

关于上述动词类型的不同导致主动态与被动态选择上的差异,我们认为这与定语从句中是否有"了"相关。如在第3节中已经说明的,为了考察定语从句中主动态与被动态的选择,在考察前需要排除其他原因导致的被动态本身就不自然的情况。所以,当动词为单音节动词时,定语从句中添加"了"进行考察;当动词为双音节动词时,定语从句中不添加"了"进行考察,如例句(20)和例句(21)。正是加上"了"之后,定语结构产生了动作结果的含义①,而这一含义与中心语"方法"之间产生矛盾,这就是例句(18)a不自然的原因,也是汉语与日语不同的原因。如"小王杀小李"中的"杀"所对应的动作存在某种"方法",但是由于动作的结果不存在"方法",所以"小王杀了小李"与"方法"的语义在搭配上存在问题。另外,当动词为单音节动词,且定语从句中没有"了"时,主动态自然,被动态不自然,主动态具有被选择的优势,如例句(22)。

(20)a. ? 被小王<u>骗</u>的小李

　　 b. 被小王<u>骗</u>了的小李【ⅰ】[同例句(15)]

(21)a. ? 小李被小王<u>威胁</u>了的原因

　　 b. 小李被小王<u>威胁</u>的原因【ⅱ】[同例句(12)]

(22)a. 小王<u>骗</u>小李的方法

　　 b. ? 小李被小王<u>骗</u>的方法

4.2　相同点

4.2.1　类型Ⅰ("施事")

当定中结构为类型Ⅰ("施事")时,日语中不论是"直接被动"还是"所有者被动",主

---

① 吕叔湘(1999:352)指出,"忘、丢、关、撞、杀、宰、卖……"等动词后的"了₁"表示动作有了结果,跟动词后的"掉"相似,如"卖了旧的买新的"。

动态比被动态更自然,有被选择的优势,如例句(23)和例句(24)。此外,汉语与日语一样,因为被动态不自然,所以主动态有被选择的优势,如例句(25)和例句(26)。

(23)a. 次郎の足を<u>踏んだ</u>太郎

　　　b. ?? 次郎が足を<u>踏まれた</u>太郎【B】

(24)a. 次郎を<u>褒めた</u>太郎

　　　b. ?? 次郎が<u>褒められた</u>太郎【C】

(25)a. <u>踩</u>了小李的脚的小王

　　　b. *小李的脚被<u>踩</u>了的小王【ⅰ】

(26)a. <u>表扬</u>小李的小王

　　　b. *小李被<u>表扬</u>的小王【ⅱ】

4.2.2　类型Ⅰ("受事")

当定中结构为类型Ⅰ("受事")时,在自然度上,日语主动态与被动态都是可以接受的,两者均可以被选择,如例句(27)。此外,汉语主动态与被动态也都是自然的,如例句(28)①。

(27)a. 酔っ払いが<u>蹴った</u>乗客

　　　b. 酔っ払いに<u>蹴られた</u>乗客【B】

(28)a. 王老师<u>表扬</u>的学生

　　　b. 被王老师<u>表扬</u>的学生【ⅱ】

4.2.3　类型Ⅰ("接受者")

当定中结构为类型Ⅰ("接受者")时,日语中主动态不自然,被动态具有被选择的优势,如例句(29)和例句(30)②。汉语与日语一样,主动态的"小王奖励词典的小李"不自然,被动态具有被选择的优势,如例句(31)。

(29)a. ?? 太郎が次郎を<u>預けた</u>花子

　　　b. 太郎に次郎を<u>預けられた</u>花子【A】

(30)a. ? 太郎が変なものを<u>見せた</u>次郎

　　　b. 太郎に変なものを<u>見せられた</u>次郎【B】

---

① 当中心语为专有名词时,主动态一般不自然,如"小王骗了的小李"与"小王威胁的小李"。这样的例子在"这位是小王威胁的小李""那位是小张威胁的小李"等语境中是可以被接受的。但是,现实生活中这种情况比较少,所以这样的例子一般不自然。为了排除这种由中心语的性质带来的影响,在考察这个类型时,中心语选择了一般名词。

② 劉志毅(2022:66)指出,相比「スル形」的「太郎が変なものを渡す次郎」,「シタ形」的「太郎が変なものを渡した次郎」更为自然。我们认为这有一定的道理。但是关于「シタ形」是否自然,存在一定的个人差异。对12名日语母语者做的调查结果显示,即使是「シタ形」,例句的自然度也不高。

（31）a. ？ 小王<u>奖励</u>辞典的小李

    b. 被小王<u>奖励</u>辞典的小李【ⅱ】

4.2.4 类型Ⅱ（"处所"）

当定中结构为类型Ⅱ（"处所"）时，日语中主动态与被动态都自然，两者均有被选择的可能，如例句（32）。汉语与日语一样，主动态与被动态均自然，如例句（33）。

（32）a. 太郎が次郎を<u>殺した</u>場所

    b. 次郎が太郎に<u>殺された</u>場所【A】

（33）a. 小王<u>埋</u>了小李的地方

    b. 小李被小王<u>埋</u>了的地方【ⅰ】

4.2.5 类型Ⅲ（"内容补充短语"/"相对关系补充短语"）

当定中结构为类型Ⅲ（"内容补充短语/相对关系补充短语"）时，日语与汉语一样，主动态与被动态均成立。例句（34）和例句（35）为"内容补充短语"的例子，例句（36）和例句（37）为"相对关系补充短语"的例子。

（34）a. 太郎が次郎の鞄を<u>奪った</u>話

    b. 次郎が太郎に鞄を<u>奪われた</u>話【A】

（35）a. 小王<u>窒</u>了小李的那件事

    b. 小李被小王<u>窒</u>了的那件事【ⅰ】

（36）a. 太郎が次郎の財布を<u>盗んだ</u>前日

    b. 次郎が太郎に財布を<u>盗まれた</u>前日【A】

（37）a. 小王<u>袭击</u>小李的前一天

    b. 小李被小王<u>袭击</u>的前一天【ⅱ】

5　日语与汉语之间的异同及其原因

从表1中可以得知，从定中结构的下位分类来看，汉日2种语言的共同点涉及7个小分类，但是二者的不同点只涉及了1个小分类。因为日语与汉语为不同的语言，所以二者在语法现象上存在一定的差异可以说是不奇怪的。二者异同的原因，可以分析如下。

首先，关于日语与汉语的不同点，即当定中结构为类型Ⅱ（"手段"）时，日语中主动态自然，被动态不自然；而在汉语中，当定语从句中有"了"时，主动态与被动态均不自然。如上所述，这是包含"了"的定语结构所表达的结果义与中心语的语义不搭配所导致的。

其次，关于二者相同的原因，我们分4点进行说明。

第一,关于当定中结构为类型Ⅰ("受事")、类型Ⅱ("处所""原因")时的相同点,我们认为这是因为不论是汉语还是日语,表示动词"受事""处所""原因"的成分都可以转成中心语。此外,关于类型Ⅲ,如刘志毅(2018)所指出的,由于中心语与动词之间没有格关系的束缚,所以主动态与被动态容易互相替换,都可以被选择。

第二,关于当定中结构为类型Ⅰ("施事")时的相同点,日语方面,如寺村(1992:243)指出的,表示施事的「が」格成分容易转成中心语,这是主动态自然的原因。此外,针对根据奥田(1974:149)列举出的统一"名词短语阶层"的例子,如「*良寛ガ親シマレテイタ村ノ子供タチ」,刘志毅(2022:69)指出表示被动施事的「に」格成分较难转为中心语,这是被动态不自然的原因。汉语方面,朱德熙(1983:24)指出"VP的"跟名词性成分一样,其所属的格是VP里所缺的那个格,如"用中草药给病人治好关节炎的(那位大夫)"。此外,朱德熙(1983:25)认为VP里有缺位时,"VP的"后的中心语与其同格,如"开车的(人)"。在例句(26)a"表扬小李的小王"中,"表扬小李的"缺少"施事",且中心语"小王"可以作为其"施事",所以该例子是自然的。而在例句(26)b"小李被表扬的小王"中,如果单纯是"小李被表扬"的话,由于被动态即使没有显示"施事"也是自然的[①],所以可以说它不缺成分。这就导致了"的"转指被动态的"施事"出现困难,从而导致"小李被表扬的"也是不自然的,更不用说再加上中心语了。

第三,关于当定中结构为类型Ⅰ("接受者")时的相同点,我们认为这跟"接受者"的可及性较低有关。日语方面,刘志毅(2022)指出,在统一动作的施事和受事的阶层时,表示"接受者"的格成分较难转为中心语。汉语方面,在张静苑(2020)所修正的名词短语的可及性序列中,"接受者"的可及性是最低的。

第四,当定中结构为类型Ⅱ("手段"),且汉语的定语从句中没有"了"的情况下,汉日2种语言均具有主动态优势。这是因为像"方法"这样的中心语具有"施事优势"。

6 结语

通过以上考察,我们发现汉日2种语言在主动态和被动态的选择与定中结构类型的关系上存在较多的共性,当定中结构为类型Ⅱ("手段")时,汉日2种语言在主动态与被动态的选择上有不一致的地方。这是包含"了"的定语结构所表达的结果义与中心语的语

---

① 刘月华、潘文娱、故韡(2001:756)指出,被动句的格式中存在"'被'字后无宾语"这样的句式,如"行李很快地被装上了卡车"。

义不搭配所导致的。当定中结构为其他类型时,汉日2种语言在主动态与被动态的选择上呈现出一致的结果,这与定语从句中的动词与中心语是否具有格关系、句子中的成分转为中心语的难易程度、中心语的性质有关。

参考文献

李珊,1993. 现代汉语被字句研究[M]. 北京:北京大学出版社.

李铁根,1990. 关于"V了的"偏正短语中的"了"[J]. 汉语学习(4):11-14.

刘月华,潘文娱,故韡,2001. 实用现代汉语语法[M]. 增订本. 北京:商务印书馆.

吕叔湘,1999. 现代汉语八百词[M]. 增订本. 北京:商务印书馆.

孟琮,郑怀德,孟庆海,等,1999. 汉语动词用法词典[M]. 北京:商务印书馆.

盛文忠,2010. 汉日语关系从句与指示词语序的类型学差异[J]. 日语学习与研究(2):86-91.

荀恩东,饶高琦,肖晓悦,等,2016. 大数据背景下BCC语料库的研制[J]. 语料库语言学(1):93-109,118.

游舒,2005. 现代汉语被字句研究[D]. 武汉:武汉大学.

张静苑,2020. 汉日关系从句的名词短语可及性对比研究[J]. 日语学习与研究(5):22-32.

张志公,1953. 汉语语法常识[M]. 北京:中国青年出版社.

朱德熙,1982. 语法讲义[M]. 北京:商务印书馆.

朱德熙,1983. 自指和转指:汉语名词化标记"的、者、所、之"的语法功能和语义功能[J]. 方言(1):16-31.

奥津敬一郎,1974. 生成日本文法論[M]. 東京:大修館書店.

工藤真由美,1990. 現代日本語の受動文[C]//言語学研究会. ことばの科学4. 東京:むぎ書房:47-102.

工藤真由美,1995. アスペクト・テンス体系とテクスト:現代日本語の時間の表現[M]. 東京:ひつじ書房.

小泉保,舩城道雄,本田晶治,他,1989. 日本語基本動詞用法辞典[M]. 東京:大修館書店.

下地早智子,2013. 中国語の連体修飾節の構造と意味:日本語との対照を通して[J]. 第33回中日理論言語学研究会(同志社大学大阪サテライト):25-35.

趙海城,2009. 連体修飾節における「V＋タ」の中国語訳について[J]. 比較社会文化研

究（25）：61-71.

陳風,2009. 連体修飾の日中対照研究：限定的修飾を中心に［M］. 東京：牧歌舎.

角田太作,1991. 世界の言語と日本語：言語類型論から見た日本語［M］. 東京：くろしお出版.

寺村秀夫,1992. 寺村秀夫論文集Ⅰ：日本語文法編［M］. 東京：くろしお出版.

日本語記述文法研究会,2009. 現代日本語文法2：第3部格と構文　第4部ヴォイス［M］. 東京：くろしお出版.

堀江薫,プラシャント・パルデシ,2009. 言語のタイポロジー：認知類型論のアプローチ［M］. 東京：研究社.

松木正恵,2000. 連体修飾節のとらえ方：序説［J］. 早稲田日本語研究（8）：1-9.

山田留里子,1999. 日中両国語の連体修飾に関する比較研究［M］. 北京：北京大学出版社.

楊凱栄,2011. 日中連体修飾節の相違に関する考察［C］//汉日对比语言学研究（协作）会,黑龙江大学东语学院. 汉日语言对比研究论丛：第2辑. 北京：北京大学出版社：1-32.

劉志毅,2018. 日本語連体修飾節における動詞の能動態と受動態の交替［D］. 北京：北京外国语大学.

劉志毅,2022. 能動態・受動態の交替と連体修飾節構造の類型［J］. 早稲田日本語研究（31）：61-72.

作者简介

姓名：刘志毅

性别：男

单位：日本早稻田大学教育学研究科

学历：博士研究生在读

职称：无

研究方向：日语语言学、汉日对比语言学

通信地址：日本东京都新宿区西早稻田2-3-1

邮政编码：169-0051

电子邮箱：mrliuzhiyi@126.com

対象の失敗を表す表現の日中対照研究
—「間違える」と"错"を中心に—

A Contrastive Study of Expression for Failure Target Between Japanese and Chinese: Centering on the *Machigaeru* in Japanese and *Cuo* in Chinese

南明世

要　旨：本稿は日本語の「V1-間違える」「間違えてV」と中国語の"V-错""错-V"について、行動の過程と目的語の種類及び語順の2つの観点から違いを考察した。その結果、日本語でも中国語でも対象の選択ミスを「V1-間違える」「間違えてV」、"V-错""错-V"で表し、行為の判断ミスを「間違えてV」、"错-V"で表すこと、また中国語では目的語が名詞の上位を指すか下位を指すかはその有界性に影響されるのに対し、日本語では語順が影響する点を指摘した。

キーワード：複合動詞；結果補語；状語

摘　要：本文从行为的过程、宾语的类型及词序这2个观点出发，考察了日语「V1-间违える」和「间违えてV」与汉语"V-错"和"错-V"的区别。考察结果表明，在日语中，表达"客体选择错误"时，用「V1-间违える」和「间违えてV」；表达"行动选择错误"时，用「V1-间违える」。而在汉语中，表达"客体选择错误"时，用"V-错"；表达"行动选择错误"时，用"错-V"。此外，汉语中宾语指的是名词的上位类抑或下位类会受到其有界性的影响，而日语则会受到词序的影响。

关键词：复合动词；结果补语；状语

1　はじめに

　　まず、日本語では対象の失敗を表す場合、「間違える」を使い、(1)aのように表現する。また、「書く」という具体的な行為の失敗を表す場合、(1)bのような複合動詞や(1)cのような副詞で表現する。しかし、「殴る」のような動詞は(2)aと(2)cは言えるのに対し、(2)bの複合動詞の場合、不自然となることから、すべて言い換えられるとは限らない。また、同じ「書く」という動詞でも、(1)cは「(住所を書くべきところに)名前を間違えて書いた」と、対象の失敗ではなく、行為をする場所(ここでは書く場所)に失敗したという意味でも解釈ができる。しかし、(1)aと(1)bはそのような行為の場所の失敗を表すことができない。したがって、「V1-間違える」「間違えてV」はそれぞれどのような動詞と共起できるのか、どのような失敗を表すのかについて考察する必要がある。

　　(1)a. 書く名前を<u>間違えた</u>。

　　　　b. 名前を<u>書き間違えた</u>。

　　　　c. 名前を<u>間違えて書いた</u>。

　　(2)a. 殴る人を<u>間違えた</u>。

　　　　b. *人を<u>殴り間違えた</u>。

　　　　c. 人を<u>間違えて殴った</u>。

　　次に中国語についてみる。(1)と(2)を中国語に訳すと、(3)と(4)のようになる。「間違える」に相当する"错"は形容詞であるため、(3)aと(4)aのように"错"だけでは目的語をとれず、誤用になる。しかし、日本語で「V1-間違える」「間違えてV」は(3)bと(3)c、(4)bと(4)cのようにどれも"V-错"①の形で表現することができる。

　　(3)a. *我把名字<u>错</u>了。

　　　　b. 我把名字<u>写错</u>了。

　　　　c. 我把名字<u>写错</u>了。

　　(4)a. *我<u>错</u>了打的人。

　　　　b. 我<u>打错</u>了人。

　　　　c. 我<u>打错</u>了人。

---

① "V-错"は動詞と結果補語の動補構造(Vした結果、～という状態になる)となる。

　また、中国語の場合も"错-V^①"という表現がある。許賢科(2020)は"V-错"と"错-V"の違いについて、"V-错"は(5)aのように「花の種類」の間違いになるのに対し、"错-V"は(5)bのように「別の商品」の間違いになると指摘している。

　(5)a. <u>买错</u>了花。[花(の種類)を<u>買い間違えた</u>。]

　　　b. <u>错买</u>了花。[(他の物を買うべきだったのに)<u>間違って花を買った</u>。]

[許賢科(2020:73)の例(4)(5)]

　一見"V-错"は「V1-間違える」と、"错-V"は「間違えてV」と対応しているように見える。しかし、「間違えてV」の場合、「<u>(他の物を買うべきだったのに)間違って花を買った</u>」という意味だけでなく、「<u>花(の種類)を買い間違えた</u>」という意味でも解釈できる。さらに、(6)のように語順を変えると、「<u>(他の物を買うべきだったのに)間違って花を買った</u>」という意味のみを表すことができる。

　(6)<u>間違って花を買った</u>。[(他の物を買うべきだったのに)<u>間違って花を買った</u>。]

　そのため、本稿では日本語の「V1-間違える」「間違えてV」と中国語の"V-错""错-V"について、①どのような動詞と共起し、どのような意味を表すのか、②どのような目的語及び語順が影響するのかといった2つの面から考察し、両言語の相違点を明らかにすることを目的とする。

2　先行研究

　薛婧宇(2019)は「V1-間違える」と"V-错"がどのような動詞と共起できるかといった観点から日中の違いについて述べている。共起できる動詞を表1にまとめる。

表1　「V1-間違える」と"V-错"と共起できる動詞

動詞の種類		日本語「V1-間違える」	中国語「V-错」
動作動詞	1.状態・位置変化	○:送る・堀る	○:挖・发
	2.授受・所有	?:あげる・もらう ○:買う・売る	○:给・取 ○:买・卖
	3.知覚・認識	○:聞く・見る	○:听・看

---

① "错-V"は中国語では状語(述語の前に修飾成分が置かれる連用修飾語)となる。

続　表

動詞の種類		日本語「V1-間違える」	中国語「V-错」
動作動詞	4.言語伝達	○:言う・読む	○:说・读
	5.移動	△:走る・入る	○:跑・进
心理動詞	1.感情	×:愛する・憎む	○:爱・恨
	2.思考・判断	○:考える・算出する	○:考虑・计算
	3.意志・決定	×:決める △:期待する	○:决定 ○:指望
無意志動詞	1.変化	×:死ぬ・なる	×:死・变
	2.現象・存在	×:(雨が)降る・居る	×:下(雨)・在

　このうち、動作動詞の「5.移動:走る・入る」及び心理動詞の「3.意志・決定:期待する」は(7)の右側のように選択肢が想定できる場合であれば使用できると述べている。

(7)??道を<u>走り間違えた</u>。(跑错路。)→方向を<u>走り間違えた</u>。

[薛婧宇(2019)の例(22)]

　しかし、「道」と同様の「コース」であれば「コースを走り間違えた」と使用でき、ここで述べられている選択肢が明確ではない。また、心理動詞、特に「1.感情」は共起できないと述べているが、その理由については指摘していない。南明世(2021)は「V1-間違える(間違う)」と「間違えて(間違って)V」の相違点について、「(足音を)聞き間違える」は「足音を聞く→間違える」という順序であるため、「*(足音を)間違えて聞く」のように「間違える→聞く」の順序では言えないと指摘している。しかし、「言い間違える」と「間違えて言う」のように言い換えられる場合に、この順序は明らかではない。この点に関し、本稿では対象の選択ミスなのか、行為に付随するもの(時間、場所、方法、手段など)の選択ミスなのかといった観点から、「V1-間違える」と「間違ってV」の違いを考察する。

　中国語の"V-错"と"错-V"の違いについて考察したものに許賢科(2020)がある。許賢科(2020)は「有界」と「無界」①という概念を用い、"V-错"は(8)aと(8)bのように無

---

① 沈家煊(1995)は「有界」とは「机」のように分解したら「机」とは呼ばれないように内部が異質なもので構成されているものとし、「無界」とは「水」のように分解しても「水」と呼ばれ内部が同質なもので構成されているものだと述べている。これを踏まえ、許賢科(2020)では(10)aの"花"は全種類の花が含まれている総称的なもの、つまり「無界」であるのに対し、(11)aの"花"は「商品」という範疇の中に含まれている「集合体」つまり「有界」であるとしている。次に(10)bと(11)bの場合は両者とも「数量詞＋名詞」となっていることから「集合体」、つまり「有界」の名詞だと述べている。

界・有界のどちらの名詞も取れるのに対し、"错–V"は(9)aと(9)bのように有界の目的語をしか取れないと述べている。また、それぞれが表す意味について、"V–错"は(8)a無界であれば「花の種類という下位類を間違える」となり、(8)b有界であれば「間違えた目的語名詞の数」となり、認識パターンが異なるのに対し、"错–V"は(9)aと(9)bの両者とも「商品という花の上位類を間違える」を表すと指摘している。

　(8)a. 买错了花。(無界：花の種類を間違えて買った。)

　　 b. 买错了三枝花。(有界：買った花の内3本だけ花の種類を間違えて買った。)

　(9)a. 错买了花。(有界：他の商品ではなく花を間違えて買った。)

　　 b. 错买了三枝花。(有界：他の商品ではなく3本の花を間違えて買った。)

　この点について、本稿では(8)と(9)が日本語の場合それぞれ(10)と(11)のように対応すると考えられる。中国語はどのような目的語がくるのか(有界か無界か)で表現が異なるのに対し、日本語は語順で意味が異なっている。

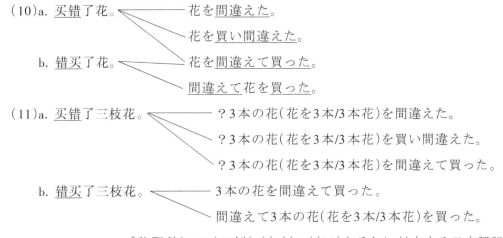

(10)a. 买错了花。――――花を間違えた。
　　　　　　　　　　　花を買い間違えた。
　　 b. 错买了花。――――花を間違えて買った。
　　　　　　　　　　　間違えて花を買った。
(11)a. 买错了三枝花。―――?3本の花(花を3本/3本花)を間違えた。
　　　　　　　　　　　?3本の花(花を3本/3本花)を買い間違えた。
　　　　　　　　　　　?3本の花(花を3本/3本花)を間違えて買った。
　　 b. 错买了三枝花。―――3本の花を間違えて買った。
　　　　　　　　　　　間違えて3本の花(花を3本/3本花)を買った。

　　　　　　　　　　　［許賢科(2020)の例(3)(4)(34)(39)とそれに対応する日本語訳］

　したがって、中国語のどのような目的語がくるかといった観点から、日本語の語順についてみる必要がある。本稿では「V1–間違える」「間違えてV」と"V–错""错–V"の違いについて、①どのような動詞と共起し、どのような意味を表すのか、②どのような目的語及び語順が影響するのかといった観点から考察することを目的とする。

3　「V1–間違える」「間違えてV」と"V–错""错–V"が表す意味

　まず、「V1–間違える」と「間違えてV」の違いについて考察する。本稿では対象の選

択ミスなのか、行為(及び行為に付随するもの)の選択ミスなのかによって表現が異なると考える。例えば、(12)aに示すように「書く」対象である「名前」の誤りの場合、「書き間違える」及び「間違えてV」が使用できる。一方、(12)b～dのように間違える対象が(12)b行為を行う方法(この場合は鉛筆で書かなければならないところにペンを使った)や(12)c行為を行う場所(この場合、紙面上の所定の場所)、(12)d行為の有無のように行為(及び行為に付随するもの)の選択ミスの場合「V1-間違える」では言えず、「間違えてV」が使用できる。

(12)a. 名前を<u>間違えて書いて</u>(<u>書き間違えて</u>)しまった。

　　b. ペンで名前を<u>間違えて書いて</u>(*<u>書き間違えて</u>)しまった。

　　c. 住所を書くべきところに名前を<u>間違えて書いて</u>(*<u>書き間違えて</u>)しまった。

　　d. 名前を書くべきではなかったのに<u>間違えて書いて</u>(*<u>書き間違えて</u>)しまった。

対象の選択ミスでも構文によって違いが見られる。(13)の「AをBと間違えてV」は「V1-間違える」と言い換えができない。「AをBと間違えて、(そして)着てきた」という構造が優先されるからである。

(13)ちなみに私がプレゼントしたスーツのジャケットを誰かのと<u>間違って着て</u>{*<u>着間違えて</u>}来たみたいなので、放置してやろうかともおもってますが……

　　　　　　　　　　　　　　　　　　　　　　　　　　　(Yahoo!知恵袋)

そのため、(14)のように「制服が何種類かあり、Aの制服を着るべきところ、Bの制服を着てしまった」という意味で「制服を着間違える」と「制服」を対象として取ることができる。この場合、「間違えて着る」も使用できる。

(14)制服を<u>着間違える</u>{<u>間違えて着る</u>}と持ち点から5点引かれる学校もあります。

　　　　　　　　　　(https://bangkokpicks.com/thailand_school_uniform/)

また、この「着る」は(15)のように左右逆の場合や前後逆の場合にも広い意味での対象の選択ミスとして「着間違える/間違えて着る」が使用される。

(15)このシリーズの洋服はなんと表裏がありません。さらに、前後もないため、<u>着間違える</u>{<u>間違えて着る</u>}ことがありません。

　　　　　　　　(https://barrierfree-tutti.com/2023/03/15/omoteuranonaisekai/)

中国語の場合、(16)aのように対象の失敗を表す場合に"V-错"と、「書く」という行為の失敗として"V-错""错-V"の両方に対応する。この場合の"V-错""错-V"の違いは目的語によるものである。これについては、第4節で考察する。

（16）a. 我写错了名字。（対象の誤り）

　　　　［名前を間違えて書いて（書き間違えて）しまった。］

　　b. 我写名字用错了笔。/我错用圆珠笔写了名字。

　　　　［ペンで名前を間違えて書いて（*書き間違えて）しまった。］

　　c. 我把名字写错了地方。/我在住址栏错写了名字。

　　　　［住所を書くべきところに名前を間違えて書いて（*書き間違えて）しまった。］

　　d. 我错写了名字。（行為の有無に対する判断の誤り）

　　　　［名前を書くべきではなかったのに間違えて書いて（*書き間違えて）しまった。］

　また、薛婧宇（2019）でも述べるように、“V–错”が意志的な動詞であれば共起できるのは、“错”が表す範囲に行為の選択があるからである。例えば、中国語では“爱”（愛する）や“嫁”（嫁ぐ）のような行為は（17）のように“V–错”で表現できるが、日本語では「V1–間違える」で言い表せない。これは、中国語の“爱”（愛する）や“嫁”（嫁ぐ）には“爱了3年，没有爱好”“嫁了3年，没有嫁到”などが言えることから、相手を選ぶことをも表すことができるが、日本語の「愛する」や「嫁ぐ」は「*3年愛したが愛さなかった」「*3年嫁いだが嫁がなかった」が言えないことからも相手を選ぶことが表せない。このような動詞は中国語では結果を切り離した動作を表すからであると思われる。

（17）a. 有些人啊，先是爱错了人，爱错后又不懂得止损，然后嫁错人，嫁错人后还生了孩子……

　　　　　　　　　　　　　　　　　　　　　　　　　　　　　（微博，BCC）

　　b. ある人はね、まず愛する人を間違えて、間違えて愛したあともまだ止まることを理解せずに、間違った人に嫁ぎ、嫁ぐことを間違えた後もまだ子どもを生んで……

　“找”（「探す」）の場合も同様に、間違える範囲に「誰を探すのか」の判断が含まれているため、その失敗として“找错”が使えるのである。

（18）a. 那3个人来找你的时候，你已经知道他们找错了人？

　　　　　　　　　　　　　　　　　　　　　（古龙《剑花・烟雨・江南》，BCC）

　　b. その3人があなたを探しに来た時、あなたはすでに彼らが｛*探し間違え/?間違えて探し/別の人を探し｝ていることを知っていた。

「探す」以外にも「殺す・殴る・愛する」といった行為の「相手を選ぶ」ことへの失敗を表す場合、日本語では「間違えてV」よりも「別の人をVする」や「Nを間違える」を使用

しやすいなど、行為の失敗ではなく、行為以前の選択の失敗を表しやすい。

　以上を踏まえ、行為の過程における日本語と中国語の相違点を(19)にまとめる。日本語も中国語も全て対象の選択ミスを表すことができ、「間違えてV」"错-V"は行為（及びそれに付随するもの）の選択ミスも表すことができる点で共通している。しかし、中国語の場合、日本語では言えない「殺す・殴る・愛する」といった行為の「相手を選ぶ」場合も"V-错"で表すことができる点で異なっている。

　（19）a．V1-間違える：対象の選択ミス

　　　　間違えてV：対象の選択ミス・行為（及びそれに付随するもの）の選択ミス

　　　b．V-错：対象の選択ミス

　　　c．错-V：対象の選択ミス・行為（及びそれに付随するもの）の選択ミス

4　目的語及び語順について

　第3節では意味の観点から「V1-間違える」「間違えてV」と"V-错""错-V"の相違点について考察した。しかし、第2節で指摘されているように目的語及び語順の問題が残る。つまり、許賢科（2020）で指摘されているように、中国語の目的語の種類（有界か無界か）によって意味が異なる。許賢科（2020）で指摘されている主張を意味別に日本語の表現とどのように対応するかを表2にまとめる。

表2　意味から見た中国語とそれに対応する日本語表現

意味	中国語	日本語
①買う花の種類を間違えた （花の下位類＝種類）	我买错了花。	花を間違えた。 花を買い間違えた。 花を間違えて買った。
②他の物を買うべきところ花を買った （花の上位類＝商品）	我错买了花。	花を間違えて買った。 間違えて花を買った。

　許賢科（2020）はこの場合、"V-错"が取り得る対象は無界としての「（他の花と区別しての）花」であり、"错-V"が取り得る対象は有界としての「（他の商品と区別しての）花」であると主張している。しかし、これを日本語の表現に当てはめた場合、「①買う花の種類を間違えた」は3つの表現が、「②他の物を買うべきところ花を買った」は2つの表現が当てはまる。つまり、(20)のように「①買う花の種類を間違えた」の場合、「花」は「間違える」の対象であり、(21)のように「②他の物を買うべきところ花を買った」の場

合、「花」は「買う」の対象になる。

（20）①買う花の種類を間違えた＝花を間違えた

　　　a.{<u>花を間違えた</u>}。

　　　b.{<u>花を買い間違えた</u>}。

　　　c.{<u>花を間違えて</u>}買った。

（21）②他の物を買うべきところ、花を買った＝花を買った

　　　a.<u>花を</u>{間違えて<u>買った</u>}。

　　　b.間違えて{<u>花を買った</u>}。

　これは、「花」が「間違える」という動詞の対象として文中に示されているものか、「買う」という動詞の対象として文中に示されているのかで異なるからである。図1に示すように、「花を間違える」「ケーキを間違える」の場合、実際に間違えるのは「花の種類」「ケーキの種類」と、目的語の下位類にあたるものである。一方、「花を買う」「ケーキを買う」は「商品としての花を買う」「商品としてのケーキを買う」のように、商品の一部としての対象を示している。

図1　「花」の階層

　以上のように、日本語の場合は対象となる目的語がどの動詞の目的語になるかで、具体的に指し示す対象が異なり、それが意味に影響している。この点は、目的語が数量詞になっても同様である。許賢科（2020：82）は"V–错"の場合、「『下位類を間違える』ことを表す『"V–错"＋裸の名詞（無界名詞）』の場合とは対象的に、数量詞の付加がもたらす数量の意味が明白に読み取れる」と述べている。一方、"错–V"の場合、「『商品』という大きなカテゴリーの中に位置づけられている。……『何本間違えたか』という数量の意味（有界性）は背景化されることとなる」と述べている。このような中国語の違いは日本語で語順として現れている（表3）。

表3　意味から見た中国語とそれに対応する日本語

意味	中国語	日本語
①買った花のうち3本種類を間違えた	我<u>买错</u>了三枝花。	？3本の花（花を3本/3本花を）間違えた。 ？3本の花（花を3本/3本花を）買い間違えた。 ？3本の花（花を3本/3本花を）間違えて買った。
②他の物を買うべきところ間違って花を3本買った	我<u>错买</u>了三枝花。	3本の花を（？花を3本/？3本花を）間違えて買った。 間違えて3本の花を（花を3本/3本花を）買った。

　文中の語順については上記で述べた通りであるが、数量詞の修飾方法にも違いが見られる。①のように全体の内N本を表す場合、「花を3本」あるいは「3本花を」と表現しなければならないのに対し、②のように数量が背景化する場合は「3本の花」と表現しなければならない。これは、「花を3本」と「3本花を」の「3本」は全体のうちの本数を表しており、「3本の花」は全体の数を表しているからである。しかし、「間違えてXを買った」の語順の場合、「3本の花」も「花を3本」も「3本花を」も言えるのは「間違えて」が「数量詞＋名詞」を修飾するからである。

　以上から、中国語の場合は"V-错"が無界（裸の名詞）の場合、対象物の下位類の失敗を表し、有界（数量詞＋名詞）の場合、数量が明白化されるのに対し、"错-V"は裸の名詞でも「数量詞＋名詞」でも共に有界の名詞であり、対象物の上位類の失敗を表す。一方、日本語の場合は対象（O）が有界、無界に限らず、「Oを間違える」「OをV1-間違える」「Oを間違えてVする」の場合に対象物の下位類の失敗を表し、「Oを間違えてVする」「間違えてOをVする」の場合に対象物の上位類の失敗を表す。更に、対象物に数量詞が修飾される場合も語順が影響されることが分かった。

5　まとめ

　本稿は日本語の「V1-間違える」「間違えてV」と中国語の"V-错""错-V"の相違点について①意味の違い、②目的語の種類及び語順の2つの観点から考察した。その結果、日本語は対象の選択ミスを「V1-間違える」「間違えてV」で表し、行為（及び行為に付随するもの）の判断ミスを「間違えてV」で表す。この点は中国語と類似しており、対象の選択ミスを"错-V""V-错"で表すことができ、行為（及び行為に付随するもの）の判断ミスを"V-错"で表すことができる。しかし、中国語の場合、日本語では「V1-間違える」で表すことができない「愛する・殴る」といった対象の選択ミスを広く表すことが

できる点で異なる。これは、日本語と中国語の動詞が表せる動作の範囲が異なり、中国語では結果を切り離した動作を表すからであると思われる。また、中国語は目的語が無界か有界かによって名詞の上位類を指すか下位類を指すかで異なるのに対し、日本語は語順に影響され、意味が異なることを指摘した。その結果を(22)にまとめる。

（22）a. 字を書き間違えた。　　→　　対象選択ミス、*行為選択ミス

　　　b. 字を間違えて書いた。→　　対象選択ミス、?行為選択ミス

　　　c. 間違えて字を書いた。→　　??対象選択のミス、行為選択のミス

　しかし、中国語の"错–V"には"把A错–V成B"の構文がある。この場合、日本語は「書く」の場合、「AをBと書き間違える」「AをBと間違えて書く」は言えるが、「食べる」は「AをBと食べ間違える」は言えないのに対し、「AをBと間違えて食べる」は言えるなど、動詞によって異なる場合がある。この点については、まだ考察の余地があるため、今後の課題としたい。

参考文献

沈家煊, 1995. "有界"与"无界"[J]. 中国语文(5):367–380.

許賢科, 2020. 中国語の"错V"と"V错"の用法について:目的語に見られる「有界性」の観点から[J]. 日中言語対照研究論集(22):72–86.

薛婧宇, 2019. 日本語の失敗を表す複合動詞と中国語との対照研究[D]. 名古屋:名古屋大学.

南明世, 2021. 共起する動詞の違いからみた複合動詞「V1–間違える(間違う)」と副詞的用法「間違えて(間違って)Vする」の意味分析[J]. 東アジア日本学研究(6):53–68.

南明世, 2022. 行為の過程から見る日本語の失敗を表す複合動詞の研究:中国語との対照から[D]. 名古屋:名古屋大学.

作者简介

氏名:南明世

性別:女

所属:国際医療福祉大学総合教育センター

学歴:博士

職務:助教

専門分野:日本語学、記述研究、日中対照研究

住所：日本千葉県成田市公津の杜4-3

郵便番号：286-0048

メールアドレス：cluster358@yahoo.co.jp

汉日"程度副词+名词"结构对比研究

"Degree Adverb + Noun" Structures in Chinese and Japanese: A Contrastive Study

郭蓉菲　冯　颖

　　摘　要：本文根据是否具有性质义对汉日名词进行了层级划分。由于Ⅱ、Ⅲ、Ⅳ级名词具有突出的性质义，因此在汉日语中均能被程度副词修饰。但汉语中能被程度副词修饰的Ⅱ和Ⅳ级名词均比日语多，笔者认为与日语中存在「ようだ」「らしい」等助动词和「っぽい」「的」等接尾辞有关。从与名词的结合度来看，汉语中能与名词结合的程度副词多于日语。另外，由于其句法功能接近"程度副词+形容词"，因此能充当"程度副词+形容词"所能充当的各种句子成分。

　　关键词：名词等级；性质义；程度副词；句法功能；汉日对比

Abstract：This study classifies nouns of Chinese and Japanese according to whether they have attributive meanings or not. Since grade Ⅱ, Ⅲ and Ⅳ nouns have prominent attributes, they could be modified by degree adverbs in both Chinese and Japanese language. However, there are more grade Ⅱ and Ⅳ nouns in Chinese which could be modified by degree adverbs than that in Japanese. It is attributable to the usage of auxiliary verbs such as "youda" "rashii" and suffixed structures such as "ppoi" "teki" in Japanese. Besides, more degree adverbs could be combined with nouns in Chinese than in Japanese. As its syntactic function is similar to "degree adverb+ adjective", it could act as a variety of syntactic components that "degree adverb + adjective" could act as.

Keywords: the degree of nouns; attributive meanings; degree adverbs; syntactic function; contrastive study of Chinese and Japanese language

1　引言

　　无论汉语或日语,程度副词一般都用来修饰形容词(吕叔湘,1979,1980;工藤,1983;国立国语研究所,1991;等等),但二者都存在程度副词修饰名词的现象。

　　(1)这人<u>很生</u>,口才想法俱佳。①

　　(2)生前の安西みち子は、<u>なかなか美人</u>で……②

　　汉语语法学界的传统观点认为程度副词一般不能修饰名词,如胡裕树(1962)、朱德熙(1982)、邢福义(1962,1997)等。赵元任(1979:233)提到了该现象,他指出名词作谓语,以谓语的身份受副词的修饰,如"这个人太君子人了"。之后便有部分学者对该结构的合理性进行论证,如:张伯江、方梅(1996)认为该现象是名词功能游移,即名词活用为形容词引起的;张谊生(1996)认为能被程度副词修饰的名词具有量度义;张谊生(1997)则强调"程度副词+名词"是以名词的形状化为基础,凸显的是名词的内涵义;王小莘、张舸(1998),雷蕾、李春艳(2018)等从句法的角度探讨了该结构能充当的句法成分;邓慧爱、罗主宾(2013)则从历时以及跨语言的角度分析了该结构的成因。日语语法学界讨论该现象的专门研究并不多见。工藤(1983)、張麗群(1992)、国立国語研究所(1991)、仁田(2002)、森田(2008)等虽然指出存在程度副词后续名词的情况,但一致认为仅能修饰方位或时间名词;工藤(1983)指出「相当政治家だ」「とても紳士だ」等的存在仅是一种临时的现象,是由名词形容词化引起的;時衛国(2009)等甚至认为程度副词并不具有直接修饰普通名词的功能。以上这些研究仅对该结构进行了个别探讨,程度副词能否修饰名词仍然存在争议。储泽祥、刘街生(1997)虽然指出程度副词能进入该结构是由名词的细节性质所决定的,但未指出哪些名词具有细节性质。此外,他们认为进入该结构的副词多为表示程度深的,"有点儿"之类程度浅的很少见。因此,本文拟对汉日名词进行层级划分,在此基础上对进入该结构的名词特征进行探究,并对汉日语中名词与程度副词的结合度以及该结构的句法特征进行全面分析,探寻汉日之间的差异及背后的原因。

---

① 本文中文例句除(13)为笔者所拟,其余均出自北京语言大学"BCC现代汉语语料库"。
② 本文日文例句均出自日本国立国語研究所『中納言現代日本語書き言葉均衡コーパス』(BCCWJ)。

2　汉日"程度副词+名词"结构中的名词

2.1　汉日名词的特征

罗琼鹏(2016,2017)认为像形容词可以分为等级形容词和非等级形容词一样,名词也可以分为等级名词和非等级名词。等级名词如"笨蛋""天才"等,非等级名词如"房子""桌子"等。罗琼鹏(2016)认为二者具有3个特征。一是等级名词在语义上具有分级型。"笨蛋"表示笨的程度,"天才"表示聪明的程度,其意义的界定更多地依赖于说话人的主观评价和所处时间、空间、环境,以及一定的比较标准,如可以说"X比Y更笨蛋"。但"房子""桌子"等非等级名词的语义有明确的界限,对其意义的界定只有"是"或"不是"。二是等级名词一般缺少原型。非等级名词如一样东西是否属于"椅子"取决于该物体和"椅子"原型的相似程度,而"笨蛋"之类的等级名词很难界定X和Y谁更接近笨蛋的原型。三是等级名词的语义维度比较单一,具有一个显著的或者唯一的判定标准,如"笨蛋"仅和智商有关。但"老师""桌子"等非等级名词具有多种语义维度,"老师"的语义维度可以包括知识、身份、职业等,"桌子"的语义维度可以是长、宽、高或者面积等。

笔者认为名词并不能明晰地划分为等级和非等级两大类,如"男人""女人""水""火"等既具有等级名词的特征,也具有非等级名词的特征。首先,当解读为非等级名词时,语义有明确的界限,对其意义的界定可以是"是"或"不是",例如"张三是个男人";但同时,也可以解读为等级名词,表示"张三"具有男子气概的程度。其次,"男人""女人"类名词为非等级名词时具有原型,但若解读为等级名词则很难界定X和Y谁更接近"男人"或"女人"的原型。最后,"男人""女人"类名词有多种语义维度,如身高、体重、性征等,但同时也可以表示单一维度,如"男人"和男子气概有关,"女人"与温柔贤惠有关。由此可见,罗琼鹏(2016)的分类无法概括上述"男人""女人""水""火"等名词。

一般来说,名词用来指称客观世界的某个类别,具有类指的指称义,如"女人是水做的"中的"女人"指代一个类别。但有些名词还具备能被提炼出来的某种性质,如"男人"具有"有男子气概、讲义气、光明磊落"等性质,"水"具有"透明、无色,无实质内容"等性质。在特定的语境中,这种性质义能够被激活,用来凸显事物的某种特征,如"'小芳'这个名字很女人"中的"很女人"就是凸显"小芳"这个名字由于意为充满芳香故偏女性化的特点。但并非所有名词都具有性质义,如"桌子""手电筒""电脑"等。因此,笔者在罗琼鹏(2016)的基础上根据名词是否具有性质义,对汉语中的名词再次进行了整理和分类,

探讨与程度副词的同现情况。具体划分如表1所示。

表1　汉语名词等级划分

等级	特征	词例
Ⅰ级	容易联想到原型的具体名词,不具性质义	桌子、水杯、大厦、话筒
Ⅱ级	容易联想到原型的具体名词,具有性质义	牛、火、水、土、鬼、中国、油、阳光、铁、虎、男人、女人、阿Q、林妹妹
Ⅲ级	难以联想到原型的具体名词,具有性质义	英雄、绅士、淑女、知己、流氓、白痴、天才、无赖、势利眼、大众
Ⅳ级	难以联想到原型的抽象名词,具有性质义	悲剧、人性、智慧、生态、敌意、诗意、理论、个性、真理、东、西、左、右

Ⅰ级是指仅表示事物类别,而不具有性质义的具体名词,提起时能快速联想到原型或与原型接近的事物,包括"桌子""杯子"等事物名词、"老师""导游"等身份职业类名词。这类名词不具备被提炼出来的某种性质,不能被程度副词修饰。一般不会说"很桌子""十分导游"等。另外,"人"具有"直立行走、能说话、会思考"等特征,但我们一般不说"很人",因为这些特征并行存在,从"很人"这个表达,读者很难判断出被激活的是何种性质义,所以不能与程度副词同现。

Ⅱ级是指相对于Ⅰ级来说,具有某种突出性质义的具体名词。如"火"具有"旺、热、盛行"等性质,"现代"具有"新潮、高科技"等性质,因此能被程度副词修饰。如:

(3)一个不健全的景区是没有生命力的,今天<u>很火</u>,明天可能无人问津。

专有名词一般表示某种固定的名称,不能被程度副词修饰。但若其具有能够被激活的某种典型性质,则能被程度副词修饰。如:

(4)这些话其实蛮有哲学味,虽然<u>有点阿Q</u>。

另外,虽然"人"不能被程度副词修饰,但我们经常说"很鬼"。因为"鬼"具有"诡计多端、耍花招、阴险"等性质。如:

(5)但是苏珊·波尔加<u>很鬼</u>,她采取收缩的办法,使谢军产生一种面对坚固防线很难取胜的感觉。

Ⅲ级名词很难找到其原型,如"白痴"突出了愚蠢的程度,可以说"X比Y更白痴",但不能说X和Y谁更接近"白痴"的原型。这类名词具有典型性质义,可以与程度副词同现。如:

(6)你说得<u>很平民</u>。你有点贬低建筑是凝固的音乐这句话啊。

　　Ⅳ级是指比Ⅲ级名词抽象化程度更高的名词,一般很难找到其原型。这类名词也具有突出的性质义,可以被程度副词修饰。如:

　　(7)江中的中药制造基地很大、<u>很生态</u>。

　　Ⅳ级名词还包括"上""下""左""右"等方位词,它们可以看成在方向或位置上具有"上"或"下"等性质义,因此也能被程度副词修饰。如:

　　(8)有时从他们的面相上看,也是<u>极其南方</u>并且多雨水的,虽然他们会刻意留长发或长须,比如像赵安。

　　"左"和"右"除了表示方位的相对性,还可以表示思想上的冒进或保守。如:

　　(9)那种认为真理有阶级性的观点貌似<u>很左</u>,其实<u>很右</u>。

　　日语名词也和汉语一样,根据是否具有性质义可划分为4个等级(见表2)。

表2　日语名词等级划分

等级	特征	词例
Ⅰ级	容易联想到原型的具体名词,不具性质义	日本人、先生、佐藤、雨、机、書物
Ⅱ级	容易联想到原型的具体名词,具有性质义	役者、商売人、もの
Ⅲ级	难以联想到原型的具体名词,具有性质义	美人、玄人、アイディアマン、神経質、照れ屋、傑物、有名人、金持ち、働き者、のんき者、泣き虫、凡手
Ⅳ级	难以联想到原型的抽象名词,具有性质义	絶景、疑問、快感、奇観、重症、上、下、左、右、先、以前、のち

　　Ⅰ级名词容易联想到原型,仅表示类别,不具有性质义,不能被程度副词所修饰,日语一般不说「*なかなか日本人だ」「*とても雨だ」等。

　　Ⅱ级名词也容易联想到原型,不仅表示类别,也具有某种性质义,可以被程度副词修饰。如:

　　(10)しかし、カツオはなかなか<u>商売人</u>である。

　　Ⅲ级名词不容易联想到原型,较Ⅱ级名词相比,语义更加抽象,性质义更加浓厚,能与程度副词同现。如本文引言部分的例句(2)。

　　Ⅳ级名词难以联想到原型,类别义比较模糊,性质义突出,受程度副词修饰的情况比较多。如:

　　(11)先生はそう答えながら、自分のドラマのはまり方は、<u>かなり重症</u>だな、と認識したのだった。

另外,「上」「左」「以前」等由于具有方位或时间上的典型性质义,因此也能被程度副词修饰。如:

(12)私はずっと前に人生の航路を決めていた。

从上述分析可以得知,汉日名词均可以分为4个等级。Ⅰ级、Ⅱ级名词为具体名词,能快速联想到原型,Ⅰ级名词仅表示事物的类别,Ⅱ级名词还具有某种典型性质义。Ⅲ级名词也为具体名词,但较Ⅱ级名词抽象,很难联想到原型,性质义较Ⅱ级名词浓。Ⅳ级名词则为抽象名词,难以联想到原型,性质义突出。

如图1所示,并非如罗琼鹏(2016)笼统地将名词概括为等级和非等级,而是形成了一个序列:从Ⅰ级到Ⅳ级,原型越来越模糊,从单纯地表示类别、不具有性质义的Ⅰ级,到既具有类别义也具有性质义的Ⅱ级,再到类别义逐渐淡化,性质义增强的Ⅲ级,最后到类别义几乎完全淡化、性质义突出的Ⅳ级。整个过程,名词的类别义越来越弱,性质义越来越强。在这个过程中,一旦其所具有的某种突出性质被激活,便能被程度副词修饰,而且性质义越浓,越能被程度副词修饰。

图1　汉日名词性质义序列

2.2　汉日"程度副词+名词"结构中名词的对比

笔者对北京语言大学"BCC现代汉语语料库"和日本国立国语研究所『中納言現代日本語書き言葉均衡コーパス』(BCCWJ)进行了全面检索,受程度副词修饰的Ⅱ级、Ⅲ级和Ⅳ级名词的区别词数如表3所示。

表3　汉日语中程度副词所修饰名词的区别词数

名词等级	汉语		日语	
	区别词数/例	占比/%	区别词数/例	占比/%
Ⅱ级	20	15.04	3	3.70
Ⅲ级	20	15.04	29	35.81
Ⅳ级	93	69.92	49	60.49
合计	133	100	81	100

汉语中程度副词后接名词的区别词数为133例，Ⅳ级名词最多，Ⅲ级名词和Ⅱ级名词较Ⅳ级名词相比要少很多；日语中程度副词后接名词的区别词数为81例，Ⅳ级名词最多，Ⅲ级名词次之，Ⅱ级名词最少，抽象程度越高，越能被程度副词修饰，词义越具体，受程度副词修饰的情况越少。由此可见，汉语中名词的区别词数多于日语，但日语并非如前期研究指出的那样，全部是方位或时间名词，其中方位或时间名词仅有27例，只占33.33%。汉语中Ⅱ级名词比日语多，笔者认为可能与日语中存在「ようだ」「らしい」「っぽい」等凸显名词性质的助动词或接尾辞有关，「女らしい」「男らしい」「女っぽい」等说法在日语中十分常见，汉语中虽然存在"很有女人味""很有男子气概"等说法，但无法凸显女人"身姿绰约、性格温婉、优雅大方"和男人"身材高大、讲义气、勇敢威猛"等全部的性质特征。因此使用"很女人""很男人/很爷们"更简练、更准确。另外，汉语中Ⅳ级名词远远多于日语，或许是因为汉语中很多受程度副词修饰的抽象名词如"很哲理""非常个性"等，在日语中往往通过添加接尾辞「的」，如「哲学的」「個性的」等，将名词转化成形容词之后受程度副词修饰，因此「*とても哲学」「*なかなか個性」等不太常见。

通过上述分析我们发现，被程度副词修饰的名词实际上都是具有某种突出性质的名词，其所拥有的性质义为能够被程度副词修饰提供了语法基础。谭景春（2001）等认为无论是具体名词、专有名词或抽象名词，与副词组合时都体现出一个共同的语义特征，即性质义。诚然，"程度副词+名词"表示事物的某种性质义，但这种性质义并非因为二者结合才产生，而是由于名词本身具有的性质义，才促使它被程度副词修饰。郭蓉菲（2017:64）指出存在"表示某种典型特征或者某种倾向的名词"，即本文所说的具有某种性质义的名词。名词本身具有的性质义才促使了它与程度副词的结合，而并非由于二者结合才产生性质义，而且名词的性质义即使不被程度副词修饰，也能体现出来。如：

（13）他就是个<u>无赖</u>。

此时，"无赖"并非被程度副词修饰，但被描述对象"他"所具有的"死皮赖脸、死乞白赖"的典型性质义照样被刻画出来。因此，名词能被程度副词所修饰，是其自身的某种典型性质义所决定的。

3　汉日"程度副词+名词"结构中的程度副词

3.1　汉语"程度副词+名词"结构中的程度副词

笔者对"BCC现代汉语语料库"进行全面统计，并将进入汉语"程度副词+名词"结构

的程度副词及后续名词的情况以表4呈现出来。

表4　汉语"程度副词+名词"结构中的程度副词及后续名词情况

单位:例

汉语"程度副词+名词"结构中的程度副词	后续名词等级	区别词数	合计	总词数	汉语"程度副词+名词"结构中的程度副词	后续名词等级	区别词数	合计	总词数
很	Ⅱ级	15	78	3506	挺	Ⅱ级	5	13	219
	Ⅲ级	14				Ⅲ级	3		
	Ⅳ级	49				Ⅳ级	5		
非常	Ⅱ级	7	28	265	相当	Ⅱ级	1	6	62
	Ⅲ级	3				Ⅲ级	1		
	Ⅳ级	18				Ⅳ级	4		
十分	Ⅱ级	3	26	841	最	Ⅱ级	2	40	4632
	Ⅲ级	2				Ⅲ级	3		
	Ⅳ级	21				Ⅳ级	35		
极其	Ⅱ级	1	20	35	更加	Ⅱ级	4	24	270
	Ⅲ级	3				Ⅲ级	4		
	Ⅳ级	16				Ⅳ级	16		
特别	Ⅱ级	6	15	125	比较	Ⅱ级	0	11	497
	Ⅲ级	3				Ⅲ级	0		
	Ⅳ级	6				Ⅳ级	11		
有点	Ⅱ级	4	14	273	越发	Ⅱ级	0	10	20
	Ⅲ级	3				Ⅲ级	1		
	Ⅳ级	7				Ⅳ级	9		
太	Ⅱ级	5	14	290	愈加	Ⅱ级	0	3	5
	Ⅲ级	2				Ⅲ级	1		
	Ⅳ级	7				Ⅳ级	2		

汉语中绝对程度副词和相对程度副词[①]都能修饰名词,但绝对程度副词修饰名词的情况较相对程度副词多。从所修饰的名词种类及数量来看,在绝对程度副词中,"很"使用范围最广且频率最高,不仅能修饰Ⅱ级和Ⅲ级名词,如"很牛""很火""很英雄"等,还包括Ⅳ级名词,如"很真理""很生态"等;"相当"修饰的区别词数最少,且基本上集中在Ⅳ级名词,如"相当悲剧""相当规律"等。在相对程度副词中,"最"的区别词数和出现频率最高,但都集中在Ⅳ级名词,如"最本质""最智慧"等;"愈加"则区别词数最少,出现频率最低,仅出现5次。

3.2　日语"程度副词+名词"结构中的程度副词

笔者对『中納言現代日本語書き言葉均衡コーパス』(BCCWJ)进行全面统计,并将进入日语"程度副词+名词"结构的程度副词及后续名词的情况以表5呈现出来。

表5　日语"程度副词+名词"结构中的程度副词及后续名词情况

单位:例

日语"程度副词+名词"结构中的程度副词	后续名词等级	区别词数	合计	总词数	日语"程度副词+名词"结构中的程度副词	后续名词等级	区别词数	合计	总词数
なかなか	Ⅱ级	3	32	45	だいぶ	Ⅱ级	0	11	201
	Ⅲ级	14				Ⅲ级	0		
	Ⅳ级	15				Ⅳ级	11		
かなり	Ⅱ级	0	24	356	ずいぶん	Ⅱ级	0	7	211
	Ⅲ级	3				Ⅲ级	1		
	Ⅳ级	21				Ⅳ级	6		
とても	Ⅱ级	0	20	41	もっと	Ⅱ级	0	16	247
	Ⅲ级	17				Ⅲ级	0		
	Ⅳ级	3				Ⅳ级	16		

---

① 周小兵(1995)将汉语程度副词分为绝对程度副词和相对程度副词,并列出其各自的主要成员,绝对程度副词包括"很""非常""十分""挺""怪""相当""有些""有点""不大""不太""太";相对程度副词包括"最""顶""更""更加""越发""愈加""比较""还₁""还₂""稍""稍微""略""多少"。本文参照周小兵(1995)对汉语程度副词的分类进行统计。

续　表

日语"程度副词+名词"结构中的程度副词	后续名词等级	区别词数	合计	总词数	日语"程度副词+名词"结构中的程度副词	后续名词等级	区别词数	合计	总词数
けっこう	Ⅱ级	0	15	70	ずっと	Ⅱ级	0	15	472
	Ⅲ级	4				Ⅲ级	2		
	Ⅳ级	11				Ⅳ级	13		
ちょっと	Ⅱ级	0	15	305	一番	Ⅱ级	0	13	868
	Ⅲ级	0				Ⅲ级	0		
	Ⅳ级	15				Ⅳ级	13		
少し	Ⅱ级	0	14	886	もっとも	Ⅱ级	0	10	24
	Ⅲ级	0				Ⅲ级	0		
	Ⅳ级	14				Ⅳ级	10		

　　日语的绝对程度副词和相对程度副词①都可以修饰名词,但绝对程度副词修饰名词的情况较相对程度副词多。从绝对程度副词来看,「なかなか」修饰的名词词例最多,「少し」「ちょっと」「だいぶ」「ずいぶん」等所能修饰的名词词例较少,但使用的频率比「なかなか」高出很多。不过,如表6所示,这些词几乎都是后续方位或时间名词,而「なかなか」则少见后续方位或时间名词的情况,仅有2例。另外,「かなり」修饰的绝大部分也是方位或时间名词,但「とても」则完全不能修饰这类名词。从相对程度副词来看,除了「ずっと」「もっとも」能修饰个别其他名词,如「ずっと美人」「ずっと金持ち」「もっとも傑作」等,其余修饰的均为方位或时间名词。

----

① 工藤(1983:178)认为日语程度副词也可以分为绝对程度副词和相对程度副词。绝对程度副词包括「非常に」「大変(に)」「はなはだ」「ごく」「すこぶる」「極めて」「至って」「とても/大分」「随分」「相当」「大層」「かなり」「よほど/わりあい」「わりに」「けっこう」「なかなか」「比較的/すこし」「ちょっと」「少々」「多少」「心持ち」「やや」;相对程度副词包括「もっとも」「いちばん/もっと」「ずっと」「一層」「一段と」「ひときわ/はるかに」「よけい(に)/より」。本文参照工藤(1983)对日语程度副词的分类进行统计。

表6　日语程度副词后续名词总词数和后续方位/时间名词总词数

单位:例

日语程度副词	后续名词总词数	后续方位/时间名词总词数	日语程度副词	后续名词总词数	后续方位/时间名词总词数
なかなか	45	2	だいぶ	201	201
かなり	356	341	ずいぶん	211	209
とても	41	0	もっと	247	247
けっこう	70	56	ずっと	472	469
ちょっと	305	305	一番	868	868
少し	886	886	もっとも	24	23

3.3　汉日"程度副词+名词"结构中程度副词特征的对比

汉语中能与名词结合的程度副词词例及总体频率均比日语高,而且所修饰的名词范围广,大部分均能修饰Ⅱ级、Ⅲ级和Ⅳ级名词。除了储泽祥、刘街生(1997)指出的程度深的"很""非常""十分""极其"等,程度浅的"有点"也被大量使用。另外,"相当""越发""愈加"也表示程度深,但使用例并不多。日语中程度深和程度浅的程度副词均能修饰名词,而且修饰方位或时间名词并不是一种普遍的现象,「なかなか」「とても」「かなり」「けっこう」等就倾向于修饰非方位或非时间名词,特别是「なかなか」「とても」几乎不能修饰方位或时间名词。此外,「ずいぶん」「ずっと」「もっとも」也能修饰少量其他名词,其余副词则通常修饰的是方位或时间名词。由此可见,汉语中程度副词与名词的结合更自由。

4　汉日"程度副词+名词"结构的句法特征

4.1　汉语"程度副词+名词"结构的句法特征

在汉语中,"程度副词+名词"结构在句子中可以任意充当谓语、定语、状语或补语,表7是笔者对"BCC现代汉语语料库"统计的结果。

表7 汉语"程度副词+名词"结构所充当的句子成分

句子成分	作谓语		作定语		作状语		作补语		合计	
	数量/例	占比/%	数量/例	占比/%	数量/例	占比/%	数量/例	占比/%	数量/例	占比/%
程度副词+名词	5306	48.06	5142	46.58	255	2.31	337	3.05	11040	100

汉语中该结构作谓语和定语的比例较高,二者的总和占比近95%,作状语和补语的情况比较少,仅占5%左右。这一结构的使用范围很广,不仅在口语中的出现频率很高,在小说、报刊和科技文献中也被大量使用。

(14)我当即很英雄地允诺,其实当时对长篇小说我几乎毫无经验。

(15)那几根曾与污泥黄沙共处的竹竿,顿显万竿风情,为西洋建筑罩上一层很中国的图案,相融相辉。

例句(14)中的"很英雄"作状语,出自小说;例句(15)中的"很中国"作定语,出自报刊。

4.2 日语"程度副词+名词"结构的句法特征

笔者分别统计了『中納言現代日本語書き言葉均衡コーパス』(BCCWJ)中程度副词修饰方位或时间名词和修饰其他名词时所充当的句子成分(见表8)。

表8 日语"程度副词+名词"结构所充当的句子成分

句子成分	作谓语		作定语		作状语		总计	
	数量/例	占比/%	数量/例	占比/%	数量/例	占比/%	数量/例	占比/%
程度副词+方位/时间名词	245	6.79	1320	36.61	2041	56.60	3606	100
程度副词+非方位/时间名词	114	95.00	6	5.00	0	0	120	100
合计	359	9.63	1326	35.59	2041	54.78	3726	100

日语中程度副词修饰方位或时间名词的频率很高,有3606例,可以充当谓语、定语和状语,其中充当状语的情况最多,其次是充当定语,充当谓语的情况最少。与此相对,程度副词修饰其他名词时仅有120例,其中充当谓语的情况最多,其次是充当定语,不存在充当状语的情况。在口语和小说中使用频率较高,在报刊和国会议事录等正式文体中也有少量的分布。

4.3 汉日"程度副词+名词"结构句法特征的对比

汉语"程度副词+名词"结构可以自由地充当谓语、定语、状语或补语，且充当谓语和定语等的比例很高。日语中作谓语的比例较低，通常情况下都是出现在状语等位置，而且基本上都是"程度副词+方位/时间名词"。杨伯峻、何乐士（2001）认为在古汉语中，主语和名词谓语之间可插入一些副词；杨荣祥（2005）指出"最"在《朱子语类》中出现了直接修饰名词性谓语的情况；邓慧爱、罗主宾（2013）进一步推断，既然名词谓语句使得"副词+名词"结构成为可能，那么程度副词就有可能进入这一结构，其认为名词谓语句使"程度副词+名词"组合成为可能。笔者认为上述分析能解释为何汉语中"程度副词+名词"结构可以充当谓语，却无法解释为何能充当其他句子成分。之所以该结构具备上述句法特征，笔者认为与程度副词修饰形容词的句法特征有关。汉语或日语中的程度副词一般用来修饰形容词。在汉语中，"程度副词+形容词"可以充当谓语、定语、状语或补语；在日语中，也可以充当谓语、定语或状语。程度副词原本修饰的是具有某种性质意义的形容词，由于某些名词也具有某种突出的性质义，其语义上的性质义为其被程度副词修饰提供了前提，于是出现了"程度副词+名词"结构。也就是说，该结构可以看作"程度副词+形容词"结构的衍生。于是，在逐渐被大众接受使用的过程中，该结构也渐渐具有了与"程度副词+形容词"一致的句法功能，能充当其所能充当的各种句子成分。而方位或时间名词在通常情况下都是充当状语，构成方位或时间状语等，用来表示动作行为发生的地点或时间，由于其语义的特殊性，日语中"程度副词+名词"作状语的情况较多。

5 结语

无论汉语或日语，程度副词均能修饰Ⅱ、Ⅲ、Ⅳ级名词，这些名词具有共同的语义特征——性质义。正是其本身所具有的性质义才促使了"程度副词+名词"结构的出现。从与名词的结合度来看，汉语中很多程度副词都能与具有某种性质义的名词自由地结合，而日语修饰非方位时间名词的程度副词仅仅限于「なかなか」「とても」「かなり」「けっこう」等。另外，由于其功能上接近"程度副词+形容词"，因此能充当"程度副词+形容词"结构所能充当的各种句子成分。邓慧爱、罗主宾（2013）指出，在汉语中，程度副词修饰名词的现象在1980年以前出现得较少，1980年以后不断增加。日语则是2000年以前不多，而且以方位或时间名词为主，修饰非方位时间名词仅39例，2000年以后，能进入该结构的非方位时间名词和程度副词都明显增加，使用文体从口语体扩大到了报刊、议事录等正

式文体。在语言不断发展变化的过程中,随着大众的接受和使用,"程度副词+名词"结构也许会慢慢作为一种新的格式固定下来。

参考文献

储泽祥,刘街生,1997. "细节显现"与"副+名"[J]. 语文建设(6):15-19.

邓慧爱,罗主宾,2013. 程度副词修饰名词成因的跨语言考察[J]. 古汉语研究(2):37-42.

郭蓉菲,2017. 论日汉语"名+一量"结构的主观评价功能[J]. 日语学习与研究(5):58-66.

胡裕树,1962. 现代汉语[M]. 上海:上海教育出版社.

雷蕾,李春艳,2018. "很+名词"在文学作品中的语法功能考察[J]. 语文学刊(3):65-69.

黎锦熙,2007. 新著国语文法[M]. 长沙:湖南教育出版社.

罗琼鹏,2016. 有"大"无"小"的"大+NP"结构:兼谈名词的等级性[J]. 汉语学习(3):43-52.

罗琼鹏,2017. 汉语名词的程度与等级性[J]. 语言学研究(1):97-109.

吕叔湘,1979. 汉语语法分析问题[M]. 北京:商务印书馆.

吕叔湘,1980. 现代汉语八百词[M]. 北京:商务印书馆.

吕叔湘,2014. 中国文法要略[M]. 北京:商务印书馆.

谭景春,2001. 关于由名词转变成的形容词的释义问题[J]. 辞书研究(1):21-29.

王小莘,张舸,1998. "程度副词+名词"是当前汉语运用中值得注意的一种现象[J]. 语言文字应用(2):42-43.

邢福义,1962. 关于副词修饰名词[J]. 中国语文(5):215-217,211.

邢福义,1997. "很淑女"之类说法语言文化背景的思考[J]. 语言研究(2):1-10.

杨伯峻,何乐士,2001. 古汉语语法及其发展[M]. 修订本. 北京:语文出版社.

杨荣祥,2005. 近代汉语副词研究[M]. 北京:商务印书馆.

张伯江,方梅,1996. 汉语功能语法研究[M]. 南昌:江西教育出版社.

张谊生,1996. 名词的语义基础及功能转化与副词修饰名词[J]. 语言教学与研究(4):57-75.

张谊生,1997. 名词的语义基础及功能转化与副词修饰名词:续[J]. 语言教学与研究(1):135-142.

赵元任,1979. 汉语口语语法[M]. 北京:商务印书馆.

周小兵,1995. 论现代汉语的程度副词[J]. 中国语文(2):100-104.

朱德熙,1982. 语法讲义[M]. 北京:商务印书馆.

工藤浩,1983. 程度副詞をめぐって[M]//渡辺実. 副用語の研究. 東京:明治書院:
　176-198.

国立国語研究所,1991. 副詞の意味と用法[M]. 東京:大蔵省印刷局.

時衛国,2009. 中国語と日本語における程度副詞の対照研究[M]. 東京:風間書房.

張麗群,1992. 程度副詞の体言修飾について[J]. 日本語と日本文学(16):28-38.

仁田義雄,2002. 副詞的表現の諸相[M]. 東京:くろしお出版.

森田良行,2008. 動詞・形容詞・副詞の事典[M]. 東京:東京堂.

作者简介

姓名:郭蓉菲

性别:女

单位:中南大学外国语学院日语系

学历:博士研究生

职称:副教授

研究方向:日语语言研究、汉日语言对比研究

通信地址:湖南省长沙市岳麓区中南大学外国语学院日语系

邮政编码:410083

电子邮箱:feifeixi0602@163.com

姓名:冯颖

性别:女

单位:中南大学外国语学院日语系

学历:硕士研究生

职称:无

研究方向:日语语言研究、汉日语言对比研究

通信地址:湖南省长沙市岳麓区中南大学外国语学院日语系

邮政编码:410083

电子邮箱:294462916@qq.com

基于语料库的有关"面子"构式的汉日对比研究

A Corpus-Based Comparative Study of the "Face" Construction in Chinese and Japanese

侯占彩

摘　要：本文运用语料库法、对比方法、原型范畴和隐喻理论,对汉日语中的"V+面子"和「面子＋助詞＋動詞」构式、"N(的)面子"和「名詞＋の＋面子」构式进行分析,探讨其异同,以及社会、文化和认知因素。研究发现:①共现动词语义相似,但在构成原型范畴、语序和语言类型方面有差异;②在个人、关系和集体层面的呈现不同,前10位的共现名词相似,但日语隐喻的敏感因素少;③两者深受儒家思想的影响,汉语体现了家国同构的社会结构,而日语体现了所属的集团。这对跨语言文化研究具有启发意义。

关键词：语料库;面子;原型范畴;隐喻;汉日对比

Abstract: Based on the prototype category and metaphor theory in cognitive linguistics, this paper attempts to analyze the construction of "V+face" and "face+Po+V", "N('s) face" and "N+no+face" in Chinese and Japanese, and explore the similarities and differences as well as social, cultural and cognitive factors by employing corpus and comparative method. It is found that (1) The semantics of co-occurrence verbs are similar, but there are differences in prototype category, word order and language type. (2) The presentation is different at the individual, relationship and collective levels. The top 10 co-occurrence nouns are similar, but there are few sensitive factors of Japanese metaphor. (3) Both are deeply influenced by Confucianism. Chinese reflects the social structure of family and country which are the same, while Japanese reflects the group to which it belongs. This paper has some implications for cross-linguistic and culture study.

Keywords: corpus; face; prototype category; metaphor; Chinese-Japanese comparison

1　引言

汉日语中有关"面子"的表达非常丰富,其也是中日两民族社会交际的重要行为准则。其相关的研究一直备受国内外关注,根据研究的内容和视角可以概括为3个方面。一是有关汉语中"面子"的研究(卢涛,2000;周凌、张绍杰,2013,2014,2016;周凌,2017;等等)。卢涛(2000)从语言历史过程和实际运用的角度出发,通过考察汉语中"面子"的隐喻即概念化过程,说明"面子"的含义,揭示身体词汇隐喻的相对普遍性。周凌、张绍杰(2013,2014,2016)运用语料库和问卷调查等研究方法,探讨中国人面子表达的明示性与汉语言的文化特性存在的因果关系;从社会、认知、文化①3个维度考察影响和制约中国人明示性面子行为的因素;分析"V+面子"和"V+脸"搭配形式,以及对其呈现的层面、使用的频率和凸显的面子敏感因素。周凌(2017)从跨文化语用学视角对汉语文化特性的面子和人际交往问题进行了深入分析。二是有关日语中"面子"的研究(曹珊,2008;隋晓静,2019;等等)。曹珊(2008)从语义方面分析了由"面"和"颊"构成的惯用语的异同。隋晓静(2019)从面子平衡的视点考察日语会话中自我贬低表达的语用功能。三是有关"面子"的汉日、汉日英对比研究(加藤,2000;谷守、張恩花,2005;侯占彩,2005;毋育新,2014;林萍萍,2018;等等)。加藤(2000)论述了交际时汉、日、英3种语言中"面子"成立的背景及概念的异同。谷守、張恩花(2005)从3个场面考察了中日"面子"的异同。侯占彩(2005)基于词典运用文化语言学和对比语言学的理论与方法对汉日语中有关"名"与"耻"的词汇进行了探讨,也包括有关"面子"的词汇。毋育新(2014)探讨了语用学"face"和汉日语中"面子"概念的异同,认为前者表示一种心理欲求,属于语用学范畴,后者表示社会道德规范,属于文化范畴。林萍萍(2018)从多方面探讨了中日面子行为的异同及社会文化②原因。上述研究内容体现了多维度、多层面,即在特定文化中分析面子、在交际行为中考察面子、运用语用学中的礼貌原则探讨面子、在语义学中辨别面子等,既有历时的研究,也有共时的研究,研究方法和理论涉及了认知语言学、对比语言学、文化语言学及跨文化语用学,展现出跨学科交叉的特点。

---

① 社会维度:身居要职、家庭富有、事业有成、享有威望、身份显赫、争光争气。文化维度:尊老爱幼、真诚友善、感情出轨、尊严至上、给人情面、考取名校。认知维度:自我形象、受到尊重、虚伪虚荣、社会认同、自尊自卑、自强自立。(周凌、张绍杰,2014:2)

② 社会文化:関与者という要因が面子喪失に与える影響、親密度と行為者と関与者が面子獲得に与える影響。(林萍萍,2018:31)

　　根据上述文献梳理,笔者发现目前鲜有基于语料库对汉日语中有关"面子"构式的对比研究。因此,本文拟基于 NLB 和 CCL 语料库,运用语料库法、对比方法、原型范畴和隐喻理论,对汉日语中的"V+面子"和「面子＋助詞＋動詞」、"N(的)面子"和「名詞＋の＋面子」构式进行分析,探讨其异同,以及其社会、文化和认知①因素。这对跨语言文化研究具有一定的启发意义。

2　研究理论和方法

2.1　原型范畴和隐喻理论

　　莱考夫提出了原型范畴。原型范畴观是指原型及与之相似的成员被归类于一个范畴(荒川、森山,2015)。原型是范畴中的典型示例,其他成员是由于它们与原型之间存在着能被感知的相似性而被归入同一范畴,同时这些成员与原型之间的相似性程度存在差异(Lakoff,1987,1990)。原型在范畴化中起了关键作用,对于范畴的划分可以起到认知参照点的作用。对于原型范畴,人们普遍认为语义范畴是放射性结构,语义范畴的边缘是模糊的;语义范畴成员之间有最佳示例程度的差异,成员之间存在家族相似性(文秋芳,2013)。

　　认知语言学把隐喻看作人类组织概念系统的认知和思维方式,认为隐喻在范畴化、概念结构和思维推理中发挥了重要作用。隐喻(metaphor,メタファー,隐喻)是将某种概念通过另一种概念来认识的机制。我们借助隐喻的认知过程,以日常的具体经验为基础理解抽象、主观的对象。也就是说,我们的概念体系中会形成某一具体概念与另外的抽象概念之间的对应关系。莱考夫和约翰逊提出了概念隐喻的观点,即这种概念体系中形成的概念与概念之间的对应关系(翟东娜,2006)。

2.2　研究方法

　　认知语言学有内省法、语料库法、多模态研究法、心理实验法和脑神经实验法。语料库法是用来记录自然发生的言语的一种方法。从本质上看,语料库是研究者对某一语言现象内省的验证。近年来,该方法在认知隐喻理论、构式理论及词义理论等方面获得了广泛应用。语料库研究法侧重于定量研究,包括语料中词语的出现频率、词语的搭配、每

---

① 社会:社会结构、社会集团。文化:儒家思想。认知:隐喻。

种搭配的出现频率如何等(束定芳,2013)。基于语料库的构式语法研究,根据统计的复杂程度,可将语料库量化统计方法分为3种类型,分别是统计构式绝对频数(absolute frequencies)、构式搭配分析法(collostructional analysis)、多因素分析法(multifactorial analysis)(张懂,2018)。本文采用统计构式绝对频数,使用NLB和CCL语料库。CCL是北京大学现代汉语语料库,由北京大学中国语言学研究中心开发。检索后,"面子"出现3773次,获得1879条有效语料。NLB是NINJAL-LWP for BCCWJ的简称,是由日本国立国语研究所和Lago语言研究所共同开发、源于『現代日本語書き言葉均衡コーパス』(BCCWJ)的在线检索系统。检索后,「面子(メンツ)」出现298次,获得130条有效语料。

对比语言学是对2种或2种以上的语言加以共时的对比研究,描述两者之间的异同,特别是其中的不同之处。汉日2种语言在语音、文字、词汇、语法等各个方面存在密切的渊源关系。随着语言研究的不断深入,特别是语料库的建立及统计分析软件的开发,定量分析法已在对比研究中得到广泛的应用(张岩红,2014)。本文的研究对象为NLB和CCL语料库中汉日语"V+面子"和「面子＋助詞＋動詞」构式、"N(的)面子"和「名詞＋の＋面子」构式。

3　汉日语中有关"面子"构式的对比分析

张岩红(2014)认为对比语言学近三四十年来,不仅超越了句子层面进入篇章,而且密切结合语用、文化及认知等领域。文秋芳(2014)指出认知对比分析的对象是人的认知方式和概念化体系,不止步于差异的表述,更重要的是在认知层面上解释造成差异的原因。潘钧(2018)也认为解释差异的成因早已成为现代语言学的主流,语言类型学、认知语言学等或可提供很大帮助。牛保义、李香玲、申少帅(2020:21-22)认为构式语法不仅关注语言的结构形式和意义,还关注语用和话语功能,以及认知、文化、环境等与语言使用相关的多种因素。因此,本文基于NLB和CCL语料库主要对汉日语中的"V+面子"和「面子＋助詞＋動詞」构式、"N(的)面子"和「名詞＋の＋面子」构式进行语言形式和意义对比分析,探讨其异同,以及社会、文化和认知因素。

3.1　"V+面子"和「面子＋助詞＋動詞」构式的对比分析

盧涛(2000)认为汉语中的面子是表达对人关系中的一种抽象概念,是人与人之间相

互作用所体现出的一种社会价值①，最能说明这一"面子"内涵的莫过于由表示人与人之间相互作用的内向动词和外向动词与"面子"搭配的语言表达形式，同时也包括无所谓方向性的动词。根据其语义特征和近义关系，"面子"主要分为"内向的面子"和"外向的面子"，同时也包含"内外向兼有的面子"和"内外向不明确的面子"。本文对汉语中的"V+面子"也采用上述分类。加藤(2000:53)认为日语中的「面子」从汉字看一目了然是来自汉语的，指"面目、体面"(笔者译)。因此，笔者对 NLB 和 CCL 语料库中的"V+面子"和「面子＋助詞＋動詞」构式分别进行统计分析(见表1和表2)。

表1　"V+面子"构式中的共现动词及频率统计

单位：个

"V+面子"的分类	"V+面子"的典型示例	共现动词及频率
内向的面子	爱/好/要+面子	爱(129)、爱惜(1)、珍惜(1)、珍爱(1)、好(47)、讲究(3)、追求(1)、讲(28)、不讲(16)、看重(3)、重(2)、重视(1)、不在意(1)、在乎(1)、要(168)、不要(7)、需要(1)、不需要(1)、挽回(74)、挽救(4)、争(29)、争回(1)、挣(10)、挣回(2)、找(2)、找找(1)、找回(6)、扳回(2)、捞(3)、捞着(1)、得(1)、买(1)、卖(2)、靠着(1)、撑(13)、撑着(3)、支撑(2)、撑撑(1)、图(1)
	丢/失+面子	丢(137)、丢尽(5)、丢掉(4)、丢失(2)、丢不开(1)、丢不起(1)、失(41)、失去(4)、不失(14)
外向的面子	给/有+面子	给(31)、给足(1)、不给(61)、没给(1)、有(155)、没(158)、没有(49)、赏(7)、赏赏(1)、不赏(1)、留(46)、看(9)、考虑(2)、不考虑(1)、搭(1)、伤(8)、破(2)、驳(2)、有悖(1)、跌(1)、栽(3)、塌(1)、掰了(1)、抓踢了(1)、撅了(1)、撕破(1)、扫了(2)、掉(2)
内外向兼有的面子	顾+面子	顾(15)、照顾(2)、不顾(4)、顾及(6)、顾全(10)、顾忌(1)、顾到(1)、顾不得(4)、顾不上(2)
内外向不明确的面子	保+面子	保(2)、保得住(1)、保全(10)、保住(11)、保有(1)、保留(1)、护了(1)、维护(1)、维持(2)
	碍于+面子	碍于(39)、碍着(7)、羞于(1)、着眼于(1)、出于(6)
	放下+面子	放下(3)、放不下(5)、抛得开(1)、抛下(1)、扯不开(1)、拉不开(1)、拉下(6)、不舍得(1)、抹不过(4)、抹不开(17)、磨不开(3)、拨不开(1)、拿不下(1)、摆不住(1)、不认(1)、计较(4)、谈(1)、张口(1)、输不起(1)、不起(1)、比(2)
	够+面子	够(3)、当(3)、拿(1)、谋个(1)、充(2)、转转(2)、转一转(1)、长(5)、遮(1)、盖过(1)、敷衍(3)
	事关+面子	关系(1)、事关(1)
	做+面子	做(7)、做足了(1)、操作(1)

---

① 如自尊、自爱、自豪、身份、地位、声望、名誉、名声、名望、荣誉、威信、优越感、虚荣心、人情、立场等。

表2 「面子＋助詞＋動詞」构式中的共现动词及频率统计

单位：个

「面子＋助詞＋動詞」	共现动词及频率
「面子＋が＋動詞」	立つ(12)、ある(2)、加える(1)、立てる(1)、守れる(1)、潰れる(3)、失う(1)、感じる(1)、潰す(1)、集まる(1)
「面子＋は＋動詞」	保つ(3)、違う(1)
「面子＋も＋動詞」	ある(5)、失う(2)、立てる(2)、立つ(1)、かかる(1)、保てる(2)、保つ(1)、考える(1)
「面子＋を＋動詞」	立てる(7)、保つ(3)、保てる(1)、失う(4)、潰す(4)、顧みる(1)、配慮する(1)、貼る(1)、重要視する(1)、捨てる(2)、傷つける(1)、かなぐり捨てる(1)、かける(1)、考える(1)、重んじる(1)
「面子＋に＋動詞」	こだわる(6)、かかわる(3)、いる(1)、免じる(1)、加える(2)、生きる(1)
「面子＋で＋動詞」	争う(2)
「面子＋から＋動詞」	言う(1)、隠す(1)
「メンツ＋と＋動詞」	言う(1)

首先，通过表1和表2可以看出汉语"V+面子"和日语「面子＋助詞＋動詞」构式的共现动词语义、频率的统计结果，以及是否可以构成原型范畴的异同。"V+面子"构式中频率前10位的共现动词分别为要(168)、没(158)、有(155)、丢(137)、爱(129)、挽回(74)、不给(61)、没有(49)、好(47)、留(46)，主要分布在内向面子和外向面子。根据卢涛(2000)的研究，结合表1统计的结果，运用认知语言学的原型范畴可做如下分析。"爱面子"是主体指向的，构成内向面子的基本构式，是原型，属典型示例，而由"爱"构成的复合词"爱惜""珍爱"和面子搭配，属非典型示例。与"爱面子"近义的"好面子"和"要面子"也可做上述分析。"顾面子"也属典型示例，而"照顾""顾及""顾全""顾忌""顾到"等和面子搭配，属非典型示例。由"顾面子"语义范畴构成的家族相似成员既可以是内向的，也可以是外向的。"买面子""卖面子"实际上明示了相对于主体的他人，与"爱面子"等暗示的内向不同，表达明示的内向。"丢/失面子"则是内向面子的否定形式，属典型示例，而"丢尽""丢掉""丢失""失去"等和面子搭配，属非典型示例。"给面子"是外向面子惯用语的原型，是明示的外向，是"有面子"外向化的典型，而"赏面子""留面子""看面子""考虑面子""搭面子"等则是非典型示例。内外向不明确的面子，如典型示例"保面子"和非典型示例"保全""保住""保有""保留"等和面子构成的搭配。根据上述荒川、森山(2015)，文秋芳(2013)的观点，笔者认为表1中的语义范畴是由原型的中心意义向边缘意义的构式性语义扩展，成员之间有最佳示例程度的差异，成员之间存在家族相似性，在意义和形式上相互关联，

构成"V+面子"的构式网络。构式分为比较具体的实例构式和比较抽象的图式构式,实例构式和图式构式之间为图式—实例关系(schema-instance relation),即图式构式表征实例构式的共同特征,实例构式是图式构式的具体例子(牛保义,2011)。因此,由表1可以得知"V+面子"这一图式构式的实例构式数量非常多,分为上述典型和非典型示例,可以构成多个原型范畴。「面子＋助詞＋動詞」构式中频率前10位的共现动词分别为立つ(13)、立てる(10)、保つ(7)、ある(7)、失う(7)、こだわる(6)、潰す(5)、潰れる(3)、かかわる(3)、加える(3),呈现出共现动词语义和汉语相似、数量少、频率低的特点。和"V+面子"构式相比,由于数量少,其无法构成原型范畴。

另外,"V+面子"和「面子＋助詞＋動詞」构式中的"面子"和「メンツ」的概念隐喻可做如下分析。基于CCL和NLB语料库,"面子"和「メンツ」的语义如下所示。

(1)【面子】1①物体的表面:被～丨这件袍子的～很好看。②体面;表面的虚荣:爱～丨给他留点儿～。③情面。【面子】2〈口〉粉末:药～。(CCL)

(2)普段なら打ち続けるところだけど、どうやら麻雀の面子が揃ったらしく自分もそちらへ向かうことに。(NLB)

(3)自分のやったことを完遂するためには、相手に対する同情とか譲歩とか相手の面子を立てる配慮など、ビタ一文示さなかった。(NLB)

例(1)汉语中的"面子"可以解释为"物体的表面、体面、表面的虚荣、情面和粉末",例(2)和例(3)日语中的「メンツ【面子】」可以分别解释为"聚会等的参加者"①和"颜面、体面"②。笔者认为,根据翟东娜(2006)的隐喻理论,我们要借助隐喻认知机制,以日常的具体经验理解抽象概念,即实现由源域"物体的表面(我们的身体部位)"到目标域"体面、虚荣、情面"的映射,理解"面子"的概念隐喻过程。陈家旭(2005:89)认为,根据认知理论,人类一般最先认识和了解自己的身体及其器官并形成概念,然后借用自己身体的某个部位或者器官的功能特点构成概念隐喻,用来认知另一领域的事物。人类将身体的各个部位及各种方式投射于客观世界,采用人体隐喻化的方式来认知世界。荒川、森山(2015)也认为概念隐喻是通过我们具体的身体经验形成的。虽然我们所使用的语言和文化有所不同,但我们的身体构造和位置关系是相同的,身体所进行的运动类型也几乎是相通的。这是促使隐喻产生的源泉。也正如卢涛(2000)所述,"面子"的隐喻,正是我们最为重要的身体经验

---

① 原为麻将用语,指麻将中的面子牌及其中的牌子。由此「メンツ」表示成员、参加者(山根,2020:1149)。

② 源自汉语中的"面子",意思是"颜面、体面",日语中的「メンツ」也表达相同的意思,指人在世间的门面、威信、名誉等(山根,2020:1149)。

作用于人类认知的一种语言普遍过程的表现,其概念化最终是在上述所示的动词搭配即惯用语化中实现的,也是随着动词搭配即惯用语化的多样化而不断深化的。因此,笔者认为虽然汉日2种语言文化不同,但中日人民通过重要的身体经验即采用人体化隐喻的方式认知世界是相同的,是"V+面子"和「面子＋助詞＋動詞」构式历时演化的结果。

其次,笔者认为通过"V+面子"和「面子＋助詞＋動詞」构式也可以看出汉日2种语言语序和类型的不同。盛文忠(2014:31)指出,在主要语序参项上,日语在SOV语言中是相当普遍的语言;而汉语在SVO语言中则是非常特殊的语言。对此,于秀金、金立鑫(2019:17)认为可以采用认知上的经济性原则和象似性原则的合作来解释。Greenberg(1966)所主张的结构和谐原则本质上是认知经济性原则,要求同一类别的语法成分尽可能采取同样的句法策略。SVO语言是核心居前语言,SOV语言是核心居后语言。在VO-OV中,相对于O,V才是核心。除此之外,笔者认为"V+面子"和「面子＋助詞(が・は・も・を・に・で・から・と)＋動詞」构式比较明显的差异是日语中助词的使用。李波(2011:14)指出,日语中最典型的联系项居中原则的体现便是格助词的句法位置。日语采用OV语序,用以连接名词和动词的格助词位于名词之后、动词之前,形成O-Po-V语序。对于上述2种构式中VO和O-Po-V语序的差异,笔者认为正如石原(2013)所述,根本原因在于汉日语言类型的不同。汉语是孤立语,又称"分析语"或"词根语",主要通过独立的词和固定的词序来表达语法意义。日语属于黏着语,最显著的特征是附属词很发达,词尾有变化。

3.2 "N(的)面子"和「名詞＋の＋面子」构式的对比分析

Spencer-Oatey(2007)认为面子问题的研究离不开自我呈现、身份构建和敏感因素等概念。因此,她依据身份理论、自我呈现理论提出面子可以从个体层面、关系层面和集体层面进行分析(周凌、张绍杰,2016:42)。根据上述3个层面,笔者对"N(的)面子"和「名詞＋(の)＋面子」构式进行分类和统计分析(见表3和表4)。

表3 "N(的)面子"构式中的共现名词及频率统计

N(的)面子	共现名词及频率	共现名词的种类/个	占比/%
个人层面	我(的)(113)、自己(的)(53)、你的(41)、他(32)、她的(11)、人家(9)、个人的(8)、记者(5)、您的(4)、本人的(2)、皇帝的(2)、蒋介石(2)、李鸿章的(2)、市长(2)	190	58.10
关系层面	对方(的)(11)、主人(的)(8)、领导的(7)、朋友(的)(5)、上级(的)(3)、老同学的(3)、熟人(的)(3)、父亲的(3)、老战友(的)(3)、亲戚(3)	82	25.08

续　表

N(的)面子	共现名词及频率	共现名词的种类/个	占比/%
集体层面	他们(的)(16)、大家(的)(10)、我们的(9)、中国人的(8)、国家(的)(8)、男人(的)(6)、你们(5)、双方(4)、公司的(3)、政府(2)、学校(的)(2)、共产党的(2)、众人(2)、上层代表人物的(2)、少林派的(2)	55	16.82

表4　「名詞＋の＋面子」构式中的共现名词及频率统计

「名詞＋の＋面子」	共现名词及频率	共现名词的种类/个	占比/%
個人＋の＋面子	自分(6)、自己・自ら(1)、帝・次官・総理・近衛(1)、やくざ(1)	8	36.36
関係者＋の＋面子	相手(5)、配下・父・当主・夫・仲間・他者(1)	7	31.82
集団＋の＋面子	男(5)、大国(3)、政権(2)、藩・政府・野党・省庁(1)	7	31.82

　　表3和表4的统计结果显示,汉语"N(的)面子"构式更多地呈现在个人和关系层面,分别占比58.10%和25.08%,而日语「名詞＋(の)＋面子」构式在3个层面的呈现大致相当。和汉语"N(的)面子"构式相比,日语「名詞＋の＋面子」构式中的共现名词的种类数量少、频率低,隐喻的敏感因素[①]少。如:

　　(4)陈容易铁面征税的消息传开了,可他的那位做建材生意的亲戚将信将疑。这位亲戚想:"人非草木,孰能无情？ 他难道也不卖我的面子吗？"(CCL)

　　(5)在这种人看来,花钱本身就是一种精神上的满足——满足他的面子、满足他的虚荣心。(CCL)

　　(6)毕淇生对儿子充满期望,儿子毕小凡心中压力巨大。周围亲人的期盼,自己的前途命运,父母的面子尊严,甚至整个家族的血脉延续仿佛都自己一身所系……(CCL)

　　(7)不要逼得对方走投无路,要给人留点余地,顾及对方的面子和利益。(CCL)

　　(8)另外,由于股票上市的承销商制度,使得新股上市之初的表现直接关系到承销商和上市公司的面子,所以即使大市不利,券商也要尽力护盘维持形象。(CCL)

　　(9)简单地说,一行有一行的行话,遇见文质彬彬属词雍容的中国学人,总不能用浅

---

① 周凌、张绍杰(2016)的分类:虚荣、社会地位、经济地位、能力、社会权势、公共个人形象、诚信、情面、社会观念、声望、尊严。

陋的街巷俗谈来对答,话不投机不说,还有失<u>知识人的面子</u>身份。(CCL)

(10)又特别加重语气说:英国是个特讲究绅士风度的国家(说"绅士风度"的时候他先说的是洋文,然后又自己给自己翻译),我们是代表国家出去的,要讲国格,也就是<u>国家的面子</u>。(CCL)

(11)時価会計を導入した官僚や、「時価会計を主張してしまった」学者に多いようです。彼らは、国が滅んでも、<u>自分の面子</u>だけは守りたいのでしょうか。(NLB)

(12)いまは、それどころじゃない。<u>父の面子</u>が守れるかどうかの瀬戸際だ。「お父さんは、ほかのお父さんとは違う。(NLB)

(13)まず、無理やり強行突破でもしない限り、部屋の扉からは金庫にたどり着けない。今回の<u>仲間の面子</u>から言って、武力で警備兵を蹴散らしていくなんてことは論外だ。(NLB)

(14)むろんその裏には、下手に問い詰めて、「そうよ」と開き直られてしまうと立場がなく、<u>男の面子</u>も失ってしまうという不安があります。(NLB)

(15)明治政府に対する旧士族等の不満分子が行った西郷が率いた西南戦争に対し、維新<u>政府の面子</u>を保つ目的で行った徹底的壊滅は、その必要がなく、その力で押し付けたやり方は江戸幕府のそれ以上に執拗であったように見受けられる。(NLB)

　　上述汉语例(4)—(5)中的"我的面子""他的面子"为个人层面,结合上文"人非草木,孰能无情"和下文"虚荣心",隐喻"情面、脸面";例(6)—(7)中的"父母的面子""对方的面子"为关系层面,分别结合下文"尊严"和"利益",隐喻"颜面、尊严";例(8)—(10)中"承销商和上市公司的面子""知识人的面子""国家的面子"为集体层面,分别结合下文"所以即使大市不利,券商也要尽力护盘维持形象""身份"和上文"国格",隐喻"形象、社会地位、荣誉、尊严、声望和影响"。而日语例(11)—(15)中的「自分の面子」为个人层面,「父の面子」和「仲間の面子」为关系层面,「男の面子」和「政府の面子」为集体层面,隐喻"体面、颜面,指威望、名誉"。笔者认为这与中日面子的异同有关。谷守、张恩花(2005:135)认为中国人的面子与个人的能力和实际利益相关,而日本人的面子与实际利益无关,与个人进行符合社会立场的行为以及接受他人相符的行为有关。

　　通过表3中"N(的)面子"构式的327个共现名词,即个人、关系和集体3个层面的主体,笔者认为可以窥见中国社会结构的特征。正如翟学伟(2021)所述,中国人的关系划分以个人为中心,层层放大,一直从小家推向大家再推向国家,直至全天下。这一布局方式源于一套天人关系架构,受到中国学术界的普遍认可,其社会结构则是家国同构,其社

会认知在语言上具有明显的语境特征。社会学也认为面子的含义更多地指他人如何评价。人情和面子,它们不但彼此关联,同中国文化价值体系尤其是儒家思想有着深层次的关联。这一中国人日常生活的基本原则与儒家思想之间的联系可以通过儒家在其伦理框架中所建立的"耻"和"名"之人性预设看出。因此,笔者认为汉语中的"面子"更多的是指他人的社会性评价,体现中国人"名"与"耻"的文化特征,深受儒家思想的礼法制度和家国同构的社会结构的影响。

通过表4可以看出,日语「名詞＋の＋面子」构式中的共现名词涉及3个层面的主体,与汉语中前10位共现名词相似。森本(1988)认为代表人格的"面"也被称为"脸",也就是"表",与"表=脸"相对、看不到的是"里"。日本人重视"表"="面"(脸)所承载的"面目""体面",也就是被称为"名誉"的"里"(笔者译)。众所周知,在中日文化交流的过程中,儒家思想也被传播到日本,对日本人产生了重要影响。笔者认为从儒家思想影响的角度来看,长期以儒家思想为主流的社会文化环境形成了中国人和日本人"名"与"耻"的文化心理。正如毋育新(2014)所言,不论是中国的"面子""脸",还是日语的「面目」「メンツ」,都是东亚社会中普遍存在的一种价值观念或社会规范。虽然如此,汉日语的"面子"的概念既有重合又有区别。加藤(2000:57)认为日语「面子」和汉语的语义非常相似,指自己的言行是否符合自己所属的集团,还有是否遵从集团的规范和习惯、被周围的人如何评判等社会概念,同时可以列举的另一特征是有必要符合会话的场面以及和对方的关系(笔者译)。因此,笔者认为这也说明与中国人相比,日本人深受自己所属的集团,以及场面和人际关系的影响。

4 结语

综上所述,本文基于NLB和CCL语料库对汉日语中的"V+面子"和「面子＋助詞＋動詞」构式、"N(的)面子"和「名詞＋の＋面子」构式进行了对比分析。研究发现如下3点。第一,"V+面子"和「面子＋助詞＋動詞」构式中的共现动词语义相似,汉语可以构成多个原型范畴,但日语数量少、频率低,无法构成原型范畴。同时也可以窥见汉日2种语言语序和类型的差异。第二,汉语"N(的)面子"构式更多地呈现在个人和关系层面,而日语「名詞＋の＋面子」构式在个人、关系和集体3个层面的呈现相当,共现名词的种类数量少、频率低,涉及层面的主体与汉语中前10位共现名词相似,但隐喻的敏感因素少。第三,汉语中的"面子"更多的是指他人的社会性评价,而日语中的「面子」不仅指被周围的人如何评价,也指是否符合社会立场和关系。两者都深受儒家思想的影响,汉语体现了

重视家国同构的社会结构,而日语体现了重视所属的集团。

　　除此之外,CCL语料库中显示"面子"有"体面、面目"①之意。加藤(2000)也认为日语中的「面子」指"面目、体面"。由于本文篇幅所限,该课题将作为今后的课题继续研究。

参考文献

曹珊,2008. 日语中由"面"、"颊"构成的身体词惯用语[J]. 西南民族大学学报(人文社科版)(S2):37-39.

陈家旭,2005. 英汉语人体隐喻化认知对比[J]. 聊城大学学报(社会科学版)(1):89-91.

侯占彩,2005. 关于"名"与"耻"词汇的中日对比研究[D]. 济南:山东师范大学.

荒川洋平,森山新,2015. 写给日语教师的认知语言学导论[M]. 潘钧,译. 杭州:浙江工商大学出版社.

李波,2011. 语言类型学视野下的日汉语序对比研究[D]. 上海:上海外国语大学.

穆红,成芳芳,2019. 中国人留学生の目から見る日本人の面子[J]. 日语教育与日本学研究(0):345-348.

牛保义,2011. 构式语法理论研究[M]. 上海:上海外语教育出版社.

牛保义,李香玲,申少帅,2020. 构式语法研究[M]. 北京:外语教学与研究出版社.

潘钧,2018. 国内汉日对比研究概述[C]//汉日对比语言学研究(协会)会,北京大学外国语学院日本语言文化系. 汉日语言对比研究论丛:第9辑. 上海:华东理工大学出版社:1-17.

山根智惠,2020. 日语口语词典[M]. 潘钧,等,译. 北京:商务印书馆.

盛文忠,2014. 类型学视阈下的汉日语语序对比研究:基于大规模语种库统计的语序和谐性考察[J]. 日语学习与研究(5):29-38.

石原安美,2013. 汉日语序对比与对汉日语教学[D]. 大连:辽宁师范大学.

束定芳,2013. 认知语言学研究方法[M]. 上海:上海外语教育出版社.

隋晓静,2019. 日语对话中自贬表达的语用功能:以面子平衡为视点[C]//汉日对比语言学研究(协会)会,北京大学外国语学院日本语言文化系. 汉日语言对比研究论丛:第10辑. 杭州:浙江工商大学出版社:279-288.

文秋芳,2013. 认知语言学与二语教学[M]. 北京:外语教学与研究出版社.

---

① 【面目】(1)面貌①:～狰狞丨～可憎。(2)面貌②:政治～丨不见庐山真～。(3)面子:脸面:要是任务完不成,我没有～回去见首长和同志们。(CCL)

文秋芳,2014."认知对比分析"的特点与应用[J].外语教学理论与实践(1):1-5,9.

毋育新,2014.语用学"face"与中日两语言中的"面子"概念辨[C]//《日语研究》编委会.日语研究:第9辑.北京:商务印书馆:30-46.

于秀金,金立鑫,2019.认知类型学:跨语言差异与共性的认知阐释[J].外语教学(4):13-19.

翟东娜,2006.日语语言学[M].北京:高等教育出版社.

翟学伟,2021.中国人的人情与面子:框架、概念与关联[J].浙江学刊(5):53-64.

张懂,2018.《基于语料库的构式语法研究路径》述评[J].外语教学与研究(3):463-467.

张岩红,2014.汉日对比语言学[M].北京:高等教育出版社.

周凌,2017.汉语文化特性的面子表征语用研究[M].广州:暨南大学出版社.

周凌,张绍杰,2013.表达的明示性:汉语言文化特性的"面子"[J].外语教学(3):22-26.

周凌,张绍杰,2014.明示性面子行为的影响因素研究:社会—文化—认知视角[J].外语教学(6):1-5.

周凌,张绍杰,2016.汉语文化特性的"积极评价面子"与"消极评价面子"概念建构:基于身份理论的视角[J].外语与外语教学(5):41-49,145.

加藤典子,2000.英語・中国語・日本語の"face"(面子)の違い[J].東京工芸大学工学部紀要(2):48-57.

谷守正寛,張恩花,2005.日中「面子」考[J].鳥取大学地域学部紀要(3):129-137.

森本哲郎,1988.日本語:表と裏[M].東京:新潮社.

林萍萍,2018.面子行為に関する日中比較[D].神戸:神戸大学.

盧涛,2000."面子"的隠喩[J].広島大学総合科学部紀要(26):25-43.

GREENBERG J H, 1966. Some universals of grammar with particular reference to the order of meaningful elements [M]//GREENBERG J H. Universals of Language. Cambridge, Mass: The MIT Press:73-113.

LAKOFF G, 1987. Women,fire and dangerous things. What categories reveal about the mind[M]. Chicago: The University of Chicago Press.

LAKOFF G, 1990. The invariance hypothesis: is abstract reason based on image schemas?[J]. Cognitive linguistics(1):39-74.

SPENCER-OATEY H, 2007. Theories of identity and the analysis of face[J]. Journal of pragmatics(4):639-656.

作者简介

姓名:侯占彩

性别:女

单位:山东财经大学外国语学院日语系

学历:硕士研究生

职称:副教授

研究方向:认知语言学、汉日语言文化对比

通信地址:山东省济南市历下区二环东路7366号山东财经大学燕山校区

邮政编码:250014

电子邮箱:houzhancai634@163.com

日语结果宾语结构中与格项的非线性侧面*

Nonlinear Cognition of Dative Items in Japanese Result-Object Structure

王国强

摘　要：本文指出日语结果宾语结构内与格项可见非线性侧面，并对此类非线性侧面展开了讨论。与格项的线性侧面立足因果连锁，表现为先后关系，与此相对，非线性侧面则关联产物构成源及现实特征的识别。关于结果宾语结构中与格项的非线性侧面，本文进行了如下3种讨论：其一为事件终结方式的讨论，结果宾语结构中，与格项在认知识别中会兼具非线性侧面；其二为语言共性上的讨论，结果宾语结构会排斥与格项的线性阐释与线性构句；其三为与格项取值共性上的讨论，与格项的语义同时会在产物的物性构成域、抽象构成域内获得识别，而排斥非构成域内容。

关键词：结果宾语；与格项；非线性侧面；构成源

Abstract：The dative items in the Japanese result-object structure have the characteristics of nonlinear cognition. Linear cognition focuses on causal linkage, which can be seen in sequence, while nonlinear cognition focuses on the modification of coexistence, and the image cognition of related products. With regard to the nonlinear cognitive characteristics of dative items, this paper proposes three arguments. The first is the evidence at the level of event structure. Based on the way of event termination of result object, dative items will be degraded to nonlinear event items in cognitive experience. The second is the evidence of language commonness, and linear semantics or corresponding

---

* 本文系教育部人文社会科学研究青年基金项目"系统功能语言学视角下的汉英日致使结构语义系统网络构建与句法实现研究"（批准号：21YJC740081）、中央党委高校基本科研业务费专项资金项目"日语中宾格结果对象与与格场所的共现研究"（批准号：FRF-TP-19-073A1）的阶段性研究成果。

expressions will be excluded. The third is the evidence of the commonness of the value of the dative term, that is, the dative term will take value in the product's constituent domain, such as the product's physical property constituent domain, attribute constituent domain, and function constituent domain, rather than excluding the non-constituent domain content.

Keywords: result-object; dative item; nonlinear cognition; constituent domain

1　引言

日语结果宾语结构中的与格项指向宾格项(产物)所在处所,属于存位范畴或目标存位范畴的内容,与存位结构或受事宾语结构中的与格项同列(仁田,2009;森山,1988;等等)。只是,不同于这些用于标定实物存位的与格项,用于标定产物存位的与格项还存在一些未曾被详论的特征。如下所示,与格项一方面可以接纳产物的存位,但是另一方面,似乎又不能接纳完全意义上的产物存位。

(1)a. ここに家を建てると……①

(クーロン黒沢『怪しいアジアのアジアニュース』)

　b. *ここに車を作る。(假定"这里"为车的存位)

(2)a. 木に穴を開けて、火薬を入れて……

(かくまつとむ『モリさんの野遊び作法』)

　b. *木に木屑を作る。(木屑以木头为出现位或存位)

(3)a. 鍋にスープを作り、人参を加えて煮る。

(「格フレーム検索」)

　b. ?彼は天麩羅を鍋に作った。

按照前人研究,例句(1)a、(2)a、(3)a中的与格项表示产物的"出现处所"(国立国语研究所,1997等)或"存在处所"(仁田,2007等),而各例中b句中的与格项同样可以标识产物的出现处所或存在处所等,却难以被接纳为自然的语言表达。此外,这样的现象是具有跨语言共性的,汉语中后置的在字句也有相近表现,如上述例句(1)b、(2)b、(3)b中对应的中文表达同样有失自然。

———————————————

① 本文用例主要来自日本国立国语研究所开发的语料库NINJAL、日本京都大学开发的「格フレーム検索」及相关研究。

（1）'b. 造车→*造车在这里/? 把车造在这里。

（2）'b. 凿木屑→*凿木屑在木头上/把木屑凿在木头上。

（3）'b. 做天妇罗→*把天妇罗做在锅里。

当与格项为抽象物并开始丧失空间存位功能时，与格项反而会被大幅度接纳。如下所示，各句中的「近所に」「クラスに」「生活圏に」「友人・知人に」等与格项逐渐趋于高度抽象化，却可以立足。

（4）a. インターネットを通じて近所に友達を作ることが出来た。

　　b. 英語の学習をとおしてクラスに仲間を作ること。

　　c. 地域の生活を楽しむために生活圏に仲間を作ること。

　　d. 東京以外の在住者は東京都に住む友人・知人に支持者、仲間を作ること。

（「格フレーム検索」）

可见，与格项固然会指向产物相关处所，但是仅从"与格项＝单纯存位"的视角来看，前人研究中，产物相关的与格项并未得到充分描写。那么，在日语的结果宾语结构中，与格项究竟是怎样一类与格项？所标识的究竟是产物的哪个信息？对此，本文将立足于前人研究的成果，针对此类与格项的一个侧面，即非线性侧面（或称"内化性侧面"）①来展开讨论。

2　结果宾语结构中与格项的前期研究

2.1　结果宾语结构中与格项的线性侧面："留存说"

森山（1988）指出，日语中含有与格处所项的结果宾语结构表示"将结果产物带至出现处所，与具有结合义的他动句式相近"，即认为结果宾语项与处所项之间的关系是"结合性的到达关系"。近藤、姫野（2012）和熊仁芳（2017）等指出与格项同时是产物"留存"的处所。

相对于惯常的"存位"或"存在处所"认知，"留存处所"的视角增加了"状态性"理解。只是，正如"留存"自身概念所示，本身是立足于"物→处所"的"位移事件框架性"认知

---

① 本文采用"非线性侧面"的表达来描述结果宾语结构中与格项的特征。在常规结构中，宾格项和与格项可见一种到达性的线性关系，即"宾格项→与格项"的关系。与此相对，在结果宾语结构中，与格项不只是提示宾格项的目标处，而同时可见"与格项→宾格项"的逆向关系。本文将与格项相关的逆向关系称为与格项的"非线性侧面"。在这种逆向关系中，与格项所示内容会最终内化于产物内部，因此亦将其称为"内化性侧面"。

(Talmy,2000),可能更适合描述"实存物的残留",并不能完全揭示产物与处所间的关系。

另外,汉语与日语虽然结构不同,但是关于产物的处所也可见相近的观点。朱德熙(1981)指出,"把字写在黑板上"中,处所项关联"附着义"特征。梁子超、金晓艳(2020)进一步指出,在"把字写在黑板上"类结果宾语结构中,"V在"属于"终点构式",表示主体到达"在字句"所示的终点并关联一种状态。

与格项关联产物的留存,凸显出产物最终达到与格项所属位置,并发生停留,二者之间可见线性的先后关系。可以说,"留存说"映射出与格项固有的线性侧面。

2.2　结果宾语结构中与格项的非线性侧面:"内化说"

尽管产物与与格项之间可见留存关联,但是留存关联并非产物与处所的全部。事实上,此时的"留存"并非一般意义上的留存,而是会关联至"产物内部"的留存,具有深层次的内涵。

宋作艳、孙傲(2020)指出,在"壁画"类表达中,"壁"既是"画"存在的处所,也是"画"成立的因素之一,属于"施成要素"。换言之,"把字写在黑板上"类表达中的"黑板"也具同样特征,即一方面具有处所义,是为产物到达的终位。但同时也与"字"产出了物性联系,即不同于"把画挂在黑板上"所示的受事宾语结构,或"画在黑板上"所示存在句结构,"黑板"只是"画"的外在定位,不关联内在构成。

基于处所项与产物之间的施成性关联,王国强(2021:27)指出,在结果宾语结构中,与格处所同时具有"+内化性"的特征,即与格项在特定维度上参与产物的构成。立足于"内化说",前言中所述与格项相关的问题便能得到进一步的阐释,即这类与格项一方面是标识产物存位,另一方面标识着产物的属性,关联产物内在。

"内化说"改善了"留存说"的解释力度,关注到了与格项的非线性侧面。只是内化等非线性侧面又意味着什么样的信息在被构建呢? 对此,以下将会从结果宾语结构中与格项的事件定位、句法语义特征、语义取值等角度展开探讨。

3　结果宾语结构中与格项的事件定位

在受事宾语结构中,与格项关联的是线性认知思路,即"弹子球模式",标志着力传递的末端位(Croft,2012),如「荷物を部屋に運ぶ」中的「部屋」便是事件终结的目标位。与格项与受事宾格项之间的关系本质上是一种先后关系,能量在线性传递,背后是一种线性认知(菅井,2001等)。

与此相对,在结果宾语结构中,由于结果宾语(产物)会直接表征事件的结果,为事件结构划定封闭结点,或者说,事件的末端或能量传递的尽头为结果宾语所占据,已然不具备延展性。在此基础上所追加的任何句法成分包括与格项,自然是无法在逻辑上为事件链条延展出新节点,只存在思维认知上的可能,即可以理解为一种虚拟的非移动行为结果下的目标位。

受其影响,这类与格项未必会被识别为事件末端的内容,而有可能会被识别为贯穿产物形成全过程乃至产物终身的内容。如「壁に穴を開ける」中「壁」与「穴」之间的关系,与其说是"产物→处所"的先后关系(虚拟的移动关系下的先后),倒不如说"处所_壁→产物_穴"的逆向生成关系更容易获得认知凸显。

基于此,产物相关的与格项在事件结构中的定位可能会如下所示:一方面标识产物所至的目标位,具有线性侧面;另一方面具有搭建产物构成域,内化至产物内部,具有非线性侧面。换言之,与格项同时也是产物的部分构成源。

受事宾语结构:

与格项为线性信息:受事→与格项(标识结果范畴)(箭头表示二者是先后关系)

结果宾语结构:

与格项为线性侧面:产物——_{将创造行为看作虚拟的移动}→与格项(标识虚拟的结果范畴)

与格项为非线性侧面:与格项_{部分构成源}——_{内化至}→产物(标识结果范畴)

4　结果宾语结构中与格项在语义上排斥"线性语义"式理解

4.1　日语结果宾语句中的「ヲ、ニ」结构排斥线性阐释:超行为性界定

菅井(2001)指出,在受事他动句中,宾格「ヲ」刻画过程参与者,与格「ニ」标记结果状态。森山(1988)指出,结果宾语结构中与格项是为产物所去往的目标项。但是,受事宾语结构中的与格目标项与结果宾语结构中的与格目标项有着不同的句法特征。

如下所示,例句(5)可以改述为"建了个位于北京的公司",与格项可复原为属格类信息,即在动作行为发生之前,便可以提前标定产物属性。但是,与之相对应的受事宾语结构则无法进行这类转换,如例句(6)所示,难以改述为"*转移了位于北京的公司",即与格项在动作发生之前是无法标识产物属性的。

(5)中国旅行社と合併して北京に会社を作り……

（莫邦富『日中はなぜわかり合えないのか』）

　　→中国旅行社と合併して<u>北京に位置する</u>会社を作り……

（6）<u>北京に</u>会社を移した。

　　→*<u>北京に位置する</u>会社を移した。

　　可见,结果宾语结构中的与格项对于产物属性的界定是有超验性的,是超越动作行为发生之前就确立的内容。此外,王国强(2021)指出,结果宾语结构中难以追加"起点格"等信息,亦是反映出结果宾语结构的与格项自身也兼顾了特定起点属性等,对产物认知形成先验性的制约。

4.2　结果宾语结构排斥"线性语义"——有情物的情况

　　产物相关与格项的先验性的制约,不只是发生在处所与格项的情况下,即便是有情物的与格项也可以检测到该项特征。Goldberg(1995)指出,在创造动词构成的双及物结构中,如"He baked me a cake"与"He baked a cake for me"等属于受益双及物结构,其中"me"属于受益者。在日语中也有同样的现象,如李在镐(2004)指出,在「母が子供にケーキを焼いた」(母亲烤蛋糕给孩子)[①]的语料中,与格项为成事所有权的受让者。

　　不过,虽然都是"受益者或领属者",但与格项在结果宾语结构与受事宾语结构中的表现并不是一致的。在受事宾语结构中,间宾项与宾格项之间的受益或领属关联是受让行为发生之后产生的,但是在结果宾语结构中,受益或领属关联的确立,未必会发生在受让行为之后,而是先验性的,超越"授受行为"的存在。对比例句(7)a和(7)b,可以发现其中的差异。

　　（7）a.　母ᵢは子供ⱼに自分₌ᵢのケーキをあげた。
　　　　　→妈妈ᵢ给了孩子ⱼ自己₌ᵢ(吃)[②]的蛋糕。
　　　　b.　母ᵢは子供ⱼに自分₌ⱼのケーキを焼いた。
　　　　　→妈妈ᵢ给孩子ⱼ烤了自己₌ⱼ(吃)的蛋糕。
　　　　　→*妈妈ᵢ给孩子ⱼ烤了自己₌ᵢ(吃)的蛋糕。

　　例句(7)a为受事宾语结构,反身代词"自己"的先行词可以指向主格项的"妈妈",而不能指向与格项的"孩子",表示"妈妈把自己要吃的蛋糕给了孩子",此时,"孩子"要成为受益者或领属者,须立足于"受让行为"的实现。与此相对,在例句(7)b的结果宾语结构中,反身代词"自己"的先行词则需要指向与格项的"孩子",而难以指向主格项的"妈妈",

---

① 关于该类例句,亦有研究认为「母が子供にケーキを焼いてあげる」的形式可能更为自然。
② 在汉语译文中追加一个"吃"字,以便语义上更加通顺。

即如果要表达为"妈妈把自己要吃的蛋糕做给了孩子",则是有些问题的。

　　因此,虽然都是受益结构,但是搭建受益结构的程序是不一样的,在受事宾语结构中是"实存物的转移行为→领属关系确立",与此相对,在结果宾语结构中,受益逻辑则是"确立产物领有者→产出产物→转移产物至领有者"。此时,在产物产出之前,产物的领有者就已经被确立,是源头性的内容,而"转移关系"等则是非必然的。其结果是make类受益结构中的转移类语义是比较弱的,或者说是可以被取消的(王奇,2005;南佑,2015等均有相关话题的讨论),即「母は子供にケーキを焼いてあげたが、子供はそれをもらわなかった」,这点在汉语中也可见相近的倾向,如"妈妈给孩子烤了蛋糕,但是孩子没有要"。

　　可见,在结果宾语句中,不论与格项是无情物还是有情物,与格项均对产物构成一种"超行为性界定",直接关联至产物的现实特征或特定的构成源。

5　与格项揭示产物的构成源

5.1　与格项指向产物构成域

　　"与格项——内化→产物"的非线性侧面,同时会表现在与格项的实际取值倾向上,即与格项会向产物的构成域靠近,包括产物的演变源域、抽象领属域、功能域等。如果与格项所示领域与产物构成域之间的关联性比较弱,会受到一定程度的排斥,无法在认知层面形成合理的构句。以下针对与格项的实际案例展开分析。

　　当结果宾语为与格项自身演变出的状态与形态时,如果与格项无法明确关联这种物性演变源,则可能受到排斥。如例句(8)所示,产物"直线状"是处所"身体"发生形态变化的结果。如果此时的与格项为"他"等物性域相对模糊的表达,或者为"铁"等难以发生状态变化的与格项时,句式成立度就会比较低。

(8)a. 体にまっすぐな線を作りながら、膝をあげて歩幅を小さくして歩きます。

　　　 (『登山で使う筋肉のトレーニング方法&使い方 | 登り下りで疲労が違う!?』)

　　b. {？彼/？鉄}に線を作る。({在*他上/*鉄上}做出直线状。)

　　当处所所示演变域的空间性增强,而物性域模糊化时,句子的自然程度和解释方向也会受到影响,如例句(9)所示。尽管后者可以在空间范围层面包裹前者,但是产物的所指有着质的差异,即前者只能是垂直方向上的产物,后者只能是水平方向上的产物。

(9)a. 壁に2cmほどの穴を一つ作る。(在家里的墙上凿一个2厘米的小孔。)

　　b. ？東京に2cmほどの穴を一つ作る。(在东京凿一个2厘米的小孔。)

当产物为"房屋、桥梁"等时,产物同与格项之间可见局部融合状。不过,由于是部分融合,因此并不会要求与格项必须表示产物的精确定位,可以允准一定的宽泛性。

(10)家を建てる。→大阪に家を建てる。→日本に家を建てる。

如例句(11)所示,保湿膜与皮肤之间的关系也属于类似关联,只是尽管如此,二者之间并非简单的覆盖关系,一般是二者间发生特定物理反应或者化学反应的结果。

(11)糖分が皮膚の表面に保湿膜を作ることができる。

(「格フレーム検索」)

当产物与与格项之间不存在物性层面的关联时,与格项会强制抽取产物相关的抽象性特征,如"归属性""功能特征"等,由此与产物构成域在抽象层面上的内在关联,如前文例句(4)。

此时,由于与格项已经不具备完全意义上的空间定位功能,不表示实际存留的位置。如例句(12)所示,与格项难以具化为某些特定的位置。

(12)a. ?近所のある広場のコーナーに友達を作る。

　　　　(？交朋友于中国某广场的角落上。)

　　b. ?英語の学習をとおして二階の教室に仲間を作ること。

　　　　(？通过英语的学习,交朋友在二楼的教室里。)

同时,在例句(3)中,处所的"锅"如果用工具格(「デ」)标记则可以成立,于产物而言无疑是具有"施成作用"的。但问题是,当该工具表述为与格项时,句式并不能成立。与此相对,当产物为液体状等存在时,其存在会对处所形成一定的依赖性,相应句式中的与格项反而有成立的可能,如前文例句(3)a所示,与格项在一定程度上左右着产物的特定功能与属性的识别。

此时,"汤汁"作为"料理"中一环,继续留存于锅中参与之后的料理程序。"产物汤"与"存位锅"之间的依存性关系,其实也是对于"锅"的"储存功能"的认知。此时的"储存位"不同于"存位",该储存位的存在保证了产物"汤"的进一步利用价值等,不同于其他存位,如例句(13)中所述与格标识的"纸杯",句式的自然度大幅度下降。

(13)?紙コップにスープを作り、人参を加えて煮る。

可见,如果与格项所示内容不论是在物性层面还是抽象层面都无法指向产物构成域的话,便很容易被排斥。如例句(14)所示,与格处所项,便是不论从哪个视角都很难与产物构成域发生关联,除非"船"等产物是不可移动的。当瓶中之船并非真正意义上的可移动的帆船时,句式是可以被接受的。

(14)ガラス瓶の中に帆船を作る。

（秋山久義『キューブパズル読本』)

5.2　与格项非线性侧面关联的信息:产物的部分构成源

通过上述分析可知,这类与格项标定的不只是产物的位置,还映射出了产物的特定来源性信息,即产物的部分构成域,以下亦称之为"产物的部分构成源"①。具体来看,根据产物与存位之间的关系,可以进一步归纳出4种类型(见图1—图4)。其中,与格项为虚线所示区域,产物为实线箭头所示区域。

图1　与格项揭示产物的演变源

此类与格项为产物的演变源,一般会对与格项的物性域进行强制识别,与格项揭示产物的演变源。由于处所一般都会形成对产物的彻底包裹状,因此在图1中,采用虚线方框来表示。代表例句:「木に穴を作る。」「体にまっすぐな線を作り……」

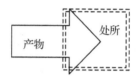

图2　与格项揭示产物的融合源

此类与格项为产物融合的处所,关联产物的融合源的识别。由于处所自身也参与产物的形成或构成,二者之间存在融合区域,因此在此通过箭头所嵌入的区域来标识产物与处所之间形成的融合状。代表例句:「ここに家を建てる。」「糖分が皮膚の表面に保湿膜を作ることができる。」

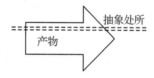

图3　与格项揭示产物的属性源

---

① 本文采用"构成源"的表达来描述构成产物相关的部分构成性信息。产物的构成源有不同类型。演变源:能够演变出产物的源头性信息。融合源:与产物发生融合的信息。属性源:与产物特定属性相关的信息。

此类与格项构建出产物的一种抽象状。与格项为产物特定抽象处所,且关联产物的部分属性源。由于属性是贯穿产物一生的内容,因此在图3中通过虚横线来标识。代表例句:「東京都に住む友人・知人に支持者、仲間を作ること。」「鍋にスープを作り、人参を加えて煮る。」

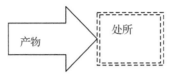

图4　线性关联(受排斥类)

此类与格项只是产物的物理存位,无法关联产物的形象认知。如图4所示,产物与处所之间可见外部接触性或者承载性关联。该类与格项一般是受到结果宾语结构排斥的内容。与格项无法关联至产物的任何一项构成源,二者之间在事件结构中只可见线性的前后关联。代表例句:「*ここに車を作る。」

综上所述,与格项会不同程度地关联着产物构成源的识别,包括演变源、融合源和属性源等。与此相对,那些只能标识产物外在定位,无法关联产物构成源的与格项则多会在认知层面受到排斥。

6　余论

本文在前人研究的基础上讨论了结果宾语句中与格项的非线性侧面。相较于前人研究,本文进一步指出结果宾语结构中的与格项一方面刻画产物的存位信息等,另一方面刻画产物的演变源、融合源和属性源等非线性信息。这样的特征使得这类与格项与受事宾结构及存位结构中的与格项有着本质性不同。

本文对产物构成源的揭示,进一步深化了"内化说"的内涵,详细分析了结果宾语结构中与格项的非线性侧面。不过,需要指出的一点是,与格项对于产物构成源的刻画程度是存在跨语言差异的。如例句(15)所示,在日语中可以表达,但是在汉语中则未必可行,还有很多深入研究的余地。

(15)a. ? 把朋友交在周边的生活圈里。

　　b. ? 把支持者交在朋友里。

　　c. ? 把汤汁做在锅里。

此外,结果宾语结构中,类似特征并非日语特有的现象,而且也不仅仅表现在与格处所项的层面上,也可见于有情物的层面上。Langacker指出双宾结构强调结果,"名介 to 结

构"强调过程,但是在英语中,当宾语具有产物属性时,与格项的表达选择上有排斥线性结构"to-结构"的倾向,如例句(16)和例句(17)。

(16)a. He gave me his good idea.

　　b. He gave his good idea to me.

(17)a. This novel gave me a good idea.

　　b. ? This novel gave a good idea to me.

例句(16)a中可见"idea→me"的线性转移关系,而例句(17)a中的"me"不仅是"idea"的接受者,同时也是"idea"的一项"产出源",即可见"me→idea"关联,"me"对于产物"idea"同时形成某种意义上的"超行为界定"。

无独有偶,汉语中似乎也可见相近构句限制。如例句(18)所示,相比起a句中动词前置的给字结构(或者说介词结构)而言,b句的动词后置结构(或者说连动结构),即强调先后关系的结构则是不太自然的。这点对比b1句,也是尤为明显。也就是说,一个大致倾向是,此时的相关领属者或受益者会倾向于位于产物前位。

(18)a. 这本书(带)给我一个想法。

　　b. ? 这本书带了一个想法给我。(对比:b1他带了一个想法给我。)

原则上,与格项为有情物时,产物接受者具有更高的识别度,可能会更容易接纳线性结构,即to-结构等。但是如上述语言现象所示,即便是目标义很强的与格项,当宾格项为产物类时,可能也会表现出一些非线性侧面,可能也会以其他的结构形式优先揭示产物的构成源等非存位性信息。当然,这方面内容还有待进一步严密论证。但是,毫无疑问,关于产物相关与格项的非线性侧面的探讨还有很大空间,限于篇幅,暂留日后详论。

参考文献

梁子超,金晓艳,2020. 从事件框架看现代汉语中"在+处所"结构[J]. 汉语学习(4):42–50.

孟艳华,2009. 事件建构与现代汉语结果宾语句研究[M]. 北京:北京语言大学.

宋作艳,孙傲,2020. 从物性结构看"处所+N"复合词的词义与释义[J]. 中文信息学报(1):10–16.

谭景春,1997. "动+结果宾语"及相关句式[J]. 语言教学与研究(1):85–97.

王国强,2021. 日语结果宾语句中与格处所的组配限制[J]. 日语学习与研究(2):19–28.

王红卫,2019. 与格交替研究:回顾与展望[J]. 外国语言文学(3):313–325.

王奇,2005. 领属关系与英汉双宾构式的句法结构[J]. 现代外语(2):129–137.

熊仁芳,2017.「郊外で両親に静かな家を買ってあげたいです。」错在哪里?[M]//于康,

林璋,于一乐. 日语格助词的偏误研究:上. 杭州:浙江工商大学出版社:91-93.

朱德熙,1981. "在黑板上写字"及相关句式[J]. 语言教学与研究(1):4-18.

国立国語研究所,1997. 日本語における表層格と深層格の対応関係[M]. 東京:三省堂.

近藤安月子,姫野伴子,2012. 日本語文法の論点43:「日本語らしさ」のナゾが氷解する[M]. 東京:研究社.

菅井三実,2001. 現代日本語の「ニ格」に関する補考[J]. 兵庫教育大学研究紀要(21):13-23.

仁田義雄,2009. 日本語の文法カテゴリをめぐって[M]. 東京:ひつじ書房.

南佑亮,2015. 受益二重目的語構文における間接目的語の意味について[J]. 神戸女子大学文学部紀要(48):19-30.

森山卓郎,1988. 日本語動詞述語文の研究[M]. 東京:明治書院.

李在鎬,2004. 事態認知に基づく構文文法再考[J]. 言語科学論集(10):25-51.

CROFT W, 2012. Verbs: aspect and causal structure[M]. Oxford: Oxford University Press.

GOLDBERG A E, 1995. Constructions: a construction grammar approach to argument structure[M]. Chicago: The University of Chicago Press.

TALMY L, 2000. Toward a cognitive semantics, vol. ll: typology and process in concept structuring[M]. London: MIT Press.

作者简介

姓名:王国强

性别:男

单位:北京科技大学外国语学院日语系

学历:博士研究生

职称:讲师

研究方向:日语语言学、中日对比语言学、翻译

通信地址:北京市海淀区学院路30号北京科技大学外国语学院202室

邮政编码:100083

电子邮箱:nacho_0204@126.com

日语日常会话"称赞—应答"行为的会话分析
A Conversational Analysis of Compliment-Response Actions in Japanese Spontaneous Conversations

摘　要：本文以记录自然发生的日语日常交际的视频资料为语料，运用会话分析的研究手法对"称赞—应答"这一社会行为进行详细记述和分析。尤其关注"称赞—应答"行为中出现的重音、重读等外围语音信息，交际者的视线、身体动作等非语言信息在交际者表达语义及理解对方语义时所扮演的功能。本文旨在论证在会话分析研究中，从微观角度关注外围语音信息及非语言信息的重要性和必要性。

关键词："称赞—应答"行为；会话分析；外围语音信息；非语言信息

Abstract: This paper describes the social behavior of "compliment-response" from the perspective of conversation analysis, using the videos recordings of spontaneous daily communication in Japanese which called "the Corpus of Everyday Japanese Conversation". In this study, I pay particular attention to the functions of paralanguage such as stress and accent, and non-verbal information such as the communicator's sight and body movements in semantics expression and understanding, aiming to reveal the importance and necessity of focusing on paralanguage and nonverbal information from a micro-perspective in conversation analysis research.

Keywords: compliment-response sequences; conversation analysis; paralanguage; non-verbal information

1 引言

近年来,国内关于称赞和回应称赞这一社会行为的应用性会话分析研究日渐增多,如鲜丽霞、雷莉(2014),张艳红、于国栋(2016),于国栋、张艳红(2019a,2019b),等等。这些研究以小见大,有利于推进学界对"称赞—应答"行为的语言模式、会话秩序的认知。然而,这些研究在语料的使用和分析上普遍存在2点问题。第一,多以一整个话轮为分析单位,未对话轮中出现的重音重读、轻音、语调等外围语音信息①进行转写,或尽管对其进行转写但未将其列入分析范围。第二,使用的语料基本上为音频语料。由于音频语料不能收录交际者的视线、身体动作等非语言信息,因而未对其进行分析考察。Birdwhistell(1970)指出,在人与人的交际之中,通过语言本身传递的信息只占整体的35%,而其余的65%则是由说话的方式、身体动作等语言以外的方式传递,即这些极易被忽略的外围语音信息和非语言信息在交际者表达、理解语义中扮演着重要作用。

本文基于以上问题点,使用记录日语日常交际的视频语料,以"称赞—应答"行为为例,采用会话分析的手法细致分析交际者是如何利用重音、手势、视线来实现话轮设计和语义表达的。本文旨在论证在会话分析研究中,关注外围语音信息和非语言信息的重要性,抛砖引玉引起相关研究者的关注与研究。

2 研究背景与以往研究

2.1 "称赞"行为的范畴

本文参照小玉(1996)对"称赞"这一行为做出以下定义。"称赞"指"在使对方感觉舒适愉悦的前提下,称赞者对对方或对方的家人、朋友等做出的直接或间接的积极评价"。换言之,本文不探讨以讽刺、挖苦对方为目的的"称赞"行为。例如,"昨天晚上练琴练到那么晚真刻苦啊"(古川,2010)这种看似称赞,实为抱怨、讽刺的行为不在本文探讨的范围之内。

---

① 外围语音信息指语速的快慢、语调的强弱、音量的大小等通过语言本身以外所传递的语音信息。

2.2 会话分析

会话分析认为看似偶然随机、毫无规律的人与人的日常交际是存在特定秩序的。会话分析基于对真实发生的自然会话的细致记述,探讨人与人的交际秩序与行为模式。其中主要关注"会话的序列结构""话轮转换""会话修正"等现象(Sacks, Schegloff & Jefferson, 1974)。关于会话的序列结构,会话分析认为相邻对(adjacency pair)是构成会话的最小序列,并指出相邻对前件(First Pair Part, FPP)对相邻对后件(Second Pair Part, SPP)具有一定的要求和限制作用,即FPP与SPP具有条件相关性(conditional relevance)。本文所探讨的"称赞—应答"行为本质上为相邻对。例如:

01　E:Oh it was just beautiful.

02　G:Well thank you. Uh I thought it was quite nice.

(Pomerantz, 1978:85)

在第1行话轮中,E对G所持有的物品做出肯定评价(beautiful)。G作为被称赞者,在第2行表示感谢后阐述了自己的观点(I thought it was quite nice),接受该称赞。在本片段中,G的话轮受到E话轮的影响,并且对之产生适当的反馈,因此我们可以说这2个话轮构成了完整的相邻对序列。

2.3 称赞及其应答的相关研究

Brown & Levinson(1987)在礼貌理论(politeness theory)中提出交际者有2种面子(face),即积极面子(positive face)和消极面子(negative face)。积极面子指交际者希望得到认可和肯定的情感需求。消极面子指交际者自己的行动及私有空间不受别人干涉的情感需求。一方面,在称赞行为中,称赞者通过给予对方肯定的评价能够满足被称赞者的积极面子,因此称赞行为又被称为"人际关系的润滑油"(Wolfson & Manes, 1983)。另一方面,被称赞后,对被称赞者来说,如何回应称赞并不是一件容易的事。Pomerantz(1978)指出在"称赞—应答"行为中,被称赞者接受称赞是对称赞者所持想法的认同,一定程度上满足了称赞者的积极面子;但与此同时,接受称赞这一行为会使被称赞者有吹嘘、不谦虚的嫌疑,这便影响到了被称赞者的积极面子。因此,是否接受称赞是被称赞者所面临的一个难题(Pomerantz, 1978)。

作为日常生活中不可或缺的社会性行为,学界从诸多视角考察了"称赞"和"回应称赞"行为。如Holmes(1988)、Herbert(1990)、丸山(1996)等对被称赞的对象进行分类探讨,并指出能力、外表、性格等容易成为被称赞的对象。Wolfson & Manes(1981)、熊取谷

（1989）、金（2012）等讨论了称赞语的具体表达形式，并指出称赞语中形容词的出现频率最高。此外，关于称赞回应语，多数研究基于 Pomerantz（1978），将回应称赞分为接受、拒绝和回避 3 类，在考量亲疏关系、性别等社会因素的基础上分析该 3 种应答语的出现频率（Holmes，1988；Herbert，1989；寺尾，1996；金，2012；等等）。然而，这些研究使用的语料多为访谈节目、电视剧或采用语篇完成测试等调查方法收集到的数据，不是真实发生的自然交际，具有非客观性和不自然性[①]。

近年来，国内以自然发生的真实交际为语料，运用会话分析理论探究"称赞—应答"行为的研究主要有鲜丽霞、雷莉（2014），张艳红、于国栋（2016）和于国栋、张艳红（2019a，2019b）。鲜丽霞、雷莉（2014）主要讨论了汉语称赞应答语的 4 种立场，即强同意、弱同意、弱不同意、强不同意，并分别总结该 4 种应答语的语法句式结构及语速语调特点。张艳红、于国栋（2016）关注了被称赞后被称赞者"返还称赞"这一现象，并指出返还称赞中存在称赞内容相同、称赞内容相异、称赞内容扩张 3 种模式。于国栋、张艳红（2019a）则通过探讨"隐含型称赞"（间接称赞）的 5 种执行方式，即陈述、泛指、类比、询问、对比，证实了"称赞"行为的多样性。于国栋、张艳红（2019b）的主要关注点为"称赞回应语缺失"现象，指出称赞回应语的缺失有可能是由于交际者优先选择维护会话的连续性，并不只是消极、不礼貌的社会行为。一方面，这些研究各自从新颖的角度探讨了"称赞—应答"行为的结构模式和语言规律，具有独创性和代表性；但另一方面，这些研究没有具体考量话轮内部的外围语音信息和非语言信息，忽略了这些微观信息在交际中的功能。本文立足于该问题点，旨在通过对"称赞—应答"行为的记述分析来论证外围语音信息和非语言信息不仅是交际者互相传达和理解语义的重要途径，也是研究者判断、解读交际者真实意图的重要手段这一观点。

3　语料说明

本文使用的语料为日本国立国语研究所公开的"日语日常会话语料库（2020 年版）"（以下简称"CEJC"）。该语料库是在考虑年龄、性别等社会因素的基础上，选定 40 名调查协助者，向调查协助者提供录像机、录音笔等器材，拜托调查协助者以视频加音频的形式

[①]　金（2012：61）使用的语料为调查协助者之间（2 人为一组）的自然对话录音，但由于在语料收集前对调查协助者做出了"请尽可能自然地称赞对方"这一有一定导向性的指示，故本文认为金（2012）中使用的语料并非完全自然发生的日常交际。

记录自己与家人、朋友等的日常交际而构建的大型视频语料库①。本文从该语料库中筛选出"称赞—应答"序列,参照Jefferson(2004)语料转写体系对其进行转写。由于篇幅所限,不能介绍所有语料片段,在此列举3个典型事例进行阐述分析。

4 语料分析

4.1 "称赞—应答"行为中的外围语音信息:重音重读

首先来看片段1。该片段节选于CEJC_S001-006。在该片段中,2对夫妻(夫1与妻1,夫2与妻2)在讨论夫妻2的儿子。

片段1②

→01 夫1:すごい賢そうな(0.8)[子でさ.   (是个看起来非常聪明的孩子.)

02 妻2:   [h。全h然。h.

                                           (没有.)

    ((手を左右に振りながら話している))   【说话的同时左右挥手】

03 妻1:ほhんhとう?   (真的?)

    ((夫1のほうに視線を向けながら))   【说话的同时看向夫1】

04 夫2:hhh.

→05 夫1:あ.お世話になってますとか言ってたよ.= (他说了承蒙关照之类的话哟.)

06   =[hhhhh.

07 妻1:[ほhんhとう? hhh.   (真的?)

→08 夫2:賢そうに見えるよ.賢そう:に見える.   (看起来聪明.看起来聪明.)

在片段1中,称赞者为夫1,被称赞者为夫2与妻2,称赞的对象为夫妻2的儿子。妻1未进行称赞或回应称赞等行为故为第三方交际者。夫1在第1行做出称赞。通过转写文

---

① 参照该语料库的官方网站 https://www2.ninjal.ac.jp/conversation/cejcmonitor/design.html(2022年5月20日访问)。

② 本文中日语话轮对应的中文译文于( )内表示,非语言信息对应的中文译文于【 】内表示。此外,本文参考语境以话轮为单位进行意译,对日语语法现象及具体词汇不做解释说明,日语交际中出现的语音重叠等现象也不在译文中表示。本文的转写符号具体如下所示:[表示话轮重叠;h表示笑声或呼气声;(( ))表示分析者对于非言语行动等的描述;。表示发音较轻;? 表示升调;(数字)表示话轮内部或话轮与话轮之间的空当时间;=表示前后2个话轮之间没有空当;:表示前面的话轮部分被拖腔;→表示分析关注该话轮。

本我们可以发现,夫1在说出「すごい賢そうな」(看起来非常聪明的)之后进入了0.8秒的话轮内沉默。当沉默结束夫1说出「子でさ」(孩子)以完结此话轮时,妻2也几乎同时说出「全然」(没有)并且左右挥手来否定该称赞。这样2个话轮之间产生了重叠(overlap)。但由于「すごい賢そうな」缺少宾语,从语法上来讲并没完结,因此并不是一个合适的话轮转换相关处(Transition Relevance Place,TRP)(Sacks,Schegloff & Jefferson,1974)。换言之,妻2在理解夫1语义的瞬间便发起第2行话轮,导致该话论重叠。在会话分析中,我们称该种重叠为"认知性重叠"(recognitional overlap)(Jefferson,1984:30)。

而与妻2积极否定对自己儿子的称赞相反,另一位被称赞者夫2只是笑笑(第4行),并没有明确表明自己对该称赞(第1行)的看法。紧接着在第5行,称赞者夫1列举出相关的事实依据,即夫妻2的儿子实际说过的话,来强化第1行的称赞。本文把该话轮也看作称赞行为。对此,夫2在第8行的话轮说出「賢そうに見えるよ.賢そうに見える」(看起来聪明.看起来聪明)来回应。

以上是对该片段的记述。在此本文想重点探讨第8行夫2的话轮。从现有转写文本来看,此话轮可以有2种解读。其一,夫2同样认为儿子是看起来聪明的孩子,进而表达对夫1所持观点的同意,接受称赞。其二,夫2想表达儿子只是"看起来"聪明,实际上并不那么聪明这一语义,进而否定夫1的称赞。在现有语境下2种解读均合适,那么我们该如何判断夫2的真实意图呢?

其实在第8行话轮中,2处「賢そう」(看起来聪明)的「そう」(看起来)是有重音重读现象出现的。如果使用重音转写符号表示的话,第8行应该为「賢そうに見えるよ.賢そう:に見える」(看起来聪明.看起来聪明)。夫2通过部分重音重读,来强调儿子只是"看起来"聪明这一言外之意,进而间接地否定夫1的称赞。如此这般,如何判断该话轮的真实语义这一问题也迎刃而解。在本片段的分析中,关注交际者话轮内部的重音重读现象是推测交际者真实意图的有效途径。如果单纯以一整个话轮为分析单位,不关注重音重读等外围语音信息,极易导致我们对该话轮的误读误判。

4.2 "称赞—应答"行为中的非语言信息:手部动作

片段2节选于CEJC_ T011-007。3位女性友人(Y、K、S)在咖啡馆闲聊,本片段为Y谈及今后想买一个粉色的钱包之后3人展开的交际。

片段2

01 S:あ::.ほんとう? (啊.真的?)

02 K:もうさ.やっぱ.小物はね. (嗯也是.小东西对吧.)

03　Y:コーラルピンクって[ゆう(0.3)うん(0.3)か. 　　(好像叫珊瑚粉吧?)

04　K:　　　　　　　　[あ:.あ:. 　　　　　　　　(啊.啊.)

→05　　　小物は明るい色はすんのいいよね. 　　　　(小东西是鲜艳的颜色非常
　　　　　　　　　　　　　　　　　　　　　　　　　　　好呢.)

→06　　　だって普通の服はなかなか着れ[なくねえ? 　(是因为平时衣服不怎么能
　　　　　　　　　　　　　　　　　　　　　　　　　穿颜色鲜艳的吗?)

07　Y:　　　　　　　　　　　　　　[そうだね. 　　(是的呢.)

→08　　　え?まだ着られるんじゃないの? 　　　　　(哎? 不是还能穿吗?)

对于 Y 今后想买个粉色的钱包这一想法,S 和 K 分别在第 1、2 行的话轮中进行确认。随后 Y 在第 3 行的话轮中谈及具体的颜色「コーラルピンク」(珊瑚粉)进行补充说明。K 边听边附和(第 4 行),并在第 5 行的话轮中对 Y 的该想法做出肯定评价(形容词短语「すんのいい」(非常好)。随后立即保持话轮,使用「だって」(因为)这一表示理由的接续词对第 5 行话轮做出解释,表达出因为平时都不怎么能穿鲜艳颜色的衣服,所以像钱包这样的小东西选择亮一点的颜色挺好的这一语义。故本文认为第 5、6 行是 K 对 Y 今后想买个粉色的钱包这一想法的称赞。

在第 6 行话轮临近结束时,Y 附和「そうだね」(是的呢)(第 7 行)表示认同,因而该 2 个话轮之间产生了重叠。而该重叠也表现出了优先构造的特征,即简洁直接、没有延迟(Scaks,1987)。但极为有趣的是,在第 7 行话轮完成后,Y 立即发出第 8 行话轮表示「え?まだ着られるんじゃないの?」(哎? 不是还能穿吗?),即:Y 刚刚表示过对 K 观点"平时不怎么能穿颜色鲜艳的衣服"的认可,却又提出反驳表达出"平时能穿颜色鲜艳的衣服"这一语义。那么,Y 为何发出第 7 行和第 8 行这 2 个语义完全相反的话轮呢? 该交际是否存在因 K 不能正确理解此话轮而产生交际故障(trouble)(Schegloff, Jefferson & Sacks, 1977)的可能性呢?

其实仔细观察视频语料我们便可发现,在发出第 8 行话轮的同时 Y 做出把自己的右手展开并伸向 K 的动作。参考该非语言信息我们可以推测,Y 想表达的是"(我或许平时已经不怎么能穿鲜艳的衣服了)但你(K)不是还可以嘛?"这一语义,隐含地表明 K 看起来还很年轻。这属于一种间接称赞,同时也是一种返还称赞(于国栋、张艳红,2016)。这一解读在接下来的交际展开中得以证实。

片段 3

→08　Y:え?まだ着られるんじゃな[いの? 　　　　(哎? 不是还能穿吗?)

09　　K:　　　　　　　　　　　[いやいや. 　　　(不不.)

10　S:着られる[よ:.　　　　　　　　　　　　　（能穿的.）

11　K:　　　　　[パー子になっちゃう.パー子になっちゃう.（会变成pako的,

　　　　　　　　　　　　　　　　　　　　　　　　会变成pako①的.）

如片段3所示,第8行话轮和第9行话轮之间没有沉默和延迟,甚至产生了轻微的重叠。这说明K非但不认为Y的第9行话轮有何不妥之处,而且还在顺利理解Y的语义（Y在间接称赞自己）的基础上做出了适当的回应（第9行）。随即S发出第10行话轮,对K进行第二次间接称赞。对此,K以开玩笑的方式表达出自己穿颜色鲜艳的衣服会有些滑稽这一言外之意,以此隐含地否定称赞（第11行）。

总结来说,Y在第8行话轮中通过手部指示动作替代语言来表达"你"这一语义,在回应称赞的同时返还称赞,实现了从被称赞者到称赞者的角色转变,并且其隐含的语义也顺利被K理解,由此展开的交际流畅自然,未出现交际故障。这正如高梨（2016:68）所指出的那样,"面对面发生的交际中,在使用语言信息的同时使用的非语言信息能够使更加高效顺畅的沟通成为可能"②（笔者译）。与此同时,第8行话轮中的手部指示动作也为我们作为分析者判断、理解交际者的真实意图提供了重要手段。

4.3　"称赞—应答"行为中的非语言信息:视线

片段4节选于CEJC_S001-015,为年轻夫妻和父母一起吃饭的场景。以下4人分别简称为"父""母""子""女"。父做了意大利面,4人边吃边以意大利面为话题展开交际。

片段4

　01　父:おいしいよね:?　　　　　　　　　　　　（好吃的吧?）

→02　女:[すごいおいしい:.　　　　　　　　　　（非常好吃.）

→03　子:[おいしい.　　　　　　　　　　　　　　（好吃.）

　04　父:うん.　　　　　　　　　　　　　　　　　（嗯.）

　05　子:[うん.　　　　　　　　　　　　　　　　（嗯.）

　06　女:[うん.　　　　　　　　　　　　　　　　（嗯.）

　07　　　（1.7）

　08　父:ニ[ヤノ:ね.　　　　　　　　　　　　　　（那.那个.）

---

① パー子（读音pako）是日本著名搞笑艺人、单口相声演员林家パー子,以经常穿粉色系服饰为大众所熟知。

② 高梨（2016:68）的原文如下:「対面状況での会話においては、言語的な発話だけではなく、これに非言語行動が共起することによって円滑で効果的なコミュニケーションが可能になっています。」

→09 子：[塩味も.　　　　　　　　　　　　　（咸淡也.）

　10 女：[うん.　　　　　　　　　　　　　　（嗯.）

　11 父：[うん.　　　　　　　　　　　　　　（嗯.）

→12 子：ちょうどいい.＝　　　　　　　　　　（刚刚好.）

→13 女：＝ちょうど[いい.　　　　　　　　　　（刚刚好.）

　14 父：　　　　　　　[生クリームちょっと入れるとね(0.3)すごいよくなる.

　　　　　　　　　　　　　　　　　　　　　　（加一点鲜奶油进去

　　　　　　　　　　　　　　　　　　　　　　会变得非常

　　　　　　　　　　　　　　　　　　　　　　棒.）

　15 女：うん:.　　　　　　　　　　　　　　（嗯.）

　16 母：((父のほうに視線を向けて頷いている))　【看向父并点头】

首先在第1行话轮中父询问大家对意大利面的评价「おいしいよね」（好吃的吧）。对此，女和子分别做出称赞（第2、3行）。父作为被称赞者发出「うん」（嗯）这一简短话轮回应称赞，女和子简单应和后，该交际进入1.7秒的短暂沉默（第7行）。随后父和子几乎同时发起话轮，2话轮之间产生话语重叠（第8、9行）。通过第12行话轮我们可以看出，该重叠产生后父放弃了发话权，子则继续保有话轮对意大利面进行二次称赞「塩味もちょうどいい」（咸淡也刚刚好）。女随即也发出第13行话轮表示同意。对于子和女的第二次称赞，父没有明确表示肯定或否定，而是在第14行话轮中提供相关信息「生クリームちょっと入れるとね(0.3)すごいよくなる」（加一点鲜奶油进去会变得非常棒），即父使用"回避"策略回应称赞。

在该片段中，被称赞者为"父"，称赞者为"子"和"女"，"母"没有发出实质性话轮，故为第三方交际者。有趣的是，该片段中话轮普遍较短，话轮转换次数较多。此外，该片段与片段1—3存在明显相异之处，即该片段中的称赞不是称赞者完全主动发出的，而是在被称赞者索要评价的话轮后略显被动产生的，但这并不影响其作为称赞行为的性质。

片段5是片段4的后续部分。从转写文本中我们可以看出在短暂的沉默后，母基于第14行话轮对父做出肯定评价，称赞父懂得料理的技巧（第18行）。但奇怪的是，对此父非但没有做出任何语言上的反应，也没有以眼神、点头、微笑等示意对方，只是发出"喝饮料"这一非言语动作。这看似相当于"称赞—应答"相邻对的SPP未出现。与FPP相对应的SPP未出现的情况在会话分析中被称为"相关缺失"（relevant absence）（于国栋，2008：96）。那么，为什么父在片段4中对子和女称赞做了积极回应（第4、14行），却唯独无视母的称赞呢？该交际中是否真的存在相关缺失呢？

片段5

　17　　　（2.2）

→18　母：すごいテクニック知ってんじゃんね？　　　（这不还十分懂得技巧呢？）

　19　父：（（飲み物を飲む））　　　　　　　　　　　【喝饮料】

　20　女：hhh.

　　其实仔细观察视频语料我们便可发现，母在发出第18行话轮时与女视线交汇。榎本、伝（2003），中井（2003），串田、平本、林（2017）等研究指出，视线是选择和指定下一位发话者的有效途径。换言之，当前发话者母通过视线选择了女作为下一位发话者，那么女作为被选择的下一位发话者有权利也有义务发起下一个话轮（Sacks，Schegloff ＆ Jefferson，1974：704）。通过与母的视线交汇，女也意识到自己是被选择的发话者，所以在第18行话轮到达TRP后便发出第20行话轮做出回应，即SPP。对比而言，父尽管是被称赞的对象，但并不是被当前发话者（母）所选择的下一位发话者，即没被他人选择。另外，在母发出第18行话轮时，父执行了"拿起杯子""喝饮料""放下杯子"这一连串的非言语行为，且始终没有和母进行视线交流，即父完全没有参与到当前交际中，因此也没有发出话论、进行自我选择的行为基础。因此，没被他人选择的同时也没有自我选择的父没有做出相关回应、"无视"母的称赞是符合会话分析的话轮转换机制的。同时，由于女对第18行话轮做出适当的回应，即SPP，所以该交际中不存在相关缺失。

　　通过以上记述和分析，我们发现母和女之间的视线交汇是母传达自己指定女为下一位发话者这一信息，以及女接收自己被母选择为下一位发话者这一信息的重要工具。因此，交际者之间的视线交流为实现顺利的话轮转换提供了可能。同时，该视线也是我们作为分析者判断该交际是否出现交际故障和相关缺失的重要依据。

5　总结与讨论

　　"称赞—应答"行为是我们日常交流中重要且常见的社会性行为之一。适时适度地称赞对方有利于满足对方的积极面子，进而促进良好人际关系的构筑。当我们是被称赞的一方时，是否接受称赞、如何得体地回应称赞便是我们所面临的课题。同时，不可否认的是，在进行称赞行为或者回应称赞行为时，我们会自然地使用手势、眼神、肢体动作（例如摇头、点头）、笑等非语言信息，以及运用重读弱读、变换语速等外围语音信息来辅助，以实现自己的语义表达。本文以真实发生的日语日常交际为语料，分别论证了在"称赞—应答"行为中，重音重读、手部动作及视线在交际者互相理解、分析者判定交际者真

实意图时发挥的重要作用。

　　本文篇幅有限,不能将所有非语言信息和外围语音信息一一列举分析,旨在以小见大,论证在会话分析研究中,外围语音信息和非语言信息是不可或缺的这一观点。本文认为,国内现有的对某一特定社会性行为(例如称赞行为、称赞回应行为、请求行为等)的应用性会话分析研究多以音频为语料、国内还没有记录自然发生的日常交际的视频语料库这2点问题有待改善。我们急需在构建汉语自然交际视频语料库的基础上,从微观视角关注外围语音信息和非语言信息,推进基于真实视频语料的汉语会话分析研究发展。

参考文献

吴亚欣,刘蜀,2020. 请求行为之微妙性的序列组织研究[J]. 现代外语(1):32-43.

鲜丽霞,雷莉,2014. 汉语自然会话称赞行为应答语研究[J]. 四川师范大学学报(社会学版)(6):96-108.

于国栋,2008. 会话分析[M]. 上海:上海外语教育出版社.

于国栋,张艳红,2019a. 汉语日常交际中"隐含型"恭维的会话分析[J]. 山西大学学报(哲学社会科学版)(4):130-136.

于国栋,张艳红,2019b. 汉语恭维回应语缺失的会话分析[J]. 外语教学(3):44-49.

张艳红,于国栋,2016. 汉语恭维回应语"对比恭维"模式的会话分析[J]. 现代外语(5):605-615.

榎本美香,伝康晴,2003. 3人会話における参与役割の交替に関わる非言語行動の分析[J]. 言語・音声理解と対話処理研究会(38):25-30.

金庚芬,2012. 日本語と韓国語の「ほめ」に関する対照研究[M]. 東京:ひつじ書房.

串田秀也,平本毅,林誠,2017. 会話分析入門[M]. 東京:勁草書房.

熊取谷哲夫,1989. 日本語における誉めの表現形式と談話構造[J]. 言語習得及び異文化適応の理論的・実践的研究(2):97-108.

小玉安恵,1996. 対談インタビューにおけるほめの機能(1):会話者の役割とほめの談話における位置という観点から[J]. 日本語学(5):59-67.

高梨克也,2016. 基礎から分かる会話コミュニケーションの分析法[M]. 京都:ナカニシヤ出版.

寺尾留美,1996. ほめ言葉への返答スタイル[J]. 日本語学(5):81-88.

中井陽子,2003. 言語・非言語行動によるターンの受け継ぎの表示[J]. 早稲田大学日本語教育研究(3):23-39.

古川由理子,2010.「ほめ」が皮肉や嫌みになる場合[J]. 日本語・日本研究化(36)：45-57.

丸山明代,1996. 男と女とほめ：大学キャンパスにおけるほめ行動の社会言語学的分析[J]. 日本語学(5)：68-80.

BIRDWHISTELL R L, 1970. Kinesics and context：essays on body motion communication [M]. Philadelphia：University of Pennsylvania Press.

BROWN P, LEVINSON S C, 1987. Politeness：some universals in language usage [M]. Cambridge：Cambridge University Press.

HERBERT R K, 1989. The ethnography of English compliment and compliment responses [M]//OLEKSY W. Contrastive pragmatics. Amsterdam：John Benjamins.

HERBERT R K, 1990. Sex-based differences in compliment behavior [J]. Language in society(19)：201-224.

HOLMES J, 1988. Paying compliments：a sex-preferential politeness strategy [J]. Journal of pragmatics(12)：445-465.

JEFFERSON G, 1984. On the organization of laughter in talk about troubles [M]// ATKINSON J, MAXWELL H J. Structures of social action：studies in conversation analysis. Cambridge：Cambridge University Press：346-369.

JEFFERSON G, 2004. Glossary of transcript symbols with an introduction [M]//LERNER G. Conversation analysis：studies from the first generation. Amsterdam：John Benjamins：13-31.

POMERANTZ A, 1978. Compliment responses：notes on the cooperation of multiple constraints [M]//SCHENKEIN J. Studies in the organization of conversational interaction. New York：Academic Press：79-112.

SACKS H, 1987. On the preferences for agreement and contiguity in sequences in conversation [M]//BUTTON G, LEE J R E. Talk and social organization. Clevedon：Multilingual Matters：54-69.

SACKS H, SCHEGLOFF E, JEFFERSON G, 1974. A simplest systematics for the organization of turn taking in conversation[J]. Language(50)：696-735.

SCHEGLOFF E, JEFFERSON G, SACKS H, 1977. The preference for self-correction in the organization of repair in conversation[J]. Language(53)：361-382.

WOLFSON N, MANES J, 1981. The compliment as a social strategy [J]. Papers in linguistics(13):391-410.

作者简介

姓名:赵文腾

性别:女

单位:日本北海道大学国际传媒观光学院

学历:博士生研究生

职称:无

研究方向:会话分析、语用学、中日对比

通信地址:日本北海道札幌市北区北19条西四丁目2-28-304

邮政编码:001-0019

电子邮箱:hellozhaowenteng@gmail.com

日中両言語における上下移動と内外移動の普遍性と差異
—鉛直軸における新たな移動表現の枠組み—

Universality and Differences of Up and Down Movement and Internal and External Movement Between Japanese and Chinese Languages: New Framework Represented by Movement on Vertical Axis

松永源二郎

要　旨：移動表現において、通常は上移動は下移動、内移動は外移動とそれぞれ反義語の関係性をみせている。しかし、日中両言語の上下移動と内外移動の対応関係をつぶさにみていくと、両者には深い相関性が見出される。具体的には上移動は外移動、下移動は内移動と相関性を有しながら、前者と後者が反義語的な対称性が存在している。これは大地を容器とみなし、天と繋がる大地の鉛直軸を中心とした原初的なイメージスキーマが関係していると思われ、新しい移動表現の枠組みともいえる。しかも、日中両言語はこの両者において異なる言語類型の特徴を有しており、その要因について考察を加えていく。

キーワード：上下移動；内外移動；大地のメタファー；鉛直

摘　要：在移动表现中，一般认为"向上移动""向下移动"与"向内移动""向外移动"是语义相反的2组移动表现。但是，如果仔细观察汉语和日语中"向上移动""向下移动"与"向内移动""向外移动"的对应关系，就会发现两者之间存在很深的联系。具体来说，"向上移动"与"向外移动"、"向下移动"与"向内移动"之间存在相关性，这2组对应关系中前者与后者存在语义相反的对称性。本文认为，这与把大地看作容器，以"（与天空连接的）大地的铅垂轴"为中心的原始意象图式有关，可以说这是一种崭新的移动表现模式。

此外,在选用移动表现时,汉日语间表现出不同类型的语言特征,本文对其原因进行了考察。

关键词:上下移动;内外移动;大地的隐喻;铅垂

1 「上と外、下と内」及び移動表現の繋がり

通常、「上と下」と「内と外」はそれぞれ別のカテゴリーにおける空間概念であるため、両者には繋がりはないと思われがちであるが、考察をすすめると、深い繋がりが見えてくる。例えば、久島(2002:64)は「『もう一枚上に着る』『下にセーターを着る』という時には、上・下ではなく、外部・内部の意味となっている……上塗りと下塗りはどちらかといえば、外側と内側の関係である……」と述べているように、上が外側、下が内側を指している。また同様に、日本語の「上着」と「下着」は外側と内側の関係で、それに対応する中国語は"外衣"と"内衣"である。更に、本心ではない「外づら」や「外見」だけのことを"上面""上边"と言い、「下心」が"内心"であるといった「上が外」で、「下が内」の現象が見られる。これは移動表現においても同じで、抽象的なものも含めると多く見られる。例えば、「風呂から上がる」というのは「風呂から出る」ことを意味し、「出現」を意味する表現においては、「歓声が上がる」「問題が起きる」等、上移動の表現が使われるだけでなく、「勇気が出る」「露が出る」等、外移動も使われる。また、「眠りに落ちる」は「眠りに入る」ことでもあるし、感情の「落胆」は「テンションが下がる」「気分が沈む」等、下移動の表現が使われるだけでなく、「落ち込む」「気分が滅入る」等、内移動の表現が多く用いられる。また、水中における上下移動の表現において、「浮く」は上移動、「沈む」は下移動の表現であるが、この両者は前者が外移動、後者が内移動との組み合わせの相性がよく、その反対の組み合わせは難しい。例えば、「浮き出る」とはいえるが、「浮き込む」とはいえない。一方、「沈み込む」とはいえるが、「沈み出る」とはいえない。これは中国語の場合にも同じことがいえる(例:○"浮出"、×"浮入"、○"沉入"、×"沉出")。これらは上移動と外移動、下移動と内移動という新たな移動表現の枠組みの存在を示唆している。これまで上下と内外との間には一部の相関性が指摘されていたものの(宮島,1972;久島,2002)、両者の間にある深い繋がりの考察は不足する。本論ではこの新たな枠組みの可能性と要因について考察をしていく。

2　上下移動の参照点と「高さ」と「深さ」のズレ

　中国語の可能補語である"～得下/不下"は"坐""站""睡""躺""住""容"等の前項動詞と結びつくと、「収容」の意味となる。

（1）这盒子装得<u>下</u>装不<u>下</u>3斤糖？

　　（この箱は砂糖を3斤<u>入れ</u>られますか。）

（吕叔湘,2003:410）

（2）这间大厅坐得<u>下</u>百十来个人。

　　（この大広間には100人ぐらい座れる。

（吕叔湘,2003:410）

　これは、図1のように、あるモノが下移動の過程で、ある空間の容器内に収まることができれば"V得下"と表現され、そうでなければ"V不下"と表現される用法である。

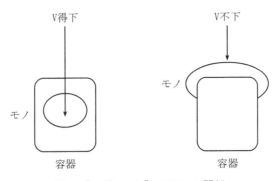

図1　「～得下」と「～不下」の関係

　この中国語の用法は「下方に容器が存在する」ことが前提となっている。そのため、和訳する場合、多くが「入る/入れる」の内移動表現を用いることができる。

（3）这间屋子坐不<u>下</u>100个人。

（刘月华,2001:554）

　　（この部屋には100人は<u>入れ</u>ない。）

（筆者訳）

（4）选课火爆,教室坐不<u>下</u>。

（作例）

　　（人気がある授業の為、人が教室に<u>入りきれない</u>。）

（筆者訳）

（5）选课人少，教室坐得<u>下</u>。

（作例）

（受講者が少なく、ちゃんと教室に<u>入れる</u>。）

（筆者訳）

　では、何故、「下方に容器が存在する」のであろうか。また、容器は何を指すのであろうか。参照点の視点から考えてみる。ダイクシスにおける「行く/来る」の視点は、自身がいる場所が「来る」の着点、「行く」の起点に設定されている。一方、ダイクシスとしての方向性がない上下移動、内外移動のデフォルト値としての視点の位置は決まっていない。しかし、前後移動、左右移動等と比べると、デフォルト値として、「大地」が背景に参照点として存在している場合がある①。例えば、「物事が突然起こる」という意味での「降って湧く」という表現は、もとは下移動の「降る」と外移動の「湧く」の二つの表現が合わさったもので、この「降る」の着点、「湧く」の起点は「大地」である。中国語の"～下"からこの問題を考えてみる。杉村（1982）は"～下"には起点と着点との両方をプロファイルする場合があることを指摘している。例えば、"跳下"という表現は、ある地点から低位置への移動である場合と、低位置からある地点への移動の場合と2つの可能性がある。しかし、目的格に場所Xが来た場合、"跳下X"のXは通常、着点ではなく、起点を意味する。そのため、中国語の"跳下台"における"台"[ステージ]は起点に相当し、その和訳は「ステージに飛び降りる」ではなく、「ステージから飛び降りる」となる。これは起点よりも着点がデフォルトとして地面を指向したものであるからで、自殺を想起させる日本語の「飛び降り」という表現の場合も、着点が硬い地面であることが自明の理と考えられ、「どこに」飛び降りるよりも「どこから」飛び降りるということがより問題となる。宮島（1972:253-258）は、下移動の方が上移動の表現よりも豊富にあるのは、地球での重力は常に下方へ働くためであると指摘しているように②、下移動表現は、重力と深く関係しており、物体が重力によって落下する着点は地球を

---

① 移動表現の参照点は無数に存在する。当然、上下移動の参照点も同じで、無数に存在する。例えば、日中両言語の表現には人間自身を容器ととして捉える場合があり、「頭」を容器と見なせば"进"や「入」を使用する（例:"我劝了他很久,他就是听不进去"、「長いこと彼に忠告したが、彼はどうしても聞き入れない」）。ただし、ここでは特に本旨と関りが深い「大地」と関連しているものを中心について論じていく。

② 中国語の下移動表現"下～"は使用範囲が極めて広い。これは"降""堕""落""坠"等の下移動表現の用法を"下～"が代替もしくは吸収したからとの指摘がある（马云霞,2008:75,82;王锦慧,2012;等等）。

覆う「大地」がその中心に潜在的に設定されている。しかも落下は通常、硬い地殻や地面までで止まる。そのため、地面より下への移動は内移動となる。これにより上移動の反対方向が下移動ではなく、内移動となる場合が出てくる。例えば、"上天无路，入地无门"（天に昇る道はなく、地に潜る門はない＝逃げ道がない苦境の人の喩え）の"入"や「潜る」等の内移動がそうである。また、一般的に「高さ」は「低さ」、「深さ」は「浅さ」が反義語であるが、実際の言語表現では「高低」が「浅深」と対応するズレがある。例えば、「高い山」「深い池」というのは地面を視点の中間点として基準にした表現で（久島, 2002:57-59）、中国語には学問等の程度を表現する際の"高深"という表現はこれを反映した表現である。これらは大地という容器を意識した為に起きていると考えられ、それを無視すれば下移動が使用されたりもする。例えば、「地下（室）に入る」は「地下に下りる」も可能で、また「窪地」は「深い窪地」だけでなく、「低い窪地」の表現もできる①。

　つまり、図2のように、下方には大地という容器が存在し、それが地表を境界にして高さと深さ、上移動と内移動が対称関係をなすズレを引き起こしている。

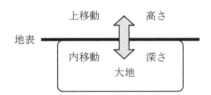

図2　上移動、内移動と高さ、深さの関係②

　しかも、この大地は日中両言語の派生用法にも潜在的に影響を与えている。以下みていく。

3　大地のメタファー及びそのイメージと派生用法

　これからみていく派生用法は大地のもつ幾つかのイメージ、即ち大地のメタファーと深く関わっている。通常、地盤は堅く、安定している。人が両足を地に着けた時、安定を保つことができるが、空に向かって地面を離れるほど、不安定となり、危険は高まり、不安な気持ちも強まる。つまり、「地盤は安定した器」ということができる。杉村

---

① 他に「地面より低い地下室」等の例文もある。
② 久島（2001:28）はこれに類似した表を作成しており、参考にもしたが、本論は上移動と内移動が反義語後の関係にあることを分かりやすくするために図2を作成した。

(1982:81)は中国語の"～起"が"怀疑""踌躇""动摇""未决"等の表現と共起し、「不安定」の意味を有しているのに対し、"～下"は"放心""决定""安定""答应"等と共起し、「安定」の意味を有していると指摘しているが、実はこのような表現形式は日本語にも共通する。「疑い」「動揺」は「起こす/起こる」と共起し(例:疑いを起こす/動揺が起こる)、また「震える」や「怯える」等は「～上がる」と結合できる(例:震え上がる/怯えあがる)。一方、「安心」を意味する表現には「心が落ち着く」「胸を撫で下ろす」等、「落ち～」「～下ろす」の下移動の表現が用いられる。このような心理的な意味は「地盤は安定した器」という大地のもつイメージと関係していると考える。これと関連した表現に決心や誓いといった心の表現がある。一般に、決心や誓いというものは、ぐらつきやすい不安定な面があるため、それにはしっかりとした安定した基盤や土台が必要である。そのため、中国語の場合、決心や誓いを固める表現には"～下"が使用される。

(6)她把一切的神佛都喊到了,并且许<u>下</u>多少誓愿……

　　(彼女は思いつくかぎりの神や仏にすがり、誓いも<u>たて</u>たが……)

(中日对译语料库)

(7)……定<u>下</u>实行的决心。

　　(……実行の決心を<u>堅</u>めた。)

(中日对译语料库)

また、土台や基礎の建設にも中国語の場合、「～下」が使用される。

(8)这就打<u>下</u>了我们在敌占区进行组织工作的基础。

　　(われわれの組織活動をすすめる土台が<u>うちたて</u>られたのである。)

(中日对译语料库)

(9)为继续寻求真理和进行革命实践活动打<u>下</u>了基础。

　　(継続的な真理探求と革命的実践活動を打ち<u>固める</u>基礎となった。)

(中日对译语料库)

　このようにぐらつきやすい「心」とその基盤にある「土台」「基礎」を固めるといった表現には中国語の場合"～下"が使われる。一方、日本語では「(～)立てる」か「(～)かためる」が使用されている。つまり、このような用法は両言語が共に土台や基礎を「地盤のもつ安定したイメージ」と潜在的に結びついてるものと考えられる。「大地」は下方に存在し、しかも硬質である。これが土台、基礎のイメージとちょうど重なっている。その堅さの性質は、安定というイメージへとつながっているのであり、更に、地盤の安定は「静」、空中は不安定に揺れ動く「動」となり、対称性をもつイメージを形成し

ていく。この空中から地盤への移動は「動」から「静」への変化となり、逆は「静」から「動」への変化となる。刘月华（1998）は中国語の趨向補語の"〜下/〜下来"の用法に「動」から「静」への状態移行があり、停止を表す動詞と相性がよく、それとは逆に中国語の"〜起/〜起来"の用法には逆の始動を表す動詞との組み合わせがよいことを指摘している。[1]

$$趨向補語と始動と停止 \begin{cases} 始動：响\mathbf{起}雷声，热闹\mathbf{起来} \\ \\ 停止：车停\mathbf{下}了，停息\mathbf{下来} \end{cases}$$

このような始動の用法は、中国語の"〜起来"以外の"说就干上了"［やるといったらすぐにやり始めた］等の"〜上"における上移動表現にも見られる。また、「大地は体積を有した器」でもある。そのため、この大地のもつ体積部分が上下に変動した場合、凹凸の現象が起きる。例えば、大地が隆起すれば山脈ができ、沈下すれば盆地となる。また、凹むの対義語に「凸（つばく）む」というのがあり、両者は凹凸に関する移動表現といえる。凸む類の用法は中国語の"隆起""凸起""突起"等の"〜起[2]"、"凸出""突出"等の"〜出"、日本語の「隆起する[3]/盛り上がる」等の「〜起する」「〜上がる」、「飛び出る/突き出る」等の「〜出る（す）」のように、両言語ともに上移動と外移動の表現に集中する。それに対し、凹む類の用法は中国語の"凹下""陷下"の"〜下"、"凹进""陷进"の"〜进"、日本語の「沈む」には「柱が沈む/頭が枕に沈む」といった「めり込む」の意味があり[4]、また「沈下（する）」の「〜下」、「陷落（する）」の「〜落」、「めり込む」や「食い込む」の「〜込む」のように下移動、特に内移動に集中する。尚、窪んだ土地は「凹地」とも表記し、周囲より低い土地にある。

---

① 刘月华（1998:25-26）は次のように述べている。"……'上'，'起'组，'开'与动词组合时，表示由静态进入动态，即表示一个动作的开始。……相反，'下'与'下来'表示由动态进入静态，表示动作停止进行。"

② 中国語には上移動表現が"〜上"と"〜起"の両方があるにもかかわらず、「凸む」の用法が"〜起"にだけ見られる。例："〇隆起、〇突起、〇凸起、×隆上、×突上、×凸上"等。これは中国語の"起床"［床から離れる］や"起航"［港を出る］の"起"が起点、"上床"［床につく］や"上船"［船に乗る］の"上"が着点をより意識した表現上の違いに関係している。「凸む」のイメージは、表面が盛り上がることから、着点よりも起点をより意識し、派生した表現であると考えられる。そのため、中国語の場合、"〜上"よりも"〜起"の方が起点から着点までのイメージを作りやすく、その結果、「凸む」の用法が生まれたのであろう。

③ 査読者の一人に「隆起/沈下/陷落する」は漢語語彙である為、日本語の例としては不適切ではとの貴重なご指摘を受けた。今後、再考すべき点であると考えられる。

④ 参照 https://dictionary.goo.ne.jp/word/%E6%B2%88%E3%82%80/［2023-08-10］。

$$凹凸に関する移動表現 \begin{cases} 凸む類＝上移動　外移動 \\ \\ 凹む類＝下移動　内移動 \end{cases}$$

凸む類は上移動と外移動、凹む類は下移動と内移動とにわかれ、対称性を見せている。

以上、上下移動には「大地」が参照点としてデフォルト的に設定されており、その大地のメタファーが様々なイメージと結びつき、異なる派生用法を生み出していると考える。しかも、上移動は外移動、下移動は内移動と相関し、両者は対称性をみせる場合が多い。

4　中国語の上下移動と日本語の内外移動

上移動が外移動、下移動が内移動とペアを成し、両者が見せる対称性において、中国語と日本語は異なる見せ方をする。というのは、中国語は上下移動、日本語は内外移動を多用するという傾向である。まず、上移動と外移動についてみていく。日本語の「上がる」と「出る」という表現に類似した中国語に"上～"と"出～"という表現がある。舞台への移動は「舞台に上がる」「舞台に出る」という表現が可能で、中国語の場合も"上台""出台"と表現できる。また、屋内から屋上への移動は「屋上に上がる」と「屋上に出る」の2つの表現が可能なのに対し、中国語の場合、"上屋頂"とはいえるが、"出屋頂"とはいえない。一方、職場へ行き仕事をする出勤の意味は中国語で"上工""出工"と表現し、運動場へ行き教練に出ることは中国語で"上操"及び"出操"と表現される。それに対し、日本語では「仕事に出る」「教練に出る」とはいえるが、「仕事にあがる」「教練にあがる」とはいえない。また、前進の意味は中国語が"上（前）"を使い、日本語が「（前に）出る」を用いる。これは中国語が"出～"よりも"上～"の使用範囲が広く、日本語の場合、「上がる」よりも「出る」の使用範囲が広いことを示唆している。

使用範囲の広い表現

中国語"上～"　　　　　　日本語「出る」

このような組み合わせは中日辞典、日中辞典等の対訳を比較すると多く見られ[1]、中国語の"起～"、日本語の「出～（する）」等含め、同じ傾向が見られる（表1）。

---

[1] 参照した辞書は主に《現代日漢大詞典》（1987）、《新漢日詞典》（1991）、『東方中国語辞典』（2003）の3冊。

表1　対訳における中国語の上移動と日本語の外移動

中国語	日本語	中国語	日本語
上班	会社に**出る**	上工	**出**勤する
上场	**出**場する	上前	前に**出る**
上街	街に**出る**	上路	旅に**出る**
上课	授業に**出る**	上操	訓練に**出る**
上报	新聞に**出る**	上舞台	舞台に**出る**
上阵	**出**陣する	上菜	料理が**出る**
上汤	スープを**出す**	上市	売り**出**される
上镜	**出演**する	上脸	顔に**出る**（酔いが）
起航	**出**航する	起锚	**出**帆する
起灵	**出**棺する	起杠	**出**棺する
起行	**出**発する	起程	**出**発する
起身	**出**発する	起粪	肥（こえ）を取り**出す**
起疙瘩	ぶつぶつが**出る**	起雾	霧が**出る**
挺**起**胸膛	胸を**出す**	鼓**起**勇气	勇気を**出す**

　更に、上述したように「開始」を意味する用法においては、中国語が"〜起（来）""〜上"の上移動、日本語は「〜出す」の外移動を使用する。つまり、中国語は上移動に対し、日本語は外移動を多用する傾向が見られるのである。次に下移動と内移動についてみていく。海は陸地よりも「下」に位置するため、人が海へ落下する場合、「海に落ちる」「（崖から）海へ飛び降りる」等の下方移動の表現が用いられる。しかし、海水浴場等で浜辺から海に移動する場合、日本語は「海に入る」とはいえるが、「海に下りる」とはいえない[①]。一方、中国語では"入海"以外にも"下海"の表現が可能で、話し言葉では"下海"が多用される[②]。これは日本語、中国語が共に「海中」、"海中"という海を容器と

[①]　日本語コーパス『少納言』で「海に入る」と「海に下りる」を比較すると、23：0となる（「瀬戸内海/カリブ海/に入る」等、3例を除いた）。また、日本語は「海に出る」、中国語は"出海"という表現がある。しかし、両者とも漁や航海に出るという派生的意味が強く、ここでは下移動と内移動に限定した比較の為、この表現に関して深くは論じない。

[②]　中国語コーパスCCLで"下海捕鱼"と"入海捕鱼"及び"下海游泳"と"入海游泳"を比較すると前者が13：2で後者が37：0となる。尚、文中と反対方向の移動は「海から陸に上がる」「海から陸に出る」というように上移動と外移動が用いられ、中国語でも"从海洋爬上陆地"という表現がある。

見なした表現がある一方で、海が陸よりも低い位置にあることを意識した"海上发电，海下养鱼"の"海下"という表現が中国語にしか見られないのと関係しているかもしれない①。また、深層意識は「潜在意識」、"潜意识"と、共に「潜る」を用いるが、中国語は更に"下意识"とも表現される。あと、「嚥下」のことは中国語では"咽下(去)"と"咽进(去)"があるが、前者を多用する②。日本語にも「飲み下す」と「飲み込む」という表現があるが、多用されるのは後者である③。更に、ある状態から深い「睡眠」、深い「思考」、深い「沈黙」への状態変化は、日本語の場合「眠り込む」「考え込む」「黙り込む」等、内移動の「～込む」の複合型表現が用いられ、中国語は下移動の"沉睡""沉思""沉默"等、下移動の"沉～"の複合型表現がよく用いられるという違いがある。

使用範囲の広い表現

中国語"下～""沉～"　　　　　日本語「入る」「～込む」

このような組み合わせは、中日辞典、日中辞典等の対訳を比較すると多く見られる(表2)④。

表2　対訳における中国語の下移動と日本語の内移動

中国語	日本語	中国語	日本語
下場	試験場に入る	下獄	刑務所に入る
下水	水に入る	下肚	口に入れる
下窑	炭鉱に入る	下锅	鍋に(具を)入れる
下台	引っ込む	下脚	足を踏み入れる
下网	網を入れる	下功夫	身を入れる
咽下	飲み込む	写下	書き込む
落账	帳面に記入する	沉郁	気が滅入る

上から、中国語が"下～"を中心とした下移動、日本語が「入る/入れる」を中心とした

---

① 日本語にも「海下」の語彙が存在するが、それらは「うなくだり(＝落ち潮に乗って海を流れ下ること)」や「うみおり(海藻や貝類等の採取してもよい日)」等、海面の下を意味するものではない。
② 中国語コーパスCCLで"咽下去"と"咽进去"を比較すると236：5になる。
③ 日本語コーパス『少納言』で「飲み下す」と「飲み込む」を比較すると、9：122となる。
④ 参照した辞書は主に《新汉日词典》(1991)、《现代日汉大词典》(1987)、『東方中国語辞典』(2003)の3冊。

内移動の組み合わせが多いことがわかる。更に、上のような組み合わせの中でも、「熱心に励む」という意味用法の場合、中国語は"起劲、上劲"と"下劲"の上下移動、日本語は「精を出す」と「精を入れる」の内外移動を用いる①。

「熱心に励む」

中国語　　　　　　　　　　　　日本語

"起劲、上劲""下劲"　　　　「精を出す」「精を入れる」

　このように、上移動と外移動、下移動と内移動に対応するものを列挙したが、それ以外の対訳で見られる表現の中では、上移動が内移動、下移動が外移動の組み合わせもある（表3）。

表3　対訳における中国語の上下移動と日本語の内外移動

中国語	日本語	中国語	日本語
上船	船に乗り込む	上大学	大学に入る
上床	寝床に入る	上膛	弾を込める
下地	野良仕事に出る	下帖	招待状を出す
下雾	霧が出る	下结论	結論を出す

　対訳関係及び対訳辞書において、中国語の上下移動と日本語の内外移動は組み合わせが多い。両者の異なる傾向性は、複合型表現における前項動詞の組み合わせの中にも見出せる。刘月华（1998）と姫野（1999）の資料をもとに、後項動詞が上下移動と内外移動の場合に組み合わさる前項動詞の数量を整理したところ、中国語は上下移動、日本語は内外移動の方がより多くの対応があった②。つまり、両言語に限って比較した場合、中国語は上下移動、日本語は内外移動を優先させる傾向を有している。

言語類型の違い

中国語「上下移動型言語」　　　　日本語「内外移動型言語」

　即ち、移動表現においては、中国語が上下移動型言語、日本語が内外移動型言語とでも呼ばれるべき、認知的及び言語類型としての異なる傾向が日中両言語にあると考える。

---

① これらに類似した表現に「出精する」「元気を出す」「力を入れる」「力を込める」等がある。
② 松永（2012）の7.4.2節を参照。

5　上下内外の移動と鉛直軸

では、何故、上下移動と内外移動との間に対応関係及び両言語の異なる傾向が見られるのであろうか。図3を見て頂きたい。

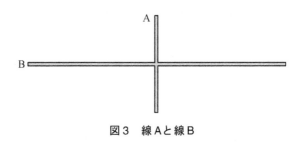

図3　線Aと線B

鉛直とは重力が作用する方向のことで、図3の場合、縦の短い線Aである。水平とは鉛直と直角をなす方向のことで、図3の横に伸びる長い線Bとなる[①]。基本的な方向に「上下・前後・左右」があり、「上下」は鉛直方向、「前後・左右」は水平方向に属する。しかも水平方向を地平線と見なした場合、その下方には大地が存在する為、鉛直方向には「内外」もあると考えられる。そのため、上下と内外の表現には「長短」の距離と「厚薄」の嵩[②]の量、「高低」及び「浅深」といった方向性と位置概念を備えた鉛直方向の要素、更に両者には方向性を含む移動表現の要素があるので、それらは表4のように整理できる。

表4　量、方向、位置、移動と上下・内外空間の関係性

上下空間			内外空間		
－容器			＋容器		
＋距離 －方向	＋位置 ＋方向	＋移動 ＋方向	＋　嵩 －方向	＋位置 ＋方向	＋移動 ＋方向
長⇔短	高⇔低	上⇔下	厚⇔薄	浅⇔深	内⇔外

表4のように上下空間と内外空間とでは美しい対称性を見せている。これは上下空

---

① 参照 https://studyphys.com/ver-per/[2023–08–10]。
② 久島(2002:59)は嵩の概念を強調しており、距離をも覆うものととらえている。あと、量は距離と嵩の上位概念として考えており、本論もそれらを参考にする。

間と内外空間とが共に鉛直軸に属するからであって、両者には共通項が多い。これまで述べてきたように高さと深さ、上移動と内移動における移動のズレには「大地」があることを指摘してきた。大地は巨大な容器であるゆえ、重力の作用で常に下方に位置する。また、下方の大地に対しては、上方に位置する地上の存在も忘れてはならない。内外とは容器を起点、着点とした空間概念で、周囲には無数に存在するが、この大地の地中と地上によって結ばれる鉛直軸ほど規模的に大きいものは存在しないであろう。つまり、ここに、地中と地上を鉛直上に結ぶ原初的なイメージ・スキーマが存在するものと考えられる①。容器のイメージ・スキーマには「内側」と「外側」、そして両者間にある「境界」の3要素が認められるが、この3要素で見た場合、図4のように、地面が境界となり、地中は地上に比べ、容器内部のイメージをもちやすいと考えれば、地中は内側で、地上は外側となる。しかも、それぞれの位置は地中が下、地上が上となる②。

図4　大地の鉛直軸による上下・内外移動のイメージ・スキーマ③

　つまり、「上移動と外移動」「下移動と内移動」の間に相関性及び対称性が見られるのはこのためで、「地中」へは入ることもできれば、下りることも可能であり、地上へは上がることもできれば、出ることも可能である。このように地中から地上への移動が「上移動と外移動」、地上から地中への移動が「下移動と内移動」と表現でき、この両者における移動は前者を「地上方向移動（＝上移動と外移動）」、後者を「地中方向移動（＝下移動と内移動）」とする、新しい移動表現の枠組みとして再考の余地があるものと考える。鉛直軸における移動において、容器をより意識した場合、内外移動となり、そうでなければ上下移動となる。両者は言語表現においては競合し、二者択一の選択となる。しかも、実際の言語表現においては両者の表現は中国語の"上～"と日本語の「出る」には前進移動があり、中国語の"～下"と日本語の「下がる」には後退移動がある等、

---

① 一本の線が地中から鉛直上に伸び続ければ天につながるゆえ、この軸は天と地を結ぶことにもなる。そのため、「天地軸」という表現も適切かもしれない。

② 久島（2001:28;2002:59）の表によれば、「高い」と「深い」が共に鉛直に属し、その際、上が外部で下が内部であることが読み取れる。

③ 久島（2001:28）の表とも類似した点があるが、本論は大地の鉛直軸におけるイメージスキーマという観点を分かりやすくする為に図4を作成した。

前後の水平方向にも意味用法が広がっている。これらの前後と鉛直の方向は、図3において左右にひろがる線Bの横軸ではなく、ともに上下に伸びる線Aの縦軸となる[①]。人間の顔は前を向いている為もあり、視覚的には左右の横よりも前から上下にのびる縦の認識が容易である[②]。物を横から縦にすることを「たてる」というが、「たてる」には物を目立たせるという意味もある[③]。即ち、中国語は上下移動、日本語は内外移動との組み合わせが多く見られるのは偶然ではなく、両者とも鉛直軸、更には縦軸という同じ空間概念に属しているからで、容器の有無の差異を除けば両者は本質的には似ているのである。上述した派生用法で見られた多くもこれらが基礎となっている。日中両言語の移動表現は横軸よりも鉛直方向を中心とした縦軸が優先され、更に「容器の有無」の二者択一が上下移動か内外移動かを決めていく。この違いは言語によって異なる傾向があるはずで、このような言語類型論的な相違は日中両言語に限らず、大地の上で生活する民族であれば、他の言語にも類似した現象があるのではないかと予測している。

参考文献

刘月华,1998. 趋向补语通释[M]. 北京:北京语言大学出版社.

刘月华,2001. 实用现代汉语语法[M]. 北京:商务印书馆.

马云霞,2008. 汉语路径动词的演变与位移事件的表达[M]. 北京:中央民族大学出版社.

尚永清,1991. 新汉日词典[M]. 北京:商务印书馆.

松永源二郎,2012. 汉日趋向范畴表达对比研究[D]. 北京:北京语言大学.

宋文军,1987. 现代日汉大词典[M]. 北京:商务印书馆.

王锦慧,2012. 说趋向词"上"与"下"的用法:从上古至中古[J]. 汉语学研究(1):131-166.

相原茂,荒川清秀,大川完三郎,2004. 東方中国語辞典[M]. 東京:東方書店.

久島茂,2001.〈物〉と〈場所〉の対立:知覚語彙の意味体系[M]. 東京:くろしお出版.

久島茂,2002.〈物〉と〈場所〉の意味論:「大きい」とはどういうこと?[M]. 東京:くろし

---

① 久島(2001:60-68)で縦に「上下」と「前後」が含まれることを詳細に論じている。

② 富士山の縦の長さ(＝高さ)が3776メートルあることはよく知られているが、横の幅(＝裾野の直径)が南北約37キロメートル、東西約39キロメートルあることはあまり知られていない。

③ 参照 https://dictionary.goo.ne.jp/word/%E3%81%9F%E3%81%A6%E3%82%8B/#jn-137747[2023-08-15]。また、動詞表現における横移動の表現は、宮島(1972:263-264)によると左折、右折といった語彙に限られ、久島(2001:64)は「《左》あるいは《右》の方向への移動を表す基礎的な語が存在しない」と述べている。

　お出版.

久島茂,2007.はかり方の日本語[M].東京:筑摩書房.

姫野昌子,1999.複合動詞の構造と意味用法[M].東京:ひつじ書房.

宮島達夫,1972.動詞の意味・用法の記述的研究[M].東京:秀英出版.

呂叔湘,2003.中国語文法用例辞典[M].牛島徳次,菱沼透,監訳.東京:東方書店.

作者简介

氏名:松永源二郎

性別:男

所属:香港中文大学(深圳)

学歴:博士

職務:副教授

専門分野:日中対照言語学

住所:广东省深圳市龙岗区香港中文大学(深圳)教学楼B

郵便番号:518172

メールアドレス:gmatsunaga@cuhk.edu.cn

相同语境不同语言中〈鳗鱼句〉使用的不对称性

——以日语、汉语、英语的比较为主

The Asymmetric Usage of Eel-Sentences in the Same Contexts in Different Languages: A Comparative Study among Japanese, Chinese and English

林岚娟

摘　要：本文以日语、汉语及英语的鳗鱼句(以下称为〈鳗鱼句〉)为研究对象,对同一语境下表达相同意思的〈鳗鱼句〉的使用情况进行比较研究。通过对《围城》《厨房》《小王子》3部作品的日语版、汉语版和英语版的比较,我们发现〈鳗鱼句〉的使用情况呈现出明显的不对称性。从语言的角度来看,日语的〈鳗鱼句〉最多,汉语次之,英语最少;从作品的角度来看,《围城》的例子居多,《厨房》和《小王子》都约为其2/3;从语境的特征来看,"个人所属的学科与派别"的例子偏多,其次是"个人扮演的角色"。

关键词：鳗鱼句;日汉英;对比研究;使用情况;不对称性

Abstract: In this paper, we focus on eel-sentences (hereafter indicated as <eel-sentences>) in Japanese, Chinese and English, and conduct a comparative study on their usage provided that those sentences appear in the same contexts and express the same meanings. By comparing three works, i.e. *Fortress Besieged*, *Kitchen* and *The Little Prince* in three different language versions, we found the usage of <eel-sentences> showed salient asymmetry among them. Among the three languages, Japanese offered the greatest number of <eel-sentences> whereas English the least. Among the three works, *Fortress Besieged* provided the largest number of examples while both *Kitchen* and *The Little Prince* presented a number of around two-thirds of it; and in terms of different contexts, we collected the most examples in those of departments or groups which people belong to, and the second in those of roles which people play.

Keywords：eel-sentences；Japanese，Chinese and English；comparative study；usage；asymmetry

1　引言

「ぼくはうなぎだ」之类的「ウナギ文」不仅存在于日语，也存在于其他语言。奥津（1978）、池上（1977）、中野（1982）及大河内（1982）等举了汉语、韩语、英语、法语和德语等语言的例子。林岚娟（2004，2006，2008，2010，2011）用「〈ウナギ文〉」来称呼此类普遍存在于多种语言的现象，本文将沿用这个名称，并用"〈鳗鱼句〉"来表示与之对应的中文名称。

〈鳗鱼句〉的研究源于日语，可以追溯到金田一（1955）。金田一（1955）提出「『君ワ何オ食べル?』に対して『ボクワウナギダ』と短く言へる」。三上（1963，1975，2007）则把此类句式称为「端折り文」「第三準詞文」「短絡文」等。此外，众多学者对日语的〈鳗鱼句〉进行了广泛的研究，其中奥津（1978）从生成语法的立场出发，把日语的〈鳗鱼句〉和「ダ」「ノ」的用法结合起来，进行了较大规模的考察，并提出了"动词代用"学说。不能否认，奥津的学说大大提高了〈鳗鱼句〉的知名度，并且掀起了一阵日语〈鳗鱼句〉的研究热潮。对于日语〈鳗鱼句〉的研究，有的学者设想了〈鳗鱼句〉生成之前的形式，有的则不然。前者例如北原（1981，1984），堀川（1983），佐伯（1989），坂原（1990），杉浦（1991），佐藤（1992），陈访泽（2000），西山（2001），野田（2001），小屋（2003），久野、高見（2004），丹羽（2004），等等；后者诸如尾上（1981，1982）、瀬戸（1984）、国広（1986）、小泉（1990）、杉浦（1993）、Obana（2001）、林岚娟（2004，2006，2008，2011）、山本（2007）等。显而易见，以上所示以往研究之多足以证明日语〈鳗鱼句〉的知名度之高和对其研究之热。尽管日语〈鳗鱼句〉的研究已经持续了半个多世纪，但遗憾的是，目前为止针对该如何解释〈鳗鱼句〉这个问题仍无定论。

下面我们看一看日语以外的语言。虽然奥津等学者早在20世纪七八十年代就指出其他语言也存在〈鳗鱼句〉，但与其相关的以往研究却为数不多。比如，林岚娟（2004，2006，2008，2011）对日、汉语、英语的〈鳗鱼句〉进行了对比研究，安井（2010）主要考察了英语的〈鳗鱼句〉。我们再具体地看一看汉语和英语的情况。首先，和日语不同，绝大多数学者都没把汉语和英语的〈鳗鱼句〉看作一种特殊的现象，而是把它们和其他句式放在一起相提并论。例如，汉语有Chao（1968），赵元任（2002），吕叔湘（1980，1999），朱德熙

(1981),王力(1985a,1985b),王希杰(1990),李临定(1993),刘月华、潘文娱、故韡(2001),等等;英语有 Bolinger(1968)、Hoffer(1972)、Quirk et al.(1985)、Declerck(1988)、Halliday(1994)、Fauconnier(1994)、Nunberg(1995)等。其次,虽然汉语和英语里也出现了少数冠以〈鳗鱼句〉这一名称的研究,但和日语一样,几乎所有研究都侧重于从如何解释〈鳗鱼句〉的角度来对其进行分析,并未完全弄清〈鳗鱼句〉的产生机制。最后,汉语和英语,尤其是英语的〈鳗鱼句〉研究尚为少数,还有待进行更加广泛、深入的探讨。

从上述研究现状可以看出,目前〈鳗鱼句〉研究的当务之急在于:从多种语言入手对其进行专题研究,进而揭示其产生机制,找出一个具有普适性的分析法。本文正是基于这个目的,试图以日语、汉语和英语的〈鳗鱼句〉为考察对象,先弄清〈鳗鱼句〉的产生机制,再对其做一个恰当的分析。作为研究的一个环节,本文从相同语境不同语言的视角出发,旨在查明日语、汉语和英语中〈鳗鱼句〉的使用情况,为今后阐明〈鳗鱼句〉的产生机制做好准备工作。

下面为了进一步明确本文的对象和背景,我们将在第2节厘清〈鳗鱼句〉的定义,在第3节简单地介绍几个日语、汉语和英语〈鳗鱼句〉的以往研究。在第4节说明本文的研究方法之后,在第5节具体地展示本次调查的结果并加以考察。最后,在第6节提出本文的结论和今后的课题。

2 〈鳗鱼句〉的定义

最早把「ぼくはうなぎだ」之类的句子称为「うなぎ文」的是奥津(1978)。奥津(1978)把「ボクハ ウナギダ」和「吾輩は猫である」分别命名为「うなぎ文」和「繋辞文」,并且把此类带「ダ」的句子(「ダ」型文)中的「ダ」都看作动词的代用,认为诸如「吾輩は猫である」之类的句子也是一种「うなぎ文」。我们将在第3节对动词代用的操作方法做一些详细的说明。

奥津(1978)认为「だ」和「である」等是动词的代用形式,但他并没有对日语的「うなぎ文」做出具体的定义。本文不同意把「吾輩は猫である」之类的句子看作〈鳗鱼句〉的做法。关于〈鳗鱼句〉的定义,本文将暂时继承林岚娟(2008)和芝原、林岚娟(2010)的做法,把日语、汉语和英语中满足以下3个条件的句子称为"〈鳗鱼句〉"。

①以系词句「NP1はNP2だ（である）」、"NP1 是 NP2"、"NP1　be　NP2"为基本句式①。

②名词短语 NP1 和 NP2 的语义关系既非等同关系，亦非包含关系。

③典型的隐喻句除外。

下面我们看几个〈鳗鱼句〉的例子。本文例句后括号中的译文，若无注明译者，均为笔者所译。

（1）六本木ハ溜池デス。（去六本木要在溜池站转车。）

（奥津，1978：9）

（2）他是足球，我是乒乓球。

（刘月华、潘文娱、故韡，2001：682）

（3）I'm　the　soup.（我点的是汤。）

（Bolinger，1968：38）

以上 3 个例句都符合上述〈鳗鱼句〉的条件。首先，每个句子都带有系词，分别为「です」、"是"、"am"的缩写形式。其次，每个句子中的名词短语（NP1、NP2）之间的语义关系既不是等同关系，也不是包含关系。在各位学者设定的语境中，3 个例句中的 NP1 和 NP2 的语义角色可分别解释为：例句（1）中的「六本木」是要去的目的地，「溜池」是转车的车站；例句（2）中的"他"和"我"是"拥有爱好的人"，"足球"和"乒乓球"是"爱好的运动"；例句（3）中的"I"是"点菜的人"，"the　soup"是"点的食物"。最后，不言而喻，以上 3 个句子都不是隐喻句。

本文中的隐喻句指的是类似下面的句子，其中例句（4）是美国作家杰克·伦敦创作的诗歌，例句（5）和例句（6）是对应的日语和汉语的译文。

（4）Life　is　a　journey.

（5）人生は旅である。

（6）人生是一场旅行。

3　以往研究

奥津（1978）对日语的〈鳗鱼句〉进行了专题研究。后来，奥津（1988）又指出英语、德

---

① 「NP1はNP2だ（である）」中的「は」的位置上可能出现其他助词（如「が」「も」「だけ」等），「だ（である）」也可能以其活用形出现（如「だった」「であろう」等）。同样，"NP1 是 NP2"中的"是"可能带有前置的副词（如"也""就"等），而"NP1 be NP2"中的 be 通常以其活用形或带助动词的形式出现（如 am、is、must be 等）。

语、法语、葡萄牙语、韩语、汉语等里也有〈鳗鱼句〉。尽管如此,数十年来不同语言学界关于〈鳗鱼句〉的研究的数量差距甚大。日语学界存在大量研究成果,汉语学界次之,而英语学界则寥寥无几。可以说,这种差距与各个学界对待〈鳗鱼句〉的态度息息相关。一直以来,〈鳗鱼句〉在日语学界作为一种特殊的句式备受重视,而在汉语和英语学界则常常只被当作普通的系词句,很少得到专门的研究。毋庸置疑,正是这种对待〈鳗鱼句〉的不同态度导致了各个学界研究成果的差距。下面我们看几个日语、汉语和英语的研究例子。

3.1　奥津(1978)

在第2节中我们提到,奥津(1978)把「ボクハ　ウナギダ」和「吾輩は猫である」分别命名为「うなぎ文」和「繫辞文」,并且把此类句子中的「ダ」和「である」等都看作动词的代用形式。奥津(1978)的动词代用学说认为像「吾輩は猫である」之类的句子也是一种〈鳗鱼句〉,而〈鳗鱼句〉是经过2个阶段的变形操作而得到的。

(7)ボクハウナギヲ食ベル

　　↓ 「ダ」代替动词

　　ボクハウナギヲダ

　　↓ 删除格助词

　　ボクハウナギダ

(8)吾輩ハ猫ニ属スル

　　↓「デアル」代替动词

　　吾輩ハ猫ニデアル

　　↓ 删除格助词

　　吾輩ハ猫デアル

例句(7)由动词句「ボクハウナギヲ食ベル」变成系词句「ボクハウナギダ」,例句(8)由动词句「吾輩ハ猫ニ属スル」变成系词句「吾輩ハ猫デアル」。这2个句子在变成系词句的过程中,都经过了2个变形操作的步骤,第一个是系词「ダ」或者「デアル」代替动词,第二个是删除格助词「ヲ」或者「ニ」。

3.2　Chao(1968)、赵元任(2002)

Chao(1968)、赵元任(2002)认为,汉语中的省略现象使主语和谓语的关系变得松散。作为常见的例子,赵元任(2002)举了名词所有格和紧随其后的名词的省略现象。下面2

组例子当中,a是原句,b是笔者根据原文的意思补全被省略部分之后得到的句子。其中,例句(9)a属于汉语的〈鳗鱼句〉。

(9)a. 他是个日本女人。

b. 他的用人是个日本女人。

(10)a. 你也破了。

b. 你的鞋也破了。

按照赵元任(2002)的分析,例句(9)a中的"他"被省略了所有格"的"和紧随其后的名词"用人";同样,例句(10)a中的"你"被省略了所有格"的"和其后面的"鞋"。

3.3 刘月华、潘文娱、故韡(2001)

刘月华、潘文娱、故韡(2001)把汉语的系词句"NP1是NP2"分为2类:第一类是表同等或归属的句子,第二类是宾语从某个侧面对主语进行说明的句子。其中第二类是本文所指的汉语的〈鳗鱼句〉。

(11)他们回国的日期都定了,老张是明天,老李是后天。

(12)我们俩买的书不一样,他是英文课本,我是科技常识。

刘月华、潘文娱、故韡(2001)认为,例句(11)从"回国的日期"的侧面分别对"老张"和"老李"进行了说明;例句(12)从"买的书"的侧面分别对"他"和"我"进行了说明。

3.4 Fauconnier(1994)

Fauconnier(1994)指出,be动词在语法上有表示转喻连接的功能(stands grammatically for metonymic link)。他认为例句(13)和例句(14)之所以成立是因为语用函数所起的作用,而这2个句子都是英语的〈鳗鱼句〉。

(13)We are the first house on the right.

(Connector:"people → houses they live in")

(直译:我们是右边的第一个房子。)

(转喻连接:人们→他们住的房子)

(14)I'm the ham sandwich;the quiche is my friend.

(Connector:"customers → food they order")

(直译:我是火腿三明治,乳蛋饼是我朋友的。)

(转喻连接:顾客→他们点的食物)

在例句(13)中,"are"表示的转喻连接为"人们→他们住的房子"。被连接的二者,即

"we"和"the first house on the right"之间存在对应的函数关系。同样,在例句(14)中,"am"和"is"表示的转喻连接为"顾客→他们点的食物"。被连接的二者,即"I"和"the ham sandwich"之间,以及"my friend"和"the quiche"之间存在对应的函数关系。

3.5　Nunberg(1995)

Nunberg(1995)为了解释例句(15)和例句(16)的不同,提出了"谓语转义"(predicate transfer)的想法。所谓的"谓语转义"需要2个条件:其一,"原谓语"(original predicate)表达的"原属性"(original property)与"派生谓语"(derived predicate)表达的"派生属性"(derived property)之间需存在某种函数关系,并且"原谓语"和"派生谓语"必须同形;其二,"派生谓语"表达的"派生属性"必须是其所有者"引人注目"(noteworthy)的特征。

(15)This is parked out back.

(16)I am parked out back.

例句(15)和例句(16)都是客人在停车场把车钥匙递给管理员时说的话,但是Nunberg(1995)认为,例句(15)的主语"this"指的是车,而例句(16)的主语"I"指的是说话人本身,因此这2个句子之间有很大的差异。

随后,Nunberg(1995)又用"谓语转义"的观点说明下面2个例子。例句(17)和例句(18)都是英语的〈鳗鱼句〉。

(17)Who is the ham sandwich?

(18)<u>I am the ham sandwich</u> and I'd like it right now.

上面2个句子中,"ham sandwich"是由"原谓语"派生出来的"派生谓语","原谓语"表达的"原属性"是"火腿三明治的集合",而"派生谓语"表达的派生属性是"点了火腿三明治的人的集合"。由此可以推出,例句(18)画线部分的意思是:"我"是"点了火腿三明治的人的集合"的一员。

3.6　林岚娟(2004,2006,2008,2010,2011)

林岚娟(2004,2006,2008,2010,2011)对日语、汉语、英语的〈鳗鱼句〉展开了一系列的研究。首先,林岚娟(2004)侧重探讨了〈鳗鱼句〉的多义性,指出〈鳗鱼句〉的语义因其出现的语境而异,其语义取决于2个名词短语(NP1和NP2)之间的关系,并且认为在〈鳗鱼句〉的认知过程中以参照点(reference points)为基础的关系构建能力起了重要作用[1]。

---

① "参照点能力"详见Langacker(1987,1993)。

接着,林岚娟(2006)从如何把握NP1和NP2的关系这一观点出发,把以往研究分为2类("水平型的关系把握"和"倾斜型的关系把握")[①],并以关系较为复杂的"十斤就是八十多块"(刘震云《一地鸡毛》)为例,指出在语境中构建非平面的关系立体来解释〈鳗鱼句〉的必要性。林岚娟(2006)提出的关系立体至少有4个顶点:①A(NP1的指示物)、②B(NP2的指示物)、③除A和B以外且出现在语境(C)中的成分(X)、④话题的中心(T)。

　　林岚娟(2008)则把包括〈鳗鱼句〉在内的语言形式看作听者或读者构建意义的提示(prompt)[②],对汉、日、英3种语言的〈鳗鱼句〉做了较为系统的研究。她在文中对〈鳗鱼句〉下了定义之后,主要列举、概述了当时鲜有人提及的汉语和英语的以往研究。接着,她举出汉语的实例,高度评价Nunberg(1995)重视隐藏在语言形式背后的关系的意义,同时指出了其不足之处[③],继而对汉语、日语、英语的〈鳗鱼句〉的句法特征和语义特征做了详细的描述,并说明了构建关系对解释〈鳗鱼句〉具有重要的意义。林岚娟(2008)又在具体展示关系构建的机制的基础上,举出与〈鳗鱼句〉的解释相关的误解和笑话的例子,再次确认了构建关系的重要性。最后,林岚娟(2008)还举了一些非典型的〈鳗鱼句〉和类似的语言现象,对今后的研究做了展望。

　　林岚娟(2010)和芝原、林岚娟(2010)在林岚娟(2008)的基础上分别对汉语和英语的〈鳗鱼句〉做了更加详尽、深入的描述,指出包括〈鳗鱼句〉在内的语言形式只不过是稀少且简单的提示(sparse prompts),它促使听者或读者去重新构建言者或作者传达的意义。他们把听者和读者重新构建意义的思考行为称为「意味统合」,并认为其不同于Fauconnier & Turner(2002)提出的「概念统合」或「观念融合」。芝原、林岚娟(2010)提出的「意味统合」指的是,听者和读者以稀少且简单的语言提示去构建言者或作者传达的意义整体。

　　林岚娟(2011)主要着眼于日语〈鳗鱼句〉的高频使用现象,对日语、汉语、英语的〈鳗鱼句〉做了比较,认为日语的使用频率最高,汉语次之,英语最低。进而,林岚娟(2011)举了『枕草子』中的「春は曙」,以及与之对应的汉语和英语的译文等例子[④],说明了使用频率

---

① "水平型的关系把握"指在平面上直接把握NP1和NP2之间的关系;"倾斜型的关系把握"指通过扩充NP1或NP2的内容来把握二者的关系,"倾斜型的关系把握"又细分为"NP1扩充型"和"NP2扩充型"。

② 这里的prompt可兼为名词和动词,详见Fauconnier & Turner(1995)。

③ Nunberg(1995)认为前文例句(18)中的"it"是"懒散的代词"(pronoun of laziness)。

④ 林岚娟(2011)引用的汉语及英语译文分别如下:

　　a$_1$. 春,曙为最。(林文月译)

　　a$_2$. 春天是破晓的时候最好。(周作人译)

　　b. In spring it is the dawn that is most beautiful.(Ivan Morris译)

的差异与各种语言的句法特征有关。

从以上可以看出,至今为止的以往研究大多从如何解释的观点出发,并未揭示〈鳗鱼句〉的产生机制。其中,林岚娟(2004,2006,2008,2010,2011)虽然对日语、汉语、英语的〈鳗鱼句〉展开了一系列的研究,但仍然还有诸多问题尚未解决,特别是林岚娟((2011)在指出各种语言〈鳗鱼句〉的使用频率不同之后,并未对其背后的语境,以及NP1和NP2的关系等特征做出更加深入的研究。本文为了弥补这一不足,将采用不同的方法对〈鳗鱼句〉的使用情况、语境特征、语义特征等进行比较。

4 研究方法

形式和意义是语言的两面,形式是意义的载体,意义是形式的内容。Fauconnier & Turner(2002)曾举过希腊神话中的英雄阿契里斯的例子来说明二者的关系。他们认为,阿契里斯的盔甲是形式,而盔甲的意义则是由阿契里斯所赋予的。盔甲一旦脱离了战争,离开了使用盔甲的人,就称不上盔甲,也就失去了它的意义。同样,对于〈鳗鱼句〉,其形式和意义是我们必须关注的2个方面。〈鳗鱼句〉一旦脱离了语境,离开了使用者,就会变得徒有形式,没有一个明确的意义。

〈鳗鱼句〉的研究途径可分为2种:一种是从形式着手去解释它的意义,另一种是从意义出发去探讨它的形式。大多数以往研究属于前者,即以〈鳗鱼句〉的形式为出发点,结合具体的语境去解释它的意义。这种研究途径可以整理为图1。

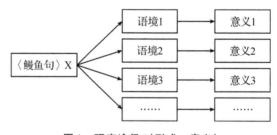

图1 研究途径1(形式→意义)

如果以"我是鳗鱼"为例并设置不同的语境的话,就可以在各个语境中得到各种各样的解释(见图2)。

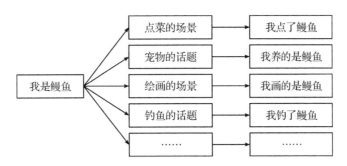

图2　不同语境中对"我是鳗鱼"的不同解释

本文采用的是第二个研究途径,即以意义为出发点,去探讨〈鳗鱼句〉在不同语言中的使用情况。具体地说,是探讨在相同语境表达相同意思时不同语言中的〈鳗鱼句〉的使用情况。我们可以把这种研究途径整理为图3。

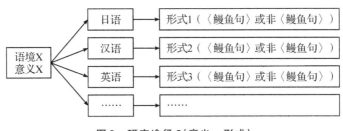

图3　研究途径2(意义→形式)

为了查明日语、汉语和英语的〈鳗鱼句〉的使用情况,我们做了实例调查工作。具体的调查方法为:①以同一部文学作品的不同版本(日语版、汉语版、英语版)为调查文本;②先从各个版本找出〈鳗鱼句〉,再把每种语言的〈鳗鱼句〉与其他2种语言的表达形式进行对比。

实例调查使用了以下3部文学作品,①为原著,②为实际上使用的文本。

①原著

 a. *Le Petit Prince*(Antonine de Saint-Exupéry)

 b.『キッチン』(吉本ばなな)

 c.《围城》(钱锺书)

②实际上使用的文本(原著或译著)

 a.『星の王子さま』(倉橋由美子訳,宝島社)

  《小王子》(林珍妮、马振骋译,译林出版社)

  The Little Prince(Translated by T. V. F. Cuffe, Penguin Books)

 b.『キッチン』(吉本ばなな著,幻冬舍)(原著)

  《厨房》(李萍译,上海译文出版社)

　　Kitchen(Translated by Megan Backus,Faber and Faber Limited)

　c.『結婚狂詩曲』(荒井健、中島長文、中島みどり訳,岩波書店)

　　《围城》(钱锺书著,生活·读书·新知三联书店)(原著)

　　Fortress Besieged(Translated by Jeanne Kelly and Nathan K. Mao, Penguin Books)

5　使用情况的不对称性

　　通过对以上3部作品9个版本进行的实例调查,我们发现,即便在相同的语境下,不同语言中的〈鳗鱼句〉的使用情况也存在非常显著的不对称性。究其原因,除了林岚娟(2011)指出的句法特征的影响外,不难想象各个文学作品的篇幅大小和题材不同也会在一定程度上导致上述结果。同时,我们也不能排除作者或译者的表达习惯而带来的偶然性。但是,这些问题并非本文想要讨论的重点。

　　下面我们想先在第5.1节和第5.2节看一下实例调查的整体结果和具体例子,然后在第5.3节和第5.4节分别以语境特征和语义特征为切入点,对〈鳗鱼句〉使用情况的不对称性进行考察。

5.1　整体结果

　　对3部文学作品的日语版、汉语版和英语版进行实例调查的结果,可以总结为表1。表1是〈鳗鱼句〉的发现数①,即分别从3个作品的日语版、汉语版和英语版找到的〈鳗鱼句〉总数。从作品的角度可以看出,〈鳗鱼句〉发现数多的作品依次为《围城》、『キッチン』、*Le Petit Prince*。再从语种方面来看,不管哪部作品,都是日语版的〈鳗鱼句〉发现数居首位,而汉语版则是多于或者等于英语版的发现数。

表1　各个版本中的〈鳗鱼句〉发现数

单位:个

作品名(原著)	日语	汉语	英语
Le Petit Prince	7	1	0
『キッチン』	9	1	1
《围城》	24	11	2

---

　① 由于〈鳗鱼句〉中的助词和动词具有多样性,很难用语料库来检索例句,实例调查只能以原始的逐页阅读方式进行,难免会出现例句的遗漏。因此,严格地说,本文的"发现数"有可能少于实际的"使用数"。

5.2　具体例子

这一节我们举一些例子,来具体地看一看3种语言中的〈鳗鱼句〉的使用情况。我们把具体的情况分为3类:第一类是3种语言都为〈鳗鱼句〉;第二类是只有2种语言为〈鳗鱼句〉;第三类是只有1种语言为〈鳗鱼句〉。

5.2.1　3种语言都为〈鳗鱼句〉

从例句(19)中的画线部分可以看出,日语、汉语和英语都使用了〈鳗鱼句〉。不同的是,日语和汉语的〈鳗鱼句〉出现在主句中,而英语的〈鳗鱼句〉(who would be a good little robber)出现在the only one的定语从句中。

(19)a. 蘇家の兄妹たちと「官打捉賊」をやると、ミス蘇や今はもうお嫁に行ってる姉さん、女の子たちは走るのが遅いので、「賊」に当ってもむりやり「官」か「打」になりたがり、ミス蘇の兄貴が「賊」になるとつかまえられようとせず、<u>ただ辛楣だけがおとなしく「打」ちょうだいするよい「賊」だった</u>。

(『結婚狂詩曲』上)

b. 他和苏小姐兄妹们游戏"官打捉贼",苏小姐和她现在已出嫁的姐姐,女孩子们跑不快,拈着"贼"也硬要做"官"或"打",苏小姐哥哥做了"贼"要抗不受捕,<u>只有他是乖乖挨"打"的好"贼"</u>。

(《围城》)

c. With Miss Su and her brother and sister, he used to play "cops and robbers". The two girls, Miss Su and her now married older sister, could not run very fast, so when it came their turn to play the "robber", they insisted on being the "cop". When Miss Su's elder brother played the robber, he refused to be caught. Hsin-mei was the only one <u>who would be a good little robber</u> and take a beating.

(*Fortress Besieged*)

5.2.2　只有2种语言为〈鳗鱼句〉

这一类〈鳗鱼句〉,我们未发现汉语和英语对应的例子。因此,下面我们各看一组日语和汉语,以及日语和英语对应的例子。

5.2.2.1　日语和汉语对应的〈鳗鱼句〉

在例句(20)中,日语和汉语的画线部分是〈鳗鱼句〉,而英语的双重画线部分则不是。我们发现,英语的主语部分与日语和汉语不同。日语和汉语的画线部分的NP1

都是人称代词(「われわれ」和"我们"),但与之对应的英语部分却为名词性物主代词"ours"。

(20)a. おまけにあちらの料理の原則は『調〔あじつけ〕』で、われわれは『烹〔ひとおし〕』さ、だから向こうの汁物は特に味が物足らん。

(『結婚狂詩曲』上)

b. 并且他们的烧菜原则是"调",我们是"烹",所以他们的汤菜尤其不够味道。

(《围城》)

c. The main thing in their cooking is seasoning, while ours is frying, together with other vegetables. This is why their soups are so tasteless.

(Fortress Besieged)

5.2.2.2 日语和英语对应的〈鳗鱼句〉

在例句(21)中,日语和英语的画线部分是〈鳗鱼句〉,只不过日语的〈鳗鱼句〉省略了出现在前句中的主语(「辛楣だけ」)。而在对应的汉语原文中,没有出现系词"是",而是出现了一般动词"做"。

(21)a. ……ただ辛楣だけがおとなしく「打」ちょうだいするよい「賊」だった。赤頭巾ごっこをすれば、いつも狼だ。

(『結婚狂詩曲』上)

b. When they played Little Red Riding Hood, he was always the wolf...

(Fortress Besieged)

c. 玩红帽儿那故事,他老做狼……

(《围城》)

5.2.3 只有1种语言为〈鳗鱼句〉

这类〈鳗鱼句〉只发现了日语和汉语的例子。例句(22)是只有日语为〈鳗鱼句〉的例子,例句(23)是只有汉语为〈鳗鱼句〉的例子。

(22)a. 子瀟はさらに言明した、「その学生は中国文学科です。われわれは史学科の学生には内々で一度説諭しときました……」

(『結婚狂詩曲』下)

b. 子潇还声明道:"这学生是中国文学系的。我对我们历史系的学生私人训话过一次……"

(《围城》)

c. Lu Tzu-hsiao further declared，"<u>That student is in the Chinese Literature Department</u>. I gave the students in our History Department a private talk."

(Fortress Besieged)

例句(22)中的日语画线部分是〈鳗鱼句〉。相比之下，与之对应的汉语部分在NP2的位置上多了一个"的"，双重画线部分的"中国文学系的"可以理解为"中国文学系的学生"。而与之对应的英语则在NP2的位置上多了介词"in"，双重画线部分的"in the Chinese Literature Department"可以理解为"属于中国文学系"。

(23)a. 他们投宿的店里，厨房设在门口，<u>前间白天是过客的餐堂</u>，晚上是店主夫妇的洞房，后间……

(《围城》)

b. 一行がとった宿は、調理場が門口にあり、<u>表の部屋は昼間は客の食堂</u>、<u>夜は主人夫婦の寝室になり</u>、奥の部屋は……

(『結婚狂詩曲』上)

c. In the inn where they stayed, the kitchen was set up at the entrance. <u>The front room served as the guests' dining room during the day and as the bed-chamber of the innkeeper and his wife at night</u>. The back room...

(Fortress Besieged)

例句(23)中的汉语画线部分是〈鳗鱼句〉，而对应的日语和英语都使用了一般动词(「なる」的连用形「なり」和"served")，这2个一般动词都可以理解为"充当"的意思。

5.3　语境特征

5.3.1　『星の王子さま』、《小王子》、*The Little Prince*

与其他2部作品相比，《小王子》这部作品的篇幅最短，因此〈鳗鱼句〉的数量在3部作品中最少，甚至在英译本中没有发现任何用例。在日译本和汉译本中发现的〈鳗鱼句〉主要用于2种语境，分别为"加法运算"和"某个时长在某个星球上的时间长度"。在这2种语境中，NP1和NP2的语义关系分别为"加法运算——得出的结果"和"某个时长在某个星球上的时间长度——某个时长在另一个星球上的时间长度"。具体的分布情况如表2所示。

表2　各种语境中的〈鳗鱼句〉分布情况(1)

单位:个

语境	NP1和NP2的语义关系	作品名	发现数	总数
加法运算	NP1:某个数加某个数 NP2:得出的结果	『星の王子さま』	6	6
		《小王子》	0	
		The Little Prince	0	
某个时长在某个星球上的实际长度	NP1:某个星球上的时长 NP2:另一个星球上的时长	『星の王子さま』	1	2
		《小王子》	1	
		The Little Prince	0	

5.3.2　『キッチン』、《厨房》、*Kitchen*

从《厨房》这部作品的3个版本中发现的〈鳗鱼句〉也不多,在使用〈鳗鱼句〉的4种语境中,只有在"某个时间里食用的食物种类"语境中同时发现了3种语言的例子。其他语境只有日语的〈鳗鱼句〉(见表3)。

表3　各种语境中的〈鳗鱼句〉分布情况(2)

单位:个

语境	NP1和NP2的语义关系	作品名	发现数	总数
某个时间里食用的食物种类	NP1:食用时间 NP2:食物种类	『キッチン』	1	3
		《厨房》	1	
		Kitchen	1	
个人的行为、活动	NP1:个人 NP2:行为、活动	『キッチン』	2	2
		《厨房》	0	
		Kitchen	0	
个人所患的疾病名	NP1:个人 NP2:所患的疾病名	『キッチン』	1	1
		《厨房》	0	
		Kitchen	0	
个人穿着的服装	NP1:个人 NP2:穿着的服装	『キッチン』	1	1
		《厨房》	0	
		Kitchen	0	

5.3.3　『結婚狂詩曲』、《围城》、*Fortress Besieged*

如表4所示,无论从语境的种类还是从〈鳗鱼句〉的发现数来看,《围城》的3个版本都居首位。由此可见,长篇小说的篇幅为使用〈鳗鱼句〉提供了更多的机会。从语境的种类和例句数量的关系可以看出,"个人所属的学科或派别"的〈鳗鱼句〉最多,但是在英语版中没有发现例子;而总数位居第二的"个人扮演的角色",则同时发现了3种语言的实例,这也是这部作品中唯一同时发现日、汉、英〈鳗鱼句〉的语境。

表4　各种语境中的〈鳗鱼句〉分布情况(3)

单位:个

语境	NP1 和 NP2 的语义关系	作品名	发现数	总数
个人所属的学科或派别	NP1:个人 NP2:所属的学科或派别	『結婚狂詩曲』	9	16
		《围城》	7	
		Fortress Besieged	0	
个人扮演的角色	NP1:个人 NP2:扮演的角色	『結婚狂詩曲』	2	5
		《围城》	1	
		Fortress Besieged	2	
个人的行为、活动及其方式或态度	NP1:个人 NP2:行为、活动及其方式或态度	『結婚狂詩曲』	3	3
		《围城》	0	
		Fortress Besieged	0	
某个群体的烹饪方法	NP1:群体 NP2:烹饪方法	『結婚狂詩曲』	1	2
		《围城》	1	
		Fortress Besieged	0	
对联中引用的典故作者	NP1:对联中的句子 NP2:典故的作者	『結婚狂詩曲』	2	2
		《围城》	0	
		Fortress Besieged	0	
某个时间里到达的行李	NP1:时间 NP2:到达的行李	『結婚狂詩曲』	2	2
		《围城》	0	
		Fortress Besieged	0	
某个时间里某个房间的用途	NP1:时间 NP2:房间的用途	『結婚狂詩曲』	0	2
		《围城》	2	
		Fortress Besieged	0	

续　表

语境	NP1和NP2的语义关系	作品名	发现数	总数
某个时间里个人的行为	NP1:时间 NP2:个人的行为	『結婚狂詩曲』	2	2
		《围城》	0	
		Fortress Besieged	0	
某个群体所做的写作种类	NP1:群体 NP2:写作种类	『結婚狂詩曲』	1	1
		《围城》	0	
		Fortress Besieged	0	
某个行为发生的时间	NP1:行为 NP2:发生的时间	『結婚狂詩曲』	1	1
		《围城》	0	
		Fortress Besieged	0	
个人上课的科目	NP1:个人 NP2:上课的科目	『結婚狂詩曲』	1	1
		《围城》	0	
		Fortress Besieged	0	

5.4　语义特征

在这一节,我们对本次发现的〈鳗鱼句〉做了整理,并归纳出 NP1 和 NP2 的语义搭配关系,以及各种搭配关系的实例和数量(见表5)。

表5　〈鳗鱼句〉的语义搭配关系和分布情况

单位:个

NP1	NP2	总数	日语	汉语	英语
人类的个体	所属的学科或派别	16	9	7	0
	扮演的角色	5	2	1	2
	行为、活动	3	3	0	0
	行为的方式、态度	2	2	0	0
	上课的科目	1	1	0	0
	服装	1	1	0	0
	疾病名	1	1	0	0

（总数 29）

NP1	NP2	总数		日语	汉语	英语
人类的活动及其内容	加法运算的结果	9	6	6	0	0
	所引用典故的作者		2	2	0	0
	发生的时间		1	1	0	0
时间	食用的食物种类	9	3	1	1	1
	个人的行为		2	2	0	0
	到达的行李		2	2	0	0
	房间的用途		2	0	2	0
人类的群体	烹饪方法	3	2	1	1	0
	写作种类		1	1	0	0
某个空间中的数量 X	与 X 相应的另一个空间中的数量	2	2	1	1	0

6　结语

本文对 3 部文学作品的日语版、汉语版和英语版做了实例调查,调查和考察的结果总结如下。

①在相同语境不同语言中表达同一个意思时,日语、汉语和英语的〈鳗鱼句〉的使用情况呈现出明显的不对称性。

②从不同语言的角度来看,日语的〈鳗鱼句〉最多,汉语次之,英语最少。由此可见,句法特征对〈鳗鱼句〉的产生影响较大。

③从不同作品的角度来看,以汉语版为例,《围城》中的〈鳗鱼句〉最多,《小王子》和《厨房》不相上下,均为《围城》的 1/3 左右。这说明作品的篇幅大小,以及作者和译者的个人表达习惯也都在一定程度上影响〈鳗鱼句〉的产生。

④从语境特征来看,"个人所属的学科或派别"的例子最多,其次是"个人扮演的角色",其他语境较少。其中,我们发现只有"个人扮演的角色"和"某个时间里食用的食物种类"这 2 种语境同时适用于日、汉、英 3 种语言的〈鳗鱼句〉,而且也只有在这 2 种语境中我们才发现了英语的〈鳗鱼句〉。

⑤从语义搭配关系来看,"人类的个体"(NP1)和"所属的学科或派别"(NP2)搭配的

　　例子最多,特别是在日语和汉语当中都有比较广泛的使用。

　　以上结果将为发现〈鳗鱼句〉的产生机制提供重要的线索,以下3个课题则留作今后的研究课题。

　　①搜集更多的实例,找出〈鳗鱼句〉使用语境的共同点。

　　②对只有2种或只有1种语言使用〈鳗鱼句〉的例子实行进一步的调查,查清非〈鳗鱼句〉能否改为〈鳗鱼句〉。

　　③从①和②的结果总结出〈鳗鱼句〉的产生机制。

参考文献

陈访泽,2000. 现代日语主题句研究[M]. 大连:大连理工大学出版社.

刘月华,潘文娱,故韡,2001. 实用现代汉语语法[M]. 增订本. 北京:商务印书馆.

吕叔湘,1980. 现代汉语八百词[M]. 北京:商务印书馆.

吕叔湘,1999. 现代汉语八百词[M]. 增订本. 北京:商务印书馆.

吕叔湘,2002. 主谓谓语句举例[M]//吕叔湘. 吕叔湘全集:第三卷. 沈阳:辽宁教育出版社:445-457.

王力,1985a. 王力文集:第二卷 中国现代语法[M]. 济南:山东教育出版社.

王力,1985b. 王力文集:第三卷 汉语语法纲要[M]. 济南:山东教育出版社.

王希杰,1990. "N是N"的语义关系:从"男同志就是游泳裤"谈起[J]. 汉语学习(2):21-24.

赵元任,2002. 赵元任全集[M]. 北京:商务印书馆.

朱德熙,1982. 语法讲义[M]. 北京:商务印书馆.

池上嘉彦,1977.「する」と「なる」の言語学2[J]. 言語(11):100-108.

大河内康憲,1982. 中国語構文論の基礎[M]//森岡健二,宮地裕,寺村秀夫. 外国語との対照1. 東京:明治書院:31-52.

奥津敬一郎,1978.「ボクハ ウナギダ」の文法:ダとノ[M]. 東京:くろしお出版.

奥津敬一郎,1999. うなぎ文の世界[M]//奥津敬一郎.「ボクハ ウナギダ」の文法:ダとノ. 新装版. 東京:くろしお出版:235-260.

尾上圭介,1981.「象は鼻が長い」と「ぼくはウナギだ」[J]. 言語(2):11-15.

尾上圭介,1982.「ぼくはウナギだ」の文はなぜ成り立つのか[J]. 国文学:解釈と教材の研究(16):108-113.

北原保雄,1981. 日本語の文法[M]. 東京:中央公論社.

北原保雄,1984. 日本語文法の焦点[M]. 東京:教育出版.

金田一春彦,1955. 日本語Ⅲ:文法[M]//市河三喜,服部四郎. 世界言語概説:下巻. 東京:研究社:160-200.

久野暲,高見健一,2004. 冠詞と名詞[M]. 東京:くろしお出版.

国広哲弥,1986. 語義研究の問題点:多義語を中心として[J]. 日本語学(9):4-12.

小泉保,1990. 言外の言語学:日本語語用論[M]. 東京:三省堂.

小屋逸樹,2003. もう一つのコピュラ文:状態措定文とウナギ文の分析[J]. 慶応義塾大学言語文化研究所紀要(35):43-67.

佐伯哲夫,1989. 現代語の展開[M]. 大阪:和泉書院.

坂原茂,1990. 役割,ガ・ハ,ウナギ文[J]. 認知科学の発展(3):29-66.

佐藤雄一,1992. うなぎ文の構造[J]. 語文論叢(20):57-73.

芝原宏治,林嵐娟,2010. 英語の〈ウナギ文〉[M]//芝原宏治,林嵐娟,梁淑珉. 日中韓英の句読法と言語表現. 大阪:清文堂:293-383.

杉浦滋子,1991.「だ」の意味:「うなぎ文」をめぐって[J]. 東京大学言語学論集(12):81-95.

杉浦滋子,1993.「ぼくはうなぎ」と「ぼくはうなぎを」[J]. 東京大学言語学論集(13):291-315.

瀬戸賢一,1984.「僕はウナギだ」のレトリック:ウナギ文はどこへ行くのか[J]. 大阪経大論集(159-161):1029-1063.

中野道雄,1982. 発想と表現の比較[M]//国広哲弥. 発想と表現. 東京:大修館書店:33-65.

西山佑司,2001. ウナギ文と措定文[J]. 慶応義塾大学言語文化研究所紀要(33):109-146.

丹羽哲也,2004. コピュラ文の分類と名詞句の性格[J]. 日本語文法(2):136-152.

野田尚史,2001. うなぎ文という幻想:省略と「だ」の新しい研究を目指して[J]. 国文学:解釈と教材の研究(2):51-57.

堀川昇,1983.「僕はうなぎだ」型の文について:言葉の省略[J]. 実践国文学(24):57-71.

三上章,1963. 日本語の論理:ハとガ[M]. 東京:くろしお出版.

三上章,1975. 三上章論文集[M]. 東京:くろしお出版.

三上章,2007. 象は鼻が長い:日本文法入門[M]. 東京:くろしお出版.

安井稔,2010.「うなぎ文」を英語で考える[M]//安井稔.「そうだったのか」の言語学：生活空間の中の「ことば学」. 東京：開拓社：154-173.

山本幸一,2007.「ウナギ文」の認知言語学的分析：メトニミーの下位区分を通して[J]. 日本認知言語学会論文集(7)：343-353.

李臨定,1993. 中国語文法概論[M]. 宮田一郎,訳. 東京：光生館.

林嵐娟,2004.〈ウナギ文〉における意味関係[J]. 言語情報学研究(1)：57-68.

林嵐娟,2006.〈ウナギ文〉と関係構築[J]. 言語情報学研究(3)：33-47.

林嵐娟,2008. 中日英〈ウナギ文〉の研究[D]. 大阪：大阪市立大学.

林嵐娟,2010. 中国語の〈ウナギ文〉[M]//芝原宏治,林嵐娟,梁淑珉. 日中韓英の句読法と言語表現. 大阪：清文堂：227-290.

林嵐娟,2011. 日中英〈ウナギ文〉の使用頻度について[J]. 言語情報学研究(7)：29-43.

呂叔湘,2003. 中国語文法用例辞典[M]. 牛島徳次,菱沼透,監訳. 東京：東方書店.

BOLINGER D, 1968. Judgments of grammaticality[J]. Lingua(21)：34-40.

CHAO Y R, 1968. A grammar of spoken Chinese[M]. Berkeley：University of California Press.

DECLERCK R, 1988. Studies on copular sentences, clefts and pseudo-cleft[M]. Dordrecht：Foris.

FAUCONNIER G, 1994. Mental spaces[M]. Cambridge：Cambridge University Press.

FAUCONNIER G, TURNER M, 1995. Conceptual integration and formal expression[J]. Metaphor and symbolic activity(3)：183-204.

FAUCONNIER G, TURNER M, 2002. The way we think：conceptual blending and the mind's hidden complexities[M]. New York：Basic Books.

HALLIDAY M A K, 1994. An introduction to functional grammar[M]. 2nd ed. London：Edward Arnold.

HOFFER B, 1972. Contrastive analysis of basic sentence patterns in Japanese and English[M]//宮内秀雄教授還暦記念論文集編集委員会. 日英のことばと文化. 東京：三省堂：213-222.

LANGACKER R W, 1987. Foundation of cognitive grammar, vol. 1：theoretical prerequisites[M]. Stanford, CA：Stanford University Press.

LANGACKER R W, 1993. Reference-point Constructions[J]. Cognitive linguistics(1)：1-38.

NUNBERG G，1995. Transfers of meaning[J]. Journal of semantics(12):109–132.

OBANA Y，2001. Unagi-sentences in Japanese and mutual knowledge [J]. Journal of pragmatics(33):725–751.

QUIRK R，GREENBAUM S，LEECH G，et al.，1985. A comprehensive grammar of the English language[M]. London：Longman.

作者简介

姓名:林岚娟

性别:女

单位:大阪公立大学

学历:博士

职称:非常勤讲师

研究方向:语言学、汉日对比、汉日英对比

通信地址:日本大阪府大阪市城东区新喜多东 2-5-21

邮政编码:536-0017

电子邮箱:lanll@hotmail.com

中国日语学习者二字汉字(「的」)型ナ形容词的习得及其影响因素研究*

The Acquisition of Two-Kanji Compound（teki）Na-Adjectives and Influencing Factors of Chinese Speakers Learning Japanese

摘　要：本文调查了中国学习者日语二字汉字(「的」)型ナ形容词的习得情况，并讨论了词干部分的二字汉字词在汉日2种语言中的词性对应关系、日语二字汉字(「的」)型ナ形容词的使用频次、学习者日语水平对其习得产生的影响。结果显示：①学习者二字汉字「的」型ナ形容词课题中「的」的脱落比二字汉字型ナ形容词课题中「的」的过剩使用更为常见；②二字汉字「的」型ナ形容词课题中，"日＝中、日⊂中、日≠中、日∪中"型词性对应关系的题项，学习者判断正确的概率显著高于"日⊃中"型词性对应关系的题项，在二字汉字型ナ形容词课题中，"日＝中"型词性对应关系的题项，学习者判断正确的概率显著高于"日⊂中"型词性对应关系的题项；③二字汉字(「的」)型ナ形容词使用频次越高，学习者判断正确的概率越高；④日语水平越高，学习者判断正确的概率越高。

关键词：二字汉字(「的」)型ナ形容词；词性；词频；日语水平

Abstract：In this paper, the acquisition of Japanese two-kanji compound （teki） na-adjectives by native Chinese speakers learning Japanese was investigated. The effects of the part-of-speech correspondence of two-kanji compound words between Chinese and Japanese，the frequency of Japanese two-kanji compound （teki） na-adjectives and the learners'

---

* 本文系陕西省教育厅重点基地项目"基于作文语料库的中国日语学习者产出性词汇发展研究"（批准号：20JZ080）、陕西省教育科学"十四五"规划2021年度课题"高考日语背景下陕西省高中日语教育现状及未来发展路径"（批准号：SGH21Q020)的阶段性研究成果。

Japanese proficiency on the acquisition have been studied. The results indicated that（1）The drop-off of "teki" in the two-kanji-teki type na-adjectives task is more common than the excessive use of "teki" in the two-kanji type na-adjectives task.（2）In the two-kanji-teki type na-adjectives task，the probability of learners' correct judgment of the "Japanese（J）⊃Chinese（C）" type items are significantly higher than the "J=C，J⊂C，J≠C，J∪C" type. In the two-kanji type na-adjectives task，the probability of the learners' correct judgment of the "J=C" type items are significantly higher than that of the "J⊂C" type.（3）The higher the frequency of Japanese two-kanji compound（teki）na-adjectives，the higher the probability that the learners judged correctly.（4）The higher the learner's Japanese proficiency，the higher the probability of correct judgment.

Keywords：two-kanji compound（teki）na-adjectives；part-of-speech；word frequency；Japanese proficiency

1 引 言

日语中的ナ形容词包括加「的」的ナ形容词和不加「的」的ナ形容词（羅蓮萍，2003：124）。前者有「社会的」「横並びの」「スーパーマン的」「体当たり的」等，后者有「簡単」「好き」「シンプル」「幸せ」等。以上2类ナ形容词的词干既可以是汉字词，也可以是和语词、外来语词或混种语词（高橋，2005：3）。原田（2001：102），王娟、曲志強、林伸一（2001：146），望月（2010a：2）进一步指出，不论是加「的」的ナ形容词，还是不加「的」的ナ形容词，其词干部分为汉字词的情况最多。其中，尤以二字汉字词居多（山下，1999：26）。

作为ナ形容词中占比较高的二字汉字「的」型ナ形容词及二字汉字型ナ形容词[这2类ナ形容词统称为"二字汉字（「的」）型ナ形容词"]，两者词干部分的二字汉字词大多为中日同形词。这些中日同形的二字汉字词在汉语中修饰名词时基本都可以加"的"，而在日语中却存在必须加「的」和不能加「的」的情况。如"抽象""巨额"这2个二字汉字词在汉语中均可通过加"的"来修饰名词，如"抽象的概念""巨额的广告费"。而在日语中，「抽象」修饰名词时必须加「的」，如「抽象的な概念」，「巨額」本身属于ナ形容词，修饰名词时不加「的」，如「巨額な広告費」。

对于以汉语为母语的日语学习者来说，中日同形词尤为特殊，因为相同的词形会使学习者在习得过程中更容易受到母语词义及用法的影响（庄倩，2014：52）。曹紅荃、仁科（2006：76）在调查学习者作文中形容词和名词的共起表达时，发现学习者存在「危険的な

ゲーム」「人力的な物」中「的」的过剩使用以及「屈辱な歴史」中「的」的脱落。望月(2010a:11)在调查学习者加「的」的ナ形容词使用时,也发现学习者存在「極端的な」这样「的」的过剩使用。庵(2015:167)曾指出,对于以汉语为母语的日语学习者来说,「親切的な人」中「的」的过剩使用的误用很多,他认为原因在于汉语中的"的"也有修饰名词的用法。他把这种母语与目标语言中形式相同,但用法不同的项目称为「偽の友人」,认为这种项目的习得很难。

　　然而,鲜有研究针对中国日语学习者的这一习得难点展开调研,并就其影响因素进行实证考察。本研究聚焦中日同形的二字汉字词构成的二字汉字(「的」)型ナ形容词,拟使用一定规模的针对性调查问卷,首先考察中国日语学习者对二字汉字词作ナ形容词使用时,其后该不该加「的」的判断情况如何,并尝试探讨"中日二字汉字词词性对应关系、二字汉字(「的」)型ナ形容词的使用频次、学习者日语水平"是否影响其判断。

2　研究背景

　　关于日语中加「的」的ナ形容词和不加「的」的ナ形容词中二字汉字词的词性特征,遠藤(1984:125)、庵(2015:167)等相关论述曾指出,接尾辞「的」往往接在日语名词后面,从而构成新的ナ形容词,而原本就属于ナ形容词的二字汉字词后无须接「的」。因此,只要能识别二字汉字词在日语中的词性是名词还是ナ形容词,就基本能够判断其后该不该加「的」。但是,难点在于本文的研究对象,即二字汉字「的」型ナ形容词及二字汉字型ナ形容词中的二字汉字词为中日同形词,而中日同形词的词性在日语和汉语中存在较大差异。如石堅、王建康(1983)从中文小说及其日文翻译中抽取了词性存在差异的107个中日同形词,将其分为"形容词(汉语)—自动词(日语)""副词(汉语)—动词(日语)"等6类。侯仁锋(1996)将中日同形词的词性差异分为"动词(汉语)—名词(日语)""名词(汉语)—名动兼类词(日语)"等8类。潘钧(2000)就524个常用中日同形词的词性差异进行了实证调查,发现有165个词存在词性差异,可分为"名词(日语)—名词、形容词(汉语)""名词、动词(日语)—形容词(汉语)"等13类。熊可欣、玉岡(2014)抽取了1383个中日同形词,依据5部国语词典的词性标注将词性对应关系整理为"日=中""日⊃中""日⊂中""日≠中""日∪中"5类。尽管上述研究对中日同形词词性差异的分类并不统一,但中日同形词词性对应关系的复杂性可见一斑。此外,也有研究指出中国日语学习者存在不少中日同形词性差异引发的偏误,需要教师提醒学习者不可轻易将汉语词性套用至日语(许雪华,2020:126)。试想,如果学习者对中日同形的二字汉字词在日语中的词性认识不清,或是

将其在汉语中的词性直接加以套用,那么中日同形的二字汉字词的词性对应关系很可能会影响学习者对二字汉字词作为日语ナ形容词使用时其后该不该加「的」的判断。因此,有必要基于实证研究对该假设进行验证。

此外,二字汉字(「的」)型ナ形容词的使用频次也可能是影响学习者习得的一个因素。Ellis(2002)认为学习语言与学习其他认知技能相同,人们在处理、加工不同层次的语言现象时,依赖语言分布的频率知识,从而强调了词汇出现频次对语言习得的作用,即"词频效应"(word frequency effect)。语言学习在很大程度上是基于大脑对接触过的大量语言范例的记忆(周丹丹,2014:62)。目前,二语习得研究已分析了词频对音系、词汇、句法、语言产出等语言学各个层面的影响(许琪,2012:707),且已有大量实证研究结果证实了词频对二语语言能力的发展所产生的积极作用(崔靖靖、刘振前,2016:57)。其中,词频对词汇习得的影响,是备受关注的研究领域之一(周正钟,2018:66)。众所周知,词汇习得是一个渐进、连贯的过程。相关研究显示,学习者需要在不断重复出现的语境中接触和使用所学词语才能最终获得不同层面的词汇知识,重现和循环在词汇习得中扮演着重要的角色(罗庆铭,2014:98)。Webb(2007)发现,对以日语为母语的英语学习者来说,每增加一次单词的重复次数,学习者就会在单词拼写、联想、语法功能、句法、意义和形式的某一方面取得知识增益。重复10次后,学习者会产生可观的学习收益。Chen & Truscott(2010)以亚洲英语学习者为对象展开的重复性调查,也在很大程度上支持了Webb(2007)的发现。此外,張婧禕、玉岡、初相娟(2018)在调查中国日语学习者中日同形词听写能力时发现,同形词的使用频次对学习者听写正确率的影响最强,作者认为该结果高度体现了词频效应。在数目众多的二字汉字「的」型ナ形容词中,既包含「基本的」这样使用频次高的,又包含「善良的」这样使用频次较低的词汇。在二字汉字型ナ形容词中,既有「重要」这样使用频次高的,又有「沈痛」这样使用频次较低的词汇。使用频次高意味着学习者有机会频繁接触,而输入次数的增加能促进学习者的理解和加工。因此,本文假设二字汉字(「的」)型ナ形容词的使用频次是影响学习者习得的一个因素,并将通过实证数据进行验证。

语言水平作为二语习得研究的关键变量,几乎是所有二语习得研究不可忽视的因素(盛亚南、乔晓妹,2021:563)。王娟、曲志强、林伸一(2001:146)曾指出,当学习者对接尾辞「的」及其词干的关系表示疑惑时,大多数教师的回答都是"学久了自然就明白了"。那么,学习者的习得是否真的会随着自身日语水平的增长而得到提升呢? 基于上述背景,本文着重回答以下2个研究问题:

①学习者二字汉字「的」型ナ形容词及二字汉字型ナ形容词的习得情况如何,是否存

在差异。

②二字汉字(「的」)型ナ形容词词干部分的二字汉字词在汉语和日语中的词性对应
　关系、二字汉字(「的」)型ナ形容词的使用频次、学习者日语水平是否影响2类ナ形
　容词的习得。

3　研究方法

3.1　被试

研究人员分别于2021年4月、6月在西北地区某所高校日语专业内实施了2次上述
ナ形容词习得情况的调查问卷及日语水平测试。被试为93名中国日语学习者,包括日语
专业2年级学生25人,3年级学生54人,硕士研究生12人,教师2人。其中,女性被试79
人,男性被试14人。被试年龄的平均值为21.59岁,标准偏差为3.64岁,最小值为19岁,
最大值为43岁。笔者在实施调查前向被试说明了调查内容及要求,问卷及测试的累计完
成时间约为60分钟。

3.2　ナ形容词习得情况的问卷设计

本研究采用二选一形式的问卷,调查了学习者二字汉字「的」型ナ形容词及二字汉字
型ナ形容词的习得情况。问卷包括133道题,由2个部分构成。一部分如「哲学とはもと
もと(抽象　抽象的)なものである」所示,正确答案为必须加「的」的课题,即"二字汉字
「的」型ナ形容词"课题,若这类课题出现判断失误,则说明学习者存在「的」的脱落,此类
课题有64道。另一部分如「スターバックスは最近まで,(巨額　巨額的)な広告費は
使っていなかった」所示,正确答案为不能加「的」的课题,即"二字汉字型ナ形容词"课
题,若这类课题出现失误,则说明学习者存在「的」的过剩使用,此类课题有69道。该问卷
要求被试逐个阅读上述日语短句,并从括号内给出的2个表达中选择自己认为正确的一
项。研究者使用Excel中的RAND随机函数对133道测试题进行了次序打乱,93人调查结
果的信度系数为0.859,信度较高。

该问卷的设计流程如下。

①基于"现代日语书面语均衡语料库"(后文简称"BCCWJ语料库"),检索其中出现的
　"汉字「的」型ナ形容词"及"汉字型ナ形容词",建立备用词库。

②从①中分别选取100个"二字汉字「的」型ナ形容词"及100个"二字汉字型ナ形容

词”,且保证上述 2 类ナ形容词词干中的二字汉字词为中日同形词。

③使用 BCCWJ 语料库进行验证,确保上述 100 个“二字汉字「的」型ナ形容词”词干中的二字汉字词不存在不加「的」直接作日语ナ形容词使用的情况,并确保上述 100 个“二字汉字型ナ形容词”词干部分的二字汉字词不存在加「的」的用法。

④在 BCCWJ 语料库中逐个检索包含上述二字汉字「的」型ナ形容词及二字汉字型ナ形容词的相关例句,每个ナ形容词选取一例拥有完整句意,且不包含过难词汇及语法的例句。最终选出的包含二字汉字「的」型ナ形容词的例句为 64 句,包含二字汉字型ナ形容词的例句为 69 句。此外,为避免形容词连体、连用、终止形的差异对学习者的判断产生影响,本文选取的例句中均为二字汉字(「的」)型ナ形容词的连体用法。

⑤在各个例句中的二字汉字(「的」)型ナ形容词处编入“二字汉字”及“二字汉字「的」”2 个形式的选项,构成 133 道题的问卷。

3.3　预设变量的量化操作

本研究对研究问题处提到的中日二字汉字词词性对应关系、二字汉字(「的」)型ナ形容词的使用频次、学习者的日语水平 3 个预设变量进行了如下量化操作。

首先是变量“中日二字汉字词词性对应关系”。以上 133 个二字汉字(「的」)型ナ形容词词干中的二字汉字词在日语中的词性以 BCCWJ 语料库中「品詞」[①]一栏输出的结果为准,汉语中的词性以《现代汉语词典》第 7 版中标注的结果为准。经比较,上述ナ形容词词干中的二字汉字词在日语中的词性和在汉语中的词性存在以下 5 类对应关系[②]:①日=中,中日词性完全相同(如「最終」一词,在汉语、日语中均为名词);②日⊃中,包含重合的及日语独有的词性(如「批判」一词,在汉语中为动词,在日语中为名词、动词);③日⊂中,包含重合的及汉语独有的词性(如「理性」一词,在汉语中为名词、形容词,在日语中为名词);④日≠中,词性完全不同(如「致命」一词,在汉语中为动词,在日语中为名词);⑤日∪中,包含重合的及汉日 2 种语言各自独有的词性(如「保守」一词,在汉语中为动词、形容词,在日语中为名词、动词)。据此,64 个二字汉字「的」型ナ形容词中二字汉字词的中日词性对应关系被划分为“日=中”“日⊃中”“日⊂中”“日≠中”“日∪中”5 类,69 个二字汉字型ナ形容词中二字汉字词的中日词性对应关系被划分为“日=中”“日⊂中”2 类。

---

① 该语料库使用的形态素解析器为 mecab,词典为 UniDic(中俣,2021:18)。
② 此处沿用熊可欣、玉岡(2014)中的五分法。

其次是变量"二字汉字(「的」)型ナ形容词的使用频次"。根据 Harrington & Dennis (2002:261-268)的定义,频次既可以指语言的分布规律,也可以指个体接触语言的经历(转自周丹丹、徐燕,2014:59)。本文所指的频次为前者,具体指二字汉字(「的」)型ナ形容词在 BCCWJ 语料库中的使用频次。如「総合的」和「熱心」的检索结果分别为3358次和2084次。

最后是变量"学习者的日语水平"。本文使用小森、玉冈、近藤(2007)中的完形填空题测试了被试的日语水平。该测试题是从增田光吉执笔的『アメリカの家族・日本の家族』(《美国的家庭・日本的家庭》)中抽出的一部分,包括585个字符,有86个空处需要补全,要求被试在各个空处填写一个汉字或假名以保证整段文本意思通顺。小森、玉冈、近藤(2007)指出该测试题的信度系数为0.95。本研究调查得知,代表93名被试日语水平的完形填空($N=86$)的平均正确率为64%,正确率的标准偏差为15%,最大值为90%,最小值为19%。

3.4 数据分析方法

本研究使用 R 4.1.0进行数据分析。首先,计算2类ナ形容词课题平均判断正确率的描述性统计结果,并使用独立样本 t 检验进行对比。其次,使用逻辑回归[①]分析前述3个预设变量对学习者判断正误的影响。

4 研究结果

4.1 2类ナ形容词课题的判断结果

首先,如图1所示,"二字汉字「的」型ナ形容词"64道题的平均正确率为65%,标准偏差为16%,最大值为96%,最小值为24%;"二字汉字型ナ形容词"69道题的平均正确率为74%,标准偏差为9%,最大值为91%,最小值为53%。该结果说明学习者存在35%的「的」脱落及26%的「的」过剩使用。依据独立样本 t 检验进一步对比2组结果可知,二字汉字型ナ形容词课题的平均正确率显著高于[$t(94.47)=-3.89, p<0.001$]二字汉字「的」型ナ形容词课题,即学习者「的」的脱落比「的」的过剩使用更为常见。该结论对应第一个研究问题。

---

① 使用逻辑回归的原因是,因变量为学习者的判断正误情况,它是一个"1"或者"0"的二分类变量。

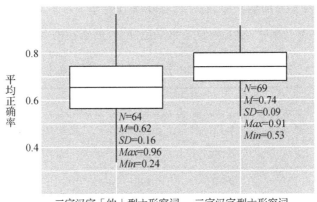

图1　2类ナ形容词课题的平均判断正确率

4.2　影响二字汉字「的」型ナ形容词课题判断结果的因素

本研究拟以分类变量①"中日二字汉字词词性对应关系"、连续变量②"二字汉字「的」型ナ形容词的使用频次"及③"学习者的日语水平"为自变量,以学习者每道题的判断正误情况(答对为1,答错为0)为因变量,拟合逻辑回归模型。

拟合逻辑回归模型前,为大致了解上述各个自变量与因变量之间的因果关系,挑选合适的变量进入研究视野,本研究先对以上每个变量进行单因素分析,对 p 值在0.2范围内的变量进行保留。首先,基于单因素方差分析得知,分类变量"中日二字汉字词词性对应关系"显著影响[$F(4,59)=3.09, p<0.05$]学习者的判断正确率。此外,一元线性回归分析结果显示,"二字汉字「的」型ナ形容词的使用频次"[$Y=0.07X+0.26, R^2=0.31, _{adj}R^2=0.30, p<0.001$]及"学习者的日语水平"[$Y=0.45X+0.36, R^2=0.20, _{adj}R^2=0.19, p<0.001$]均可显著预测学习者的判断正确率。因此,本研究使用上述3个变量拟合逻辑回归模型。

研究者首先将分类变量"中日二字汉字词词性对应关系"处理为因子变量,将另外2个连续变量的数值进行对数转换后,初步拟合了包含上述3个变量的逻辑回归模型。基于逐步回归中的"向后法"得知,包含上述3个变量的模型AIC值最小,为最优模型。此外,基于VIF值的共线性检验结果显示,该模型中的3个自变量之间不存在共线性问题,各自变量相互独立。

该模型输出的结果如表1所示。首先,关于"中日二字汉字词词性对应关系"的影响[1],"日=中、日⊂中、日≠中、日∪中"型对应关系的题项,学习者判断正确的概率显著高于

---

① 该模型中,中日二字汉字词的词性对应关系包括"日=中""日⊃中""日⊂中""日≠中""日∪中"5种,设置的哑变量为"日⊃中"。

"日⊃中"型词性对应关系的题项。其次,二字汉字「的」型ナ形容词使用频次越高,学习者判断正确的概率越大。最后,学习者日语水平越高,判断正确的概率越大。

表1　学习者二字汉字「的」型ナ形容词课题判断结果的影响因素

Variables	Estimate	*SE*	z value	*p*	OR(95%CI)
日=中	0.421	0.108	3.892	***	1.524(1.234—1.886)
日⊂中	0.368	0.090	4.090	***	1.445(1.212—1.725)
日≠中	0.474	0.077	6.140	***	1.607(1.381—1.870)
日∪中	0.274	0.080	3.406	***	1.315(1.124—1.541)
使用频次	0.268	0.023	11.852	***	1.307(1.250—1.366)
日语水平	1.025	0.101	10.130	***	2.788(2.287—3.402)

注:***指 $p<0.001$,"使用频次"指二字汉字「的」型ナ形容词的使用频次。

4.3　影响二字汉字型ナ形容词课题判断结果的因素

本研究拟以分类变量①"中日二字汉字词词性对应关系"①、连续变量②"二字汉字型ナ形容词的使用频次"及③"学习者的日语水平"为自变量,以学习者每道题的判断正误情况(答对为1,答错为0)为因变量,拟合逻辑回归模型。

拟合逻辑回归模型前,先进行单因素分析。首先,基于独立样本 t 检验得知,中日二字汉字词词性一致(日=中)的题项与词性不一致的题项(日⊂中)在判断正确率上未体现出差异[$t(67)=1.14, p=0.26, ns$]。但考虑到设置该变量的理论依据,仍将其纳入模型。此外,一元线性回归分析结果显示,"二字汉字型ナ形容词的使用频次"[$Y=0.02X+0.62, R^2=0.08, _{adj}R^2=0.06, p<0.05$]及"日语水平"[$Y=0.43X+0.47, R^2=0.19, _{adj}R^2=0.18, p<0.001$]均可显著预测学习者的判断正确率。因此,本研究使用上述3个变量拟合逻辑回归模型。

研究者对数据进行初步处理后,将上述3个变量纳入逻辑回归模型,基于逐步回归中的"向后法"得知,该模型AIC值最小,为最优模型。此外,基于VIF值的共线性检验结果显示,该模型中各自变量相互独立。

上述模型输出结果如表2所示。首先,"日=中"型词性对应关系的题项,学习者判断正确的概率显著高于"日⊂中"型词性对应关系的题项。其次,二字汉字型ナ形容词使用

---

① 中日同形的二字汉字型ナ形容词在日语中的词性为ナ形容词,属于形容词词性。而在汉语中,这些二字汉字词有的仅具有形容词词性,有的还具有形容词以外的词性。因此,此处的词性对应关系包括"日⊂中"和"日=中"2种。

频次越高,学习者判断正确的概率越大。最后,学习者的日语水平越高,判断正确的概率越大。

表2　学习者二字汉字型ナ形容词课题判断结果的影响因素

Variables	Estimate	*SE*	*z* value	*p*	OR(95%CI)
日⊂中	−0.221	0.075	−2.946	**	0.802(0.692—0.929)
使用频次	0.107	0.022	4.906	***	1.113(1.067—1.162)
日语水平	0.976	0.099	9.840	***	2.654(2.185—3.225)

注:**指 *p*<0.01,***指 *p*<0.001,"使用频次"指二字汉字型ナ形容词的使用频次。

5　讨论

5.1　2类ナ形容词的习得情况

本研究发现,二字汉字「的」型ナ形容词及二字汉字型ナ形容词2类课题均存在不同程度的失误,但相比于「的」的过剩使用,学习者「的」的脱落更为常见。其原因在于,相比于二字汉字型ナ形容词,二字汉字「的」型ナ形容词的能产性更强,即基于接尾辞「的」,派生出了丰富多样的汉字「的」型ナ形容词。该现象从问卷设计过程中的语料库检索结果便可看出,同时检索出10万例例句时,汉字型ナ形容词的词干种类数为400多种,汉字「的」型ナ形容词的词干种类数则有2000多种,可见「的」前接的汉字词种类特别丰富,其绝大部分为二字汉字词。这样庞大的词汇数量对学习者来说,掌握起来确有一定难度。

5.2　二字汉字(「的」)型ナ形容词习得的影响因素

首先讨论二字汉字词在汉语和日语中词性对应关系对2类ナ形容词习得情况的影响。在二字汉字「的」型ナ形容词课题中,"日=中、日⊂中、日≠中、日∪中"型词性对应关系的题项,学习者回答正确的概率显著高于"日⊃中"型词性对应关系的题项。"日⊃中"型词性对应关系是指既包含重合的词性,又包含日语独有的词性。"日⊃中"型二字汉字词在汉语中的词性范围小于日语,如本研究涉及的「強制」「独創」「持続」「突発」「固定」「従属」「慣用」等,在日语中为名词、动词词性,在汉语中为动词词性。受母语影响,中国日语学习者在日语中使用"日⊃中"型二字汉字词时,会回避使用其在汉语中所不具备的词性(何龍,2015:9)。据此作者推断,学习者有可能尚未掌握上述二字汉字词在日语中的名词词

性,又因其在汉语中不具备名词词性,学习者对其日语名词词性的认识不足可能会影响他们对汉字词后是否要加「的」的判断。尽管王燦娟(2014)指出,"日⊃中"型二字汉字词不会出现因词性引发的误用,但本研究得出的结论并不支持这一观点。

在二字汉字型ナ形容词课题中,"日=中"型词性对应关系的题项,学习者回答正确的概率显著高于"日⊂中"型词性对应关系的题项。关于"日=中"型词性对应关系的二字汉字词,熊可欣、玉冈(2014:40)指出,学习者可直接利用自身母语知识,较为容易地习得其日语词性。此外,熊可欣、玉冈、早川(2017:10)还基于实证研究验证发现,中国日语学习者对"日=中"型二字汉字词日语词性的掌握情况最好。本研究涉及的"日=中"型二字汉字型ナ形容词,如「重要」「異様」「奇妙」等,其在日语和汉语中均为形容词①词性,即使学习者还未掌握它们在日语中的词性,而直接将其在汉语中的词性套用至日语,也不会引发误用,从而避免了「的」的过剩使用。而另一方面,"日⊂中"型词性对应关系是指既包含重合的词性,又包含汉语独有的词性,该类词汇在汉语中的词性范围大于日语。如本研究涉及的「壮大」「唐突」等词,在汉语中为形容词、动词。再如「完全」「確実」等词,在汉语中为形容词、副词,而上述词汇在日语中仅具备形容词词性。笔者推断,学习者可能是因为对上述二字汉字词在日语中的形容词用法认识不足,所以出现了「的」的过剩使用。

其次讨论词频的影响。不论是二字汉字「的」型ナ形容词,还是二字汉字型ナ形容词,其使用频次越高,学习者课题判断正确的概率也越高,该结果说明过往研究指出的"词频效应"同样存在于二字汉字(「的」)型ナ形容词的习得中。本研究调查课题中的二字汉字「的」型ナ形容词,如「基本的」在BCCWJ语料库中的使用频次为9965次,「客観的」为1819次,「伝統的」为2271次,相关题项的平均正确率均达90%以上;而在BCCWJ语料库中使用频次较低的「善良的」(13次)、「独立的」(52次)、「従属的」(51次),其相关题项的平均正确率分别为39%、34%、52%。此外,二字汉字型ナ形容词,如「貴重」在BCCWJ语料库中的使用频次为2688次,「優秀」为2503次,「新鮮」为1969次,相关题项的平均正确率依次为87%、89%、86%;而使用频次较低的「切実」(425次)、「周到」(266次)、「緊密」(657次),其平均正确率依次为55%、68%、67%。二字汉字「的」型ナ形容词及二字汉字型ナ形容词在日语中的使用频次越高,学习者越有机会频繁接触这些词汇,重复接触能够提升学习者对日语二字汉字词作ナ形容词使用时其后该不该加「的」的判断正确率。

最后讨论学习者日语水平的影响。随着学习者日语水平的提高,对于中日同形的二字汉字词作ナ形容词使用时其后该不该加「的」的判断,学习者的正确度也有所提升。

---

① 此处指日语形容词中的ナ形容词。

Jiang(2000)把学习者的二语词汇习得过程概括为形式阶段、母语词目中介阶段、二语整合阶段3个阶段,认为学习者容易在第二阶段出现石化现象,较难到达第三阶段,尤其是对于语义类似度较高的2种语言,母语语义知识的活用较为容易,导致学习者难以产生重新构筑二语语义的意识,进而出现石化现象(转引自熊可欣、玉冈、早川,2017:14)。基于该论述,本研究的结论可做如下解释:由于汉日2种语言的汉字表记高度类似,在中国学习者日语初学阶段或日语水平较为有限的阶段,二字汉字(「的」)型ナ形容词的词目空间尚被汉语对应词的词目信息占据,汉语词目信息调节二字汉字(「的」)型ナ形容词的加工过程,这样一来,学习者无法意识到汉日2种语言的差异,导致二字汉字(「的」)型ナ形容词的习得停留在"母语词目中介阶段",而较难进入"二语整合阶段"。随着学习者日语学习时间增长或日语水平的提升,二字汉字(「的」)型ナ形容词的语义、句法和词法说明从语言接触中抽取出来,二字汉字(「的」)型ナ形容词的语义、句法、词法和形式信息在词条中完全形成,学习者最终摆脱母语束缚。

5.3　研究结论对日语教育的启发

本研究结论对日语教育的启发可总结为以下2点。

第一,相较于二字汉字型ナ形容词,更要加强对二字汉字「的」型ナ形容词的习得指导。目前,二字汉字「的」型ナ形容词多是作为标注有词性的词汇条目出现在日语教科书中,考虑到其词干部分的二字汉字词种类多样,「的」也具有多义性,又容易与汉语的"的"混淆,在日语教育中将其作为一个语法条目来处理更为妥当。此外,相关研究人员也可依据语料库中的使用频次整理出一份二字汉字「的」型ナ形容词列表,方便学习者在使用时对照、查阅。但是,望月(2010b:2)也曾指出,二字汉字「的」型ナ形容词的过度使用会影响文章质量。因此,需要向学习者强调避免过度使用二字汉字「的」型ナ形容词,并引导其练习、使用二字汉字「的」型ナ形容词的替代表达。

第二,尽管伴随着日语水平的提高,学习者二字汉字(「的」)型ナ形容词的习得会逐步变好。然而,从教师支持角度来看,提升学习者对中日同形的二字汉字词在日语中的词性认识也是促进其习得的一个有效途径。过往研究谈及中国日语学习者「的」的过剩使用及脱落时,多将其归因于学习者母语的影响,但并未就母语的哪个方面、如何影响等问题做进一步探究。本研究从词性角度切入,为母语的影响做了进一步的解释。发现不论是二字汉字「的」型ナ形容词,还是二字汉字型ナ形容词,学习者在判断其后该不该加「的」时,二字汉字词在汉语及日语中的词性对应关系有可能是影响其判断结果的一个因素。针对学习者日语二字汉字词的词性习得,熊可欣、玉冈(2014:42-43)和熊可欣、玉

冈、早川(2017：14)从"「日＝中」「日⊂中」「日⊃中」「日∪中」「日≠中」"5种情况入手,提出了相应的建议,值得参考。此外,考虑到二字汉字「的」型ナ形容词及二字汉字型ナ形容词的习得中均存在词频效应,日语教师将高频ナ形容词作为使用词汇,低频ナ形容词作为理解词汇的指导目标更为合理。

6　结语

本研究调查了中国日语学习者二字汉字「的」型ナ形容词及二字汉字型ナ形容词的习得情况,并分析了二字汉字词在汉日2种语言中的词性对应关系、ナ形容词的使用频次、学习者日语水平对其习得产生的影响。相关结果从词性角度为源于母语的影响提供了直接证据,还验证了词频及学习者日语水平在二字汉字(「的」)型ナ形容词习得中产生的影响,为二字汉字(「的」)型ナ形容词教育提供了些许启发。但由于本研究存在被试样本量较小、量化数据未能辅以质性分析等不足之处,相关结论还须在以后的研究中加以验证。

参考文献

崔靖靖,刘振前,2016. 输入间隔与频次对二语词汇习得影响的微变化研究[J]. 西安外国语大学学报(2)：56-61.

罗庆铭,2014. 基于教材语料库的词汇重现对二语习得的影响[J]. 汉语应用语言学研究(0)：98-110.

潘钧,2000. 关于中日同形词语法差异的一次考察[C]//北京大学外国语学院日语语言文化系,北京大学日本文化研究所. 日本语言文化论集2. 北京：北京出版社：180-194.

盛亚南,乔晓妹,2021. 工作记忆和二语水平对关系从句挂靠歧义加工的影响[J]. 现代外语(4)：562-575.

许琪,2012. 相对频率对中国英语学习者习得介词与格结构的作用[J]. 外语教学与研究(5)：706-718.

许雪华,2020. 基于语料库的汉日同形词词性对比研究[J]. 外语学刊(1)：37-41.

庄倩,2014. 中日同形近义词的产出难易度及其影响因素[J]. 日语学习与研究(1)：52-58.

周丹丹,2014. 频次对词块习得的影响研究：基于使用的视角[J]. 外语与外语教学(6)：62-67.

周丹丹,徐燕,2014. 频次效应对多词动词习得的影响研究[J]. 外语教学(2):59-62,71.

周正钟,2018. 输入与输出频次对二语语块产出性知识习得的影响研究[J]. 外语界(2):65-73.

庵功雄,2015. 中国語話者の母語の知識は日本語学習にどの程度役立つか:「的」を例に[C]//汉日对比语言学研究会. 汉日语言对比研究论丛:第6辑. 上海:华东理工大学出版社:165-173.

遠藤織枝,1984. 接尾語「的」の意味と用法[J]. 日本語教育(53):125-138.

王娟,曲志強,林伸一,2001.「的」付きナ形容詞と非「的」ナ形容詞の分類と意味的特徴[J]. 山口国文(24):126-146.

王燦娟,2014. 中国人日本語学習者に見られる日中同形語の誤用について:意味、品詞、共起の誤用をめぐって[J]. 東アジア日本語教育・日本文化研究(17):221-241.

何龍,2015. 日中同形語の品詞の違いによる誤用について:中国人の日本語学習者を対象として[EB/OL]. [2023-11-01]. https://www2.ninjal.ac.jp/past-events/2009_2021/event/specialists/project-meeting/files/JCLWorkshop_no8_papers/JCLWorkshop_No.8_01.pdf.

小森和子,玉岡賀津雄,近藤安月子,2007. 第二言語としての日本語の単語認知に及ぼす文文脈の影響:二言語混在文の正誤判断における抑制効果の観察を通して[J]. 小出記念日本語教育研究会論文集(15):7-21.

侯仁鋒,1996. 同形語の品詞の相違についての考察[J]. 日本学研究(6):78-88.

石堅,王建康,1983. 日中同形語における文法的ズレ[C]//日本語と中国語対照研究会. 中文日訳の諸問題:とくに日中同形語について. 大阪:日本語と中国語対照研究会:56-82.

曹紅荃,仁科喜久子,2006. 中国人学習者の作文誤用例から見る共起表現の習得及び教育への提言:名詞と形容詞及び形容動詞の共起表現について[J]. 日本語教育(130):70-79.

高橋勝忠,2005.「的」論考[J]. 英文学論叢(49):1-12.

張婧禕,玉岡賀津雄,初相娟,2018. 中国人日本語学習者は日本語の漢字の書き取りが正しくできるのか?[J]. 中国語話者のための日本語教育研究(9):52-68.

中俣尚己,2021.「中納言」を活用したコーパス日本語研究入門[M]. 東京:ひつじ書房.

原田登美,2001. 漢語形容動詞についての一考察[J]. 言語と文化(5):101-117.

望月通子,2010a. 接尾辞「～的」の使用と日本語教育への示唆:日本人大学生と日本語学習者の調査に基づいて[J]. 関西大学外国語学部紀要(2):1-12.

望月通子,2010b. 韓国人学習者の日本語作文に見る「的」付き形容動詞の使用傾向と教育への提言:学習者コーパスと母語話者コーパスの比較を通して[J]. 関西大学外国語学部紀要(3):1-16.

山下喜代,1999. 字音接尾辞「的」について[C]//森田良行教授古希記念論文集刊行会. 日本語研究と日本語教育. 東京:明治書院:24-38.

熊可欣,玉岡賀津雄,2014. 日中同形二字漢字語の品詞性の対応関係に関する考察[J]. ことばの科学(27):25-52.

熊可欣,玉岡賀津雄,早川杏子,2017. 中国人日本語学習者の日中同形同義語の品詞性の習得:語彙知識・文法知識との因果関係[J]. 第二言語としての日本語習得研究(20):63-79.

羅蓮萍,2003. 非「的」ナ形容詞と「的」付きナ形容詞の文章中での使用特徴の比較:ナ形容詞の後続パターンの視点から[J]. 山口国文(26):109-124.

CHEN C,TRUSCOTT J,2010. The effects of repetition and L1 lexicalization on incidental vocabulary acquisition[J]. Applied linguistics(5):693-713.

ELLIS N,2002. Frequency effects in language processing: a review with implications for theories of implicit and explicit language acquisition [J]. Studies in second language acquisition(2):143-188.

HARRINGTON M,S DENNIS,2002. Input-driven language learning[J]. Studies in second language acquisition(24):261-268.

JIANG N,2000. Lexical representation and development in a second language[J]. Applied linguistics(1):47-77.

WEBB S,2007. The effects of repetition on vocabulary knowledge[J]. Applied linguistics(1):46-65.

作者简介

姓名:李璐

性别:女

单位:西安外国语大学日本文化经济学院

学历:博士研究生

职称:讲师

研究方向:日语教育学

通信地址：陕西省西安市长安区文苑南路1号西安外国语大学72信箱

邮政编码：710128

电子邮箱：13152370006@163.com

从权势与等同看零称呼的使用原则

Exploring the Speakers' Power and Solidarity Relations in Using Non-vocative Terms

鲁昱玮

摘　要：零称呼是指说话人在与听话人进行言语交际时，不使用称呼语而直接进入话题。在现今社会，由于受各种因素的影响，零称呼的使用愈加频繁。但是由于使用零称呼易使听话人感觉到不被尊重从而造成误会与矛盾，因此说话人需考虑与听话人之间的关系，判断能否使用零称呼以及如何使用零称呼。本文中，笔者导入了 Roger Brown 和 Albert Gilman 提出的"权势"（power）和"等同"（solidarity）概念，在论证了该概念适用于零称呼的分析后，通过对文献考察和影视作品的分析，从辩证的角度论述了说话人需要同时考虑与听话人间的权势关系和亲疏关系2点的相对性，结合身处的环境因素后选择使用零称呼。本文通过论证明确了权势关系和亲疏关系为零称呼的使用原则。

关键词：零称呼；使用原则；权势与等同；权势关系；亲疏关系

Abstract：Non-vocative terms refer to the speaker entering the topic directly without using any form of address when engaging in verbal communication with the listener. The use of non-vocative terms is increasing in modern society, although they may sometimes offend the listeners. Misunderstandings and issues can arise between the speaker and listener due to the use of non-vocative terms. Therefore, before using such terms, the speaker should consider their relationship with the listener. In this paper, we introduce the concept of power and solidarity to analyze the appropriate use of non-vocative terms. We first examine the applicability of this concept, followed by a review of relevant literature and textual examples from movies and television. Our analysis reveals that the speaker takes into account two types of relationships, namely power and intimacy, between themselves and the listener, as well as the surrounding environment. Ultimately, we clarify the principles guiding the use of non-vocative terms.

Keywords：non-vocative terms; principles for use; power and solidarity; power in the relationship; intimacy in the relationship

1　引言

众所周知,称谓系统可分为亲属称谓和社会(社交)称谓2类。胡明扬(1987),马宏基、常庆丰(1998),曹炜(2005)等都对称谓系统做出了诸多考察和分析,具有重要的参考价值。近年来不乏众多学者对称谓、称呼的研究,特别是对称谓语和称呼语二者的比较研究。但是在日常生活中经常会出现说话人因客观或主观原因无法准确称呼听话人这类现象。为了使话题能够顺利开展下去,“零称呼”被广泛地运用了起来。零称呼的使用逐渐频繁,但是众学者对零称呼这一现象的研究却相对甚少。本文中,笔者以零称呼为着重点,同时导入 Roger Brown 和 Albert Gilman 提出的“权势”(power)与“等同”(solidarity)这组概念,从辩证的角度分析论证“零称呼”的使用原则。

2　零称呼的相关研究及问题点

祝畹瑾(1994)在研究汉语称呼语时,以“称呼系统图”为基础,按照亲密关系和职业属性将称呼语分为了“亲属称呼语”“特殊亲属称呼语”“姓名”“通用称呼语”“职衔”“零称呼语”6类,她认为零称呼的使用反映了交际双方的社会距离最远。卫志强(1994)分析零称呼时指出“零称呼作为潜在的称呼”可分为说话人不知道不肯定或不便称呼、表示对听话人的不友好或不尊重、说话人权势的表示这3种使用情况。此外,通过王祥林(2002)、车录彬(2010)对零称呼的论述可明确“零称呼是指在社会交际中不称呼对方直接进入谈话的正题”。车录彬(2010)对零称呼的语用效果也进行了分析。许月燕(2004)指出了零称呼的成因是“人们在日常交际中在使用称谓语时渐渐出现了语言交际中的空白”。

但生活中不难发现,除了交际双方的社会距离最远外,亲朋好友间多数情况下也会使用零称呼。除了“对听话人表示不友好或不尊重”的情况,因交际双方关系亲密而无须特意使用零称呼的现象也有迹可循。此外,零称呼的使用原则问题,在过去的研究中尚未涉及。本文中,笔者以“零称呼”为考察点,对上述研究进行完善分析,并通过导入 Roger Brown 和 Albert Gilman 提出的“权势”与“等同”这组概念,论述“权势”与“等同”概

念导入零称呼中的合理性,辩证分析零称呼的产生原因、影响因素、使用方法等,探究零称呼的使用原则。

3 "权势与等同"导入"零称呼"的合理性

在日常生活中,有人问路会问"邮局怎么走?"此时说话人对听话人(陌生人)并未加以称呼而直接开展了话题。这种行为多会被认为"称呼也不打一句,没礼貌"等。这是由于"称呼语代表了人与人之间的一种社会关系,称呼语的改变往往意味着人与人之间的关系的改变"(顾曰国,1992:12)。因"零称呼=没有称呼",故零称呼在使用时经常会被标志为"不礼貌"。正如崔希亮(1996:45)所说:"称谓是一个社会人与人之间各种关系的镜像(mirror-image)。"因此,合理并适时地使用称呼可以使交际顺利进行,反之则会阻碍交际的发展,其至影响双方的关系。我们可以通过见面时的打招呼作为人与人之间情感交流的重要方式之一。王祥林(2002)通过统计被调查者的受教育程度和年龄,分析得出了受教育程度越高对零称呼不认同的概率越大,特别是在对自己说话时使用"唉"或不加称谓表示反感这一结论。从其统计可知,大多数人对零称呼具有排斥、抵触的情绪,这也成为使用零称呼在一定程度上会被冠上"不礼貌""不尊重"等标签的原因。但是,当说话人一时之间无法找到合适的称呼词时,为了使话题能够顺利开展下去,零称呼成了无奈之选。"讲礼貌"作为重要的表现形式,对人际关系的影响也起到了至关重要的作用。因此,能否使用零称呼、如何合理地使用零称呼才能避免因"不礼貌""不尊重"产生的误会与矛盾,顺利地与听话人进行沟通则成了重中之重。

"权势"与"等同"[①]这一概念是由 Roger Brown 和 Albert Gilman 于1960年提出的。他们以欧洲语言为调查背景,分析阐明了由于说话方与听话方之间存在权势和等同双重关系,因此称呼代名词在使用上以"tu"和"vos"来区分。Roger Brown 和 Albert Gilman 指出:"One person may be said to have power over another in the degree that he is able to control the behavior of the other. Power is a relationship between at least two persons, and it is nonreciprocal in the sense that both cannot have power in the same area of behavior. The power semantic is similarly nonreciprocal."迄今为止,"权势"与"等同"这对概念被众多学者导入或引用到语言学、性别社会学和社会学研究等领域中。本文中,笔者试将权势与等同原则导入零称呼现象的分析中,探求零称呼的使用原则。

---

① Roger Brown 和 Albert Gilman 在1960年的"The Pronouns of Power and Solidarity"一文中提出。

　　根据权势与等同原则的定义可知,权势关系指的是在两者的关系中,其中一方在年龄、辈分、资格、财富、地位、能力等方面比另一方更具有优势,从而形成双方之间的不平等性。可归结为:具有"权势关系"的两者(或两者以上)是一种不平等的关系。Rubin(1962)也曾强调从 Brown 和 Gilman 提出的"权势"与"等同"概念可以看出,权势关系是不对称的和非对等的(英文原文:"For Brown and Gilman, the power relation, which is seen through comparisons in many aspects of life—political, social, familial, etc., is abstracted as 'more powerful than'. They see the relation as asymmetrical and non-reciprocal.")。与权势关系体现出的"不平等性"相对,等同关系指的是两者在社会距离上的一种对等(或称"对称")的关系,具体表现在经历、年龄、性别、职业、兴趣、宗教信仰、种族等方面上具有共通性。可以说,等同关系寻求说话人与听话人之间的共同点,以此缩小二者之间的社会距离,体现了人与人之间的"平等性"。

　　"权势"与"等同"这对概念虽为 Brown 和 Gilman 提出的理论,但是汉语早期传承下来的文化,如传统的等级原则"上下有义,贵贱有分,长幼有礼""贵贱有等、长幼有差、贫富轻重皆有称也",同样体现了人与人之间的不平等关系。在封建社会中,嫡庶分明、长幼有序、男尊女卑等是衡量人与人之间"权势"的主要因素。到了现代,破除了封建的嫡庶分明、男尊女卑等旧思想,而上下有义、长幼有序等仍作为中华礼仪美德被传承下来,例如晚辈对长辈绝对不能直呼其名,大街上看到年长老人要谦让,传统节日敬老日,等等。再如职场中也不乏体现权势关系的事例,例如下属对上司要毕恭毕敬,称呼时需称呼职位名(如局长、科长),等等。由此可知,权势关系体现出的不平等性存在于生活的方方面面。与等级原则相对,中国早期墨子提出了"以兼相爱、交相利之法易之"。墨家思想主张的"兼爱"①则追求了人与人的共通性,体现众人的平等,保持良好的人际关系,以达到创建一个协调的群体的目的。汉文化发展至今,"兼爱"思想在人际交往中愈加占据主导地位,"情同手足""亲密无间"等成语的使用,同姓的二人相遇相识时常说的"咱们500年前是一家",加之近年来出现的网络流行词"亲""(集美)姐妹"等都同样可以证明,从"兼爱"思想体现出的是以"突出人与人之间的亲密关系,缩小相对距离为目的"的社交文化。可以说,汉文化传承下来的等级原则和亲密关系,与 Brown 和 Gilman 提出的"权势"与"等同"概念一致。

---

① 兼爱是指"天下之人皆相爱,强不执弱,众不劫寡,富不侮贫,贵不敖贱,诈不欺愚"。

4 零称呼的使用原则

上节中,笔者论述 Brown 和 Gilman 提出的"权势"与"等同",和汉语早期传承文化、墨子提出的"兼爱"思想相一致,因此可以说,本文将"权势"与"等同"概念导入分析零称呼是合理的。

4.1 "权势"原则与零称呼的使用

在使用零称呼时,说话人与听话人处于的权势关系可分为2种情况:说话人"权势"低于听话人和说话人"权势"高于听话人。

4.1.1 说话人"权势"低于听话人

根据权势关系的概念,当说话人"权势"(年龄、辈分、资格、财富、地位、能力等)低于听话人时,能否使用、如何使用零称呼成了难题。陈建民(1990)、李树新(2004a,2004b)、祝克懿(2004)等曾在论文中论及了关于"对老师的配偶"如何称呼这一问题。当老师为男性时,老师的妻子称为"师母"这点毋庸置疑;而当老师为女性时,对于老师的丈夫却不知如何称呼。由于无呼可称,"零称呼"则成了必然之选。这里笔者将权势关系理论导入说话人与老师的配偶两者关系,可推测出:无论是从年龄、辈分,还是资格、地位参考,说话人("我")均为权势低的一方,听话人(老师的配偶)为权势高的一方。上文中笔者已论述了根据中华传统美德,使用礼貌性用语原则上是为了让听话人感受到尊敬,使双方能够顺利地开展话题。因此,理论上,权势低的一方应当对权势高的一方使用礼貌性用语。如前文所述,零称呼的使用会导致听话人认为说话人"没礼貌""不尊重",因此在使用零称呼的基础上可前缀以"您好""不好意思""请问"等礼貌用语来缓解"没礼貌""不尊重"产生的负面影响。陈建民(1990)也论及了见到老师的配偶不用称谓词,直接使用"你好""您早"这样的问候语也是一种打招呼的形式。在现在社会与陌生人(或初次见面的人)的交往中,使用"零称呼前缀礼貌用语"这一方式,可以在保证礼貌原则的基础上,有效地缓解因无法准确称呼听话人所产生的尴尬;反之,老师配偶在对学生说话时,作为上位者的老师配偶,对下位者的听话人(学生)则不需要特意前缀"您好""不好意思"等用语。

4.1.2 说话人"权势"高于听话人

生活中这种情况屡见不鲜:客人去餐厅吃饭,想叫餐厅服务人员(年纪较大者)拿一

双筷子,客人会直接高喊说一句"拿一双筷子"①。稍微有礼貌一点的说法有"能拿一双筷子吗"或者"麻烦拿一双筷子"等。这时虽然客人对餐厅服务人员使用了零称呼且无前缀礼貌用语,但是作为听话人的服务人员已习以为常,该行为并不会对其造成心理影响或使双方产生尴尬影响交际。这是由于说话人(客人)与听话人(服务业人员)二人的关系为消费者和服务者。作为消费者,"顾客是上帝"这一思想在近年来深入人心,成为消费者的主导思想,所以使消费者产生了自己属于权势高的一方的意识;而作为服务者,无论是从职业道德还是专业素养方面,都被公认为"权势"低于消费者。由于二者的权势关系为"说话人'权势'高于听话人",权势高的一方对低的一方直接使用零称呼语时,既不会产生违和感,也不会显得不礼貌。相对地,如果一个服务人员直接对顾客使用零称呼(无前缀礼貌用语),多数顾客心里会产生"这个服务员没礼貌""态度真不好"等负面情绪。但是,当身为服务者的人作为消费者去购物时,则变为了权势高的一方。虽为同一人,但由于2种情况下所处的位置、交际的对象不同,权势的高低也会随之改变。因此,所谓说话人权势的高低并不是绝对的,而是因交际的对象(听话人)的不同或彼此之间的关系相对变化。可以说,使用零称呼时需要考虑到的"权势关系"指的是"相对权势"而非"绝对权势"。

4.1.3 "权势"关系中零称呼的使用原则

在第4.1.1节和第4.1.2节中,笔者通过"学生与老师的配偶""服务人员与顾客"2个例子对处于权势关系下的说话人与听话人交际的场景进行了分析。从2例中可以看出,为了遵循礼貌原则,说话人在使用零称呼时,也可以分为需要前缀礼貌用语和无须前缀礼貌用语2种使用方式。当说话人与听话人处于明显的权势关系中时,上位者在称呼下位者时,直接使用零称呼这一现象在生活中极为普遍,正如一个年长者向一个少年问路时,通常情况下不会使用"您好""请问"等用语②;而一个年轻人向年长者问路时,如果不前缀礼貌用语,则易使年长者产生负面情绪,从而引起误会与矛盾,因此下位者在称呼上位者时,则需要前缀礼貌用语,以避免"不礼貌"等问题的产生导致对话进展的不顺利。李树新(2004:78)也曾指出当听话人在品级、地位、尊卑、贵贱、辈分、长幼上高于说话人时,说话人称呼对方时要使用尊称抬高对方,使用谦称或卑称降低自己;反之,说话人可使用平称或贬称降低别人,自称使用傲称抬高自己。李树新提出的这一点也可证明笔者提出的"使用零称呼需根据听话人的权势高低判断前缀礼貌用语的必要性"这一观点是合理的。

---

① 虽然也有称呼"服务员"等情况,但因本文以研究零称呼为主,故暂不考虑包含称呼等事例。
② 偶有使用社会通称或亲属称呼语外化现象,但本文暂不对这点做探讨。

综上,说话人在进行言语交际时需判断自己同交际对方的相对权势关系,选择零称呼的使用方式。相对权势的变化影响了零称呼使用方式的变化。可以说,权势关系为零称呼的使用原则之一。

4.2 "等同"原则与零称呼的使用

前文阐明了等同关系主要强调了缩小人与人之间的社会距离,体现了双方的对等。由于交际双方距离的扩大或缩小,等同关系中的对等性也随之变小或变大。在汉语中,人与人的距离通常会以"亲""疏"来进行衡量,在交际时会根据与对方的亲疏关系进行语言的调整。本文中的"亲疏"指的是"人与人之间产生的众多家庭·社会关系中的亲密度的高低"。笔者认为,一般情况下,"亲""疏"可以看作2个人(或2人以上)关系的2个"极点",父母子女(直系亲属)与陌生人可作为人与人的亲密度的2个端点进行参考,"亲不过父母子女,疏不过陌生人"。人与人之间产生的一切交际关系,都处于2个端点及2点之间的任一位置。

本小节中,笔者将列举几例文学影视作品中零称呼的例子进行分析。

(1)和平(对大家:贾志国、贾志新、贾小凡、圆圆):哎!哎!哎!咱爸今儿怎么回事呀?从单位一回来就打蔫儿,饭也没吃就楼底下溜达去了,这大冷的天儿。贾志新:(对和平)可能是添什么心事了,(对大家)哎!是不是今儿跟单位巧遇哪位中年丧偶的女的了……①

(2)夏琳:吃吧!反正最坏的事儿都已经结束了。

陆涛:对不起。

夏琳:别假惺惺的啊,要说对不起也是对别人说。②

例(1)出自电视剧《我爱我家》,其中宋丹丹扮演的和平直接从厨房出来对客厅的众人进行了对话,此场景中和平使用了零称呼直接开启了话题。这是由于该场景是以家为背景,出场人物均为具有实际亲属关系的家族成员,其中更有直系亲属(配偶和子女)。上文中笔者阐明父母子女间的关系可看作亲密度的一个极点。例(1)情况下,由于说话人与听话人之间的关系亲密度高、等同性大,因此无须特意使用称呼语也能够直接并顺利地进入话题。也就是说,当说话人与听话人之间符合具备高亲密度(高等同性)这一特征时可直接使用零称呼。除亲属关系外,关系亲密度高、等同性大的,如例(2),"由于交

---

① 出自电视剧《我爱我家》第1集。
② 出自电视剧《奋斗》第1集。

际双方关系十分密切,用了称呼语反而有点见外"(朱大梅,1997)。除了上述情况外,在使用零称呼时还可以前缀"哎""嗨""喂"等形式的叹词。例如,电视剧《爱情公寓(三)》中悠悠对酒保打招呼时就使用了"嗨",而酒保在回应悠悠时也同样使用了"嗨"[①]。许久不见的好友在马路上偶遇时也经常会以"嗨!好久不见,最近怎么样?"来开始对话。王祥林(2002)指出,像"嗨""哈喽"等是由于国外思想文化的传入,交际语言发生了变化,这也是零称呼现象产生的一个原因。根据上述事例可知,零称呼并非只用于社会距离大的双方之间,具有高度亲密性和等同性的双方之间使用零称呼的对话形式也较为普遍。

综上考察,笔者认为"等同"即有高度的平等性,而零称呼中体现出的"等同"即说话人和听话人二者的亲密度。因此,交际中亲密度越高,直接使用零称呼(不加前缀礼貌用语)的概率越大。此外,当说话人试图提高或降低与听话人的亲密度时也会调整零称呼的使用。当说话人与听话人之间的社会距离越小(或意图缩小社会距离),等同性越高,亲密度越高,在称呼时更为随意,使用零称呼的可能性越大;反之,当说话人与听话人之间的社会距离越大(或意图增大社会距离),等同性越低,亲密度越低,在称呼时更为正式,使用零称呼的可能性越小。说话人需根据与听话人之间的关系(或想表达的关系)调整语言,当然并不排除当说话人由于情绪的波动(如生气、撒娇等)对听话人使用零称呼这一现象。但是说话人"由于情绪的波动故意使用零称呼"这一点也可佐证笔者所述的"交际双方之间实则具备了高亲密度"的观点。汉语常说"敢怒不敢言"就是由于权势的高低差距,权势低的一方虽然对权势高的一方有怒气却不敢直言。"敢怒不敢言"体现出了交际双方的关系处于较强的权势关系中而非具有高亲密度。当交际双方之间出现了如"生气""撒娇"等情绪的波动,证明了说话人与听话人之间实则具有高亲密度这一事实。

在等同关系理论下,人际交往过程中如何使用零称呼是依据说话人与听话人二者间的亲密度(或意图表示出的亲密度)进行判断,因此笔者提出的"亲不过父母子女,疏不过陌生人",将父母子女和陌生人作为亲密度的2个端点进行参考这一观点是较为合理的。亲疏关系可成为零称呼的使用原则之一。

4.3 零称呼下权势关系与等同关系的相对性

在第4.1节与第4.2节中,笔者通过导入"权势"与"等同"理论,论证了权势关系与等同关系可以作为使用零称呼的参考依据,阐明了权势关系和亲疏关系为零称呼的使用原

---

① 出自电视剧《爱情公寓(三)》第1集。

则。本小节中,笔者将辩证地分析如何看待零称呼条件下二者的相对性。

前文已论证了"权势"与"等同"阐明了人与人交际过程中产生的不对等性和对等性。正如 Brown & Gilman(1960)所述的一样,"Power is a relationship between at least two persons",因此无论是权势关系或是等同关系一定发生于2人(说话人和听话人)或2人以上。根据这一推测我们甚至可以说,世界上任何2个人在交际过程中都离不开这种关系的衡量。以双胞胎姐妹为例:出生于同一家庭的双胞胎姐妹在年龄、辈分、资格、财富、地位、能力等均完全相同,并且在日常生活中,双胞胎姐妹通常也不会以"姐姐""妹妹"相互称呼,但仍会有先出生的为"姐姐"、后出生的为"妹妹"这一概念;但是在拥有同样的家庭背景、经济条件下,二人又具有高度的对称性(等同关系)。因此,"权势"与"等同"概念的提出,明确阐明了世界上任何关系都处于"权势"与"等同"这一衡量标准下。

在明确这一点后笔者得出零称呼的使用原则为权势关系和亲疏关系,人与人之间的相处同时处于权势关系与亲疏关系之中,因此说话人在使用零称呼时,需要同时、辩证地考虑与听话人的权势关系与亲疏关系,并且结合周围环境因素选择是否使用零称呼。例如,母亲是学校的老师,孩子在该校上学,二人具有师生和母子2种关系。当周围环境为学校时,说话人与听话人的权势关系占据了主导位置,学生作为明显的下位者,应对老师(上位者)使用称呼语(如使用零称呼时,则需要前缀礼貌用语);当周围环境为家时,说话人与听话人的亲疏关系占据了主导位置,由于说话人(儿子)与听话人(母亲)具有高度的亲密性,因此言语交际中使用零称呼的现象较多。崔希亮(2000)论述人称代词时曾指出上对下或相熟之人多用"你",与陌生人之间多用"您"的原因是,用"您"称呼别人在出于尊重的同时也意味着与对方保持距离。同理,说话人在进行言语交际时,是否使用零称呼主要取决于自身与交际对象的权势关系和亲疏关系。上文中已指出,权势关系是相对的而非绝对的。说话人根据与听话人的关系,判断权势的高低以及与听话人的亲密度(或想表现出的亲密性)后,选择合适的零称呼方式进行言语交际;而在说话人与听话人具有高度亲密性的前提下,当使用零称呼时,也会因生气、撒娇等主观情绪的产生,故意对听话人加以称呼,以达到拉开距离的目的。可见,在交际时,除了双方关系的相对性外,同时也需要考虑周围环境的影响。

综上,笔者通过导入"权势"与"等同"原则得出零称呼的使用原则为"权势关系"和"亲疏关系"这一结论是较为科学的。说话人在使用零称呼时,必须注重人际关系,根据与对方的关系时而做出变化,做到"礼貌"。正如李树新(2004:79)所述,从"情感""关系"的角度选择称谓词来称呼对方,反映出中国传统社会重视人伦、重视人际关系和谐的文化心理。

5　结语

　　本文中,笔者以零称呼为考察点,导入 Roger Brown 和 Albert Gilman 提出的"权势"与"等同"概念,明确了零称呼的使用受到权势关系和同等关系 2 个因素的制约,并从辩证的角度分析零称呼中体现出的权势关系与等同关系,总结了零称呼的使用原则为权势关系和亲疏关系。

　　分析结果表明,说话人与听话人二者时刻处于"权势"与"亲疏"2 个既具有差异性又具有共通性的关系当中。说话人在与听话人交谈时,需要根据同对方的关系(或意图表现出来的关系),判断双方间的"权势"和"亲疏"关系,具体表现为:说话人需要根据与听话人,①因权势关系所产生的不平等性导致的权势关系增大、②因等同关系所产生的平等性导致的亲密关系增大 2 点选择性地使用零称呼。同时,在基于前人对礼貌原则的研究的基础上,明确了身为下位者的说话人对上位者的听话人使用零称呼前需加上"请问""不好意思""您好"等礼貌用语,以避免出现因不礼貌等负面情绪有碍双方的交流这一使用方式,具体表现为:①身为上位者的说话人对下位者的听话人可直接使用零称呼,无须前缀礼貌用语,反之则需前缀礼貌用语;②当说话人与听话人具有高亲密度时可使用零称呼。此外,说话人还需考虑周围环境合理使用零称呼。

　　本文中,笔者通过对零称呼中体现的"权势"与"等同"明确了零称呼的使用原则为权势关系和亲疏关系,还明确了需根据周围环境辩证分析双方的权势与亲疏关系占据的比例后选择使用零称呼。在今后的研究中,笔者将以此为基础,对交际双方使用零称呼时的潜在共同认知进行论究。

参考文献

曹炜,2005. 现代汉语中的称谓语和称呼语[J]. 江苏大学学报(社会科学版)(2):62-69.

车录彬,2010. 浅论零称呼及其语用效果[J]. 四川教育学院学报(12):45-46,49.

陈建民,1990. 现代汉语称谓的缺环与泛化问题[J]. 汉语学习(1):20-24.

崔希亮,1996. 现代汉语称谓系统与对外汉语教学[J]. 语言教学与研究(2):34-47.

崔希亮,2000. 人称代词及其称谓功能[J]. 语言教学与研究(1):46-54.

顾曰国,1992. 礼貌、语用与文化[J]. 外语教学与研究(4):10-17,80.

胡明扬,1987. 北京话初探[M]. 北京:商务印书馆.

李树新,2004a. 论汉语称谓的两大原则[J]. 内蒙古大学学报(人文社会科学版)(5):

77-82.

李树新,2004b. 论汉语称谓的困境与缺环[J]. 内蒙古社会科学(汉文版)(6):88-93.

马宏基,常庆丰,1998. 称谓语[M]. 北京:新华出版社.

王祥林,2002. "零称谓现象"的辩析[J]. 哈尔滨学院学报(4):134-135.

卫至强,1994. 称呼的类型及其语用特点[J]. 世界汉语教学(2):10-15.

许月燕,2004. "零称谓"现象探微[J]. 哈尔滨学院学报(7):20-22.

朱大梅,1997. 现代汉语社交称呼语研究[D]. 南京:南京师范大学.

祝畹瑾,1994. 汉语称呼研究:一张社会语言学的称呼系统图[M]//胡文仲. 文化与交际. 北京:外语教学与研究出版社:271-277.

祝克懿,2004. 口语称谓语的缺环现象考察[J]. 修辞学习(1):27-30.

BROWN R, GILMAN A, 1960. The pronouns of power and solidarity[M]//SEBEOK T A. Style in language. Cambridge: MIT Press:252-281.

RUBIN J, 1962. Bilingualism in paraguay[J]. Anthropological linguistics(1):52-58.

作者简介

姓名:鲁昱玮

性别:女

单位:广岛大学

学历:博士研究生在读

研究方向:社会语言学

通信地址:日本广岛县广岛市中区基町18-1-355号室

邮政编码:730-0011

电子邮箱:bjluyuwei@hotmail.com